JN430391

K-신학 한마당

〈K-신학 시리즈 2〉

K-신학 한마당

2025년 11월 8일 처음 찍음

지은이	김흡영 윤철호 이오갑 이정배 장왕식 최인식
엮은이	한국조직신학회
펴낸곳	도서출판 동연
등 록	제1-1383호(1992. 6. 12.)
주 소	서울시 마포구 월드컵로 163-3
전화/전송	(02)335-2630 / (02)335-2640
이메일	yh4321@gmail.com
인스타그램	dongyeon_press

Copyright ⓒ 한국조직신학회(Korean Society of Systematic Theology), 2025

이 책은 저작권법에 따라 보호받는 저작물이므로 무단 전재와 복제를 금합니다.
잘못된 책은 바꾸어 드립니다. 책값은 뒤표지에 있습니다.

ISBN 978-89-6447-727-4 94230
ISBN 978-89-6447-726-7 94230 (K-신학 시리즈)

K-신학 (Theology)
한마당

김흡영 윤철호 이오갑 이정배 장왕식 최인식 지음

동연

책을 펴내며

흐르는 세월이 스승이 되어 길을 가르쳐 주고, 오랜 걸음 속에 길이 있다. 급격하게 변하는 시대적 흐름에서 새로운 것이 환영받는 현실이나, 정작 시대적 한계를 돌파하고 지속 가능한 해법은 고전의 깊이와 어른의 지혜에서 비롯된다. 한국조직신학회가 기획 시리즈로 작년(2024년)에 『K-신학, 한국 신학의 부활』을 발간하였는데, 주로 현직에 있는 신학자들의 글이었다. 그러나 이번 시리즈에는 은퇴하신 신학자, 어른들의 글들로 구성하였다. 시간은 삼위일체 하나님께서 창조하셨고, 세 분의 하나님께서 펼치시는 계시의 장(場)이고, 인류의 발걸음이라기보다 하나님의 발걸음이며 흔적이다. 은퇴하신 교수님들이 하나님의 발걸음에 발맞춰 걸으시며, 그 깊은 신학적 혜안(慧眼)을 K-신학의 발전을 위하여 귀한 등불이 되어 주셨다.

첫 번째로 최인식 교수의 글은 '오미자 이론'을 다루고 있다. K-신학은 '한국신학'을 한국 내부 담론에 한정하지 않고 세계 기독교 앞에 제시하려는 지향으로, 한국교회가 빚어낸 다양한 신학을 한데 엮어 내자는 제안이다. 이를 위해 한국신학을 영성신학 · 문화신학 · 자연신학 · 참여신학 · 교리신학 등 다섯으로 유형화하고, 음양오행을 응용한 '오미자 모델'(상생·상극의 순환 원리)로 이들 간의 상관성과 총체성을 확보하려 한다. 이 모델은 각 신학이 서로를 낳고(生) 단련하며(剋) 균형을 이루어, 개인의 영성에서 문화 · 과학 · 역사

참여와 교리 정립까지 연결되는 통전적 틀을 제공한다. 다만 음양오행 적용의 한계와 오해를 경계하면서, 특히 취약한 자연신학의 보강과 실제 사례 적용을 통해 K-신학을 미래 지향적 패러다임으로 발전시키는 것이 과제이다.

두 번째로 이정배 교수의 글은 세 개의 '공' 개념, 즉 空·公·共에 기초하여 서구 기독교, 자본주의, 대의 민주제의 한계를 적시했다. 이들 세 '공'을 동학의 핵심 개념인 無爲而化, 以天食天, 勞而無功과 연계시켜 신학화하였다. 이들 셋의 관계를 체상용(體相用)으로 혹은 신론/기독론/성령론으로 치환할 수도 있다. 기존의 토착화를 대신하여 토발론을, 또 앞선 두 유비론(존재유비, 신앙유비)과 변별되는 '역사 유비'가 본 글의 핵심이다.

세 번째로 윤철호 교수의 글은 한국교회의 심각한 분열을 치유하기 위해 '통전적 신학의 전망을 모색하며, 원효의 화쟁사상을 한국적 사유 틀을 지닌 K-신학을 위한 방법론적 토대로 재해석한 글이다. 즉, 『십문화쟁론』의 화쟁 논법—각 입장의 '부분적 타당성'(一理)을 연기적 맥락(門) 속에서 식별·포섭하는 방식—을 오늘의 신학 논쟁에 적용하고자 한다. 교리의 내용 자체보다 논증의 형식과 해석학을 중시하여, 배타적 대립을 상호 비판적 대화와 통섭으로 전환하는 대화적·통전적 영성을 제안한다.

넷째로 김흡영 교수의 글은 서구 개신교 신학에 의해 야기된 한국 기독교의 신학적 식민주의와 이로 인한 토착적 지식 체계의 '인식론적 학살(epistemicide)'이라는 근본적인 문제점으로 조명한다. 그 해법으로 동아시아의 핵심 개념인 도(道), 기(氣), 태극(太極) 등을 현대 신학에 재통합하는 '도의 신학 인식론'을 제안한다. 우금치 전투와 붕어의 생태적 복원력을 엮은 '우금치현상'을 통해 우주의 기(氣)를 통한 억압된 에너지의 재각성과 변혁적 힘을 강조한다. 이러한 기-인식론은 서구의 이원론적 사고를 넘어 음양의 역동적인 조화에 기반한 전체론적이고 상호 연결된 세계관으로의 패러다임 전환을 촉구한다. 도의 신학 인식론은 인식론적 다원성을 존중하며, 분열된 현대 신학을 치유하고 활력을 불어넣는 글로벌 K-신학의 초석을 마련하고자 한다.

다섯째로 장왕식 교수의 논문 "탈 신학 시대의 K-신학"은 오늘의 세계가 세속적 자연주의에 의해 지배되면서 탈-신학의 시대에 접어들었다고 한다. 그럼에도 이를 절망이 아닌 새로운 신학의 가능성으로 읽어내려면, 자연의 자율성을 인정하면서도 동시에 신의 초월성을 더하는 '유신론적 자연주의'가 대안이라고 한다. 저자는 동아시아의 K-신학이 이런 자연주의의 이상적 모델을 제시할 수 있는 방법론을 가지고 있다고 말하며, 이를 통해 K-신학이 어떻게 지역적 특수성을 넘어 세계적 보편성과 접속할 수 있는지 보여주고 있다.

여섯째로 이오갑 교수의 글 "K-신학의 조건과 미래 ― 불안과 관련하여"는 신학이 불안의 산물일 수 있다고 본다. 그래서 불안을 잘 극복해야 성경과 복음의 중심을 짚어가는 균형 잡힌 신학을 하고, 또 개성 있고 창조적인 한국의 신학, K-신학도 가능하다는 것이다. 이를 위해 이제까지 한국신학들―가령 보수적이거나 진보적인, 또 교리 중심적이거나 성령 중심적인 여러 신학―이 어떤 불안의 지배를 받고 있는지, 그래서 어떤 양태를 보이고 어떤 문제점을 지니는지를 분석한다. 그리고 그 불안들이 무엇이며 어떻게 극복할지를 제시하고, 결과적으로 한국신학이 각각 어떤 모습으로 발전해서 세계인의 주목을 받는 K-신학이 될지를 예상한다.

현영학 선생님은 하나님께서 선교사들의 등에 업혀 한반도에 들어오시지 않았음을 강조하셨다. 한국의 오랜 전통과 문화 자체는 하나님께서 당신의 뜻을 펼쳐 보이시는 계시의 장으로, 한국의 그리스도인은 이 안에서 하나님의 뜻과 섭리를 읽어내야 하는 거룩한 사명이 있다. 글로컬(glocal) 시대에 K-신학은 신학적 지평을 더 넓고 깊게 확장하여 세계 신학의 풍성함에 기여하고, 정의·생명·평화의 하나님 나라를 위하여 새롭고 신선하게 봉사해야 한다. 한국의 신학을 위하여 헌신하신 여섯 분의 글은 한국신학의 부활로서 K-신학이 창조적으로 발전할 수 있는 참신한 생명력과 단초를 선물한다.

이 책이 많은 사람에게 사랑받아 K-신학의 또 다른 마중물이 되기를 소망한다.

2025년 10월
이찬석
(한국조직신학회 제34기 회장, 협성대학교)

차 례

K-신학 방법론, 오미자 모델
— A Methodology of the K-Theology:
The Model of *Omija* (Magnolia Berry)*

최인식

(서울신학대학교 명예교수)

I. 들어가는 말: 문제 제기

'한국신학'이란 용어 대신 'K-신학'을 사용하는 것은 단지 표현만 달리하는 것이 아닌 것으로 받아들여져야 한다. 물론 'K-신학'의 출현에는 K-드라마로부터 K-팝, K-푸드에 이르기까지 오늘날 세계인에게 주목받기 시작한 한국 문화의 '한류'(韓流, Korean Wave, *Hallyu*)라는 열풍을 말하지 않을 수 없을 것이다. 한국인뿐만 아니라 세계인에게도 환영받는 한국의 문화적 아이템처럼, 신학도 그 가운데 한몫

---

* 본 논문은 한국조직신학회 월례포럼(2024. 3. 25.) 주제 "K-Theology & K-Church: 한국신학, 어제와 오늘 그리고 내일" 발표문이다.

을 담당할 수 있을 것이라는 소박한 기대심리도 K-신학의 출현에
일정 부분 이바지했다고 보이기 때문이다.

군이 '한국신학'과 'K-신학'을 신학 수용자의 차원에서 비교하여
볼 때, 한국신학이 '한국인'에 국한되어 있다면, 같은 내용이라 하더
라도 K-신학은 '세계인'을 염두에 두고 있다는 점에서 차이를 확인할
수 있다. 한국신학을 한국인이 한국의 현실에 대하여 성서적 관점으
로 다양하게 사유하고 행동한 것을 이야기한 총합이라 말할 수
있다면, K-신학이란 이름으로 세계에 내놓을 수 있을 것이다.

주지하다시피 선교적 주도권을 쥐고 있던 서구 교회가 지난
세기말부터 본격적으로 '세계기독교'(World Christianity)의 시대를
말하고 있다. "우리(서구인: 필자의 주)의 교회를 포함한 모든 교회는
문화 교회"(All churches are *culture churches* — including our own)[1]라
고 이미 서구의 선교학자들이—지극히 늦은 감이 있지만, 그래도—
서구 교회 중심의 기독교 이해를 내려놓은 지 오래되었다. 이 말은
역으로, 서구 교회가 해왔던 것처럼 한국교회를 포함하여 남반부
(Global South)에 속한 크고 작은 나라들의 교회도 자신만의 기독교
이야기를 자기의 문화적 맥락에서 당당히 전개하여 세계기독교에
이바지하라는 뜻으로 이해할 수 있다.

그런데 우리 교회는 덩치나 활약에 비해 우리의 목소리가 왜
미미하다고 느끼게 되는 것일까? 그것은 혹 우리 교회가 너무도

---

1 Andrew F. Walls, *The Missionary Movement in Christian History: Studies in the
 Transmission of Faith* (Maryknoll: Orbis, 1996), 8; 앤드루 윌스/방연상 역, 『세계 기독교
 와 선교 운동』(서울: IVP, 2018), 39. 여기에서는 "culture churches"를 "문화를 간직한 교
 회"라 번역함.

서구 교회와 닮아 있어서, 우리 한국교회는 "이것이 우리 이야기야!"
라고 말할 내용이 없어서 그런 것일까? 교회가 생각하고 살아가고
있는 것을 이야기하는 것이 신학이라 한다면, 우리에게는 어떤 신학
이 있는지 물어볼 일이다. 공식적으로 개신교가 수용되기 이전 1875
년에 당시 '언문'이라 불렸던 우리 고유의 '한글'로 조선 청년들과
존 로스(John Ross, 1841~1915)가 성경을 번역한 사건부터가 세계기
독교와 나눌 놀라운 이야기다. 이 일은 "한국 역사 속에 화육하신
하나님 말씀의 사건"이요, "한국 그리스도교의 민중적 특성을 말해
주는 뚜렷한 증거"라고 하는 것은 결코 과장된 표현일 수 없다.[2]
이것은 한국교회가 이후 자신만의 독특한 삶과 이야기를 만들어
내었음을 기대하게 하는 서곡이었다. 달리 말하여, 우리만의 이야깃
거리, 한국신학이 분명히 있을 것이라는 말이다.

이제 우리의 과제와 관련하여 묻는 것은 수평적인 한국교회사적
이야기를 넘어, 수직적으로 한국교회가 한국이라는 자연 · 역사
· 문화 · 종교 · 사상 안에서 복음을 살아내고, 변증하고, 선포하는
과정에서 극복해야 했던 과제들이 무엇이었으며, 한국교회는 그것
들을 어떻게 풀어왔는가에 관한 것이다. 나는 그 이야기의 총합을
한국교회가 생산해 낸 'K-신학'이라 정의하겠다. 그것이 우리가
지금 재구성하여 세계기독교에 들려주고자 하는 이야기다. 세계기
독교 안에서 우리 교회의 이야기, 곧 한국신학의 목소리가 약하게
들렸던 이유는, 비유하여 많은 사람이 자기가 가지고 있는 한국산
진주 하나씩을 각자 보여주긴 했어도 우리의 여러 진주를 하나의

---

2 주재용, 『한국 그리스도교 신학사』 (서울: 대한기독교서회, 1998), 30.

구슬 목걸이로는 보여주지 못했기 때문이라 나는 판단했다. 실제로 외국 학자들에게 알려진 '한국신학'은 한두 개의 구슬—예를 들어 민중신학, 토착화신학—뿐인 것을 알 수 있다.

또한 비록 그동안 한국교회가 서구 교회의 모습과 크게 다르지 않았다고 치더라도, 그것이 한국 땅에서 한국인에 의하여 최적화된 것이라면 그것을 있는 그대로 이야기해 줄 수 있어야 한다고 생각하게 되었다. 그리고 한 걸음 더 나아가, 과거의 모습만을 정리하는 것이 아니라 미래의 한국교회가 과거의 신학적 유산을 어떻게 바르게 다루어 나가야 할 것인지를 생각해 보아야 할 것이다. 오히려 나는 미래의 K-신학에 방점을 두게 되었기 때문에 K-신학 방법론을 적극적으로 모색하게 되었다.

이를 위해 구상하게 된 것은 크게 세 가지다. 첫째, 한국신학을 구성하고 있는 다양한 신학을 특성별로 '유형화'하는 것이고, 둘째, 이들을 K-신학이란 이름으로 총체적으로 담아낼 '방법'을 논하는 것 그리고 셋째는 K-신학을 하나의 '패러다임'으로 제출하는 것이다. 나는 그것에 '오미자'(五味子, *Omija*, Magnolia Berry)라 별칭하고, 이

'오미자 모델'을 미래의 한국신학이 갈 수 있고, 또한 가야 할 하나의 신학 방법론으로 제안해 보려 하는 것이다.

II. K-신학 구성을 위한 한국신학의 유형화

1. 한국신학 담론의 선행 연구

한국신학의 역사와 형성 과정에서의 논쟁사를 살펴보면, '한국신학'의 다양한 흐름과 그 특성을 그리 어렵지 않게 파악할 수 있다. 한국신학의 형성사적 관점에서는 심일섭(1972), 유동식(1982), 송길섭(1987), 주재용(1992), 김광묵(2021)이 다루었으며,[3] 인물 중심의 관점에서는 대한기독교서회가 「기독교사상」에 실렸던 글 가운데 한국신학에 관련된 것들을 편집하여 『한국신학 사상』(1983)이란 이름을 붙여 10인의 저자가 직접 자신의 신학을 말하게 했고, 한승홍이 『한국신학 사상의 흐름』(1996)을, 한국문화신학회에서 『한국신학, 이것이다』(2008)를, 김희연과 박일준이 펴낸 『한국신학의 선구자들: 20세기 한국신학자 13인』(2014)이 있다.[4] 그 외 한국교회사에

---

3 심일섭, "한국신학형성사 (상/중/하)," 「기독교사상」 174 (1972. 11.): 89-101; 「기독교사상」 175 (1972. 12.): 106-187; 「기독교사상」 180 (1973. 5.): 94-104; 유동식, 『한국신학의 광맥』; 송길섭, 『한국신학사상사』 한국기독교백년사대계 2 (서울: 대한기독교출판사, 1987); 김광묵, 『한국 신학의 두 뿌리: 성과 풍류』 (서울: 동연, 2021), 1장 "한국 신학의 형성과 흐름", 4장 "한국 신학에 대한 새로운 모색".

4 김정준 외 9인/기독교사상 편집부편, "한국신학의 모색," 1장 『한국의 신학사상』 기독교사상 300호 기념논문집 제1권 (서울: 대한기독교서회, 1983); 한승홍, 『한국신학사상의 흐름』 상

직간접적으로 한국신학에 관한 진술이 있다.

이상의 연구자료는 '범위'로 볼 때 전혀 작지 않겠으나, 교회 교단별로 소장하고 있는 아카이브(archive) 자료나 지역 교회 차원에서 보존하고 있는 이야기 자료들이 상당히 있으리라는 것을 전제한다면, 본 논문은 미흡한 자료에 기초한 것이기에 한국신학 유형화의 지극히 희미한 초안 정도임을 인정하는 것이 옳을 것 같다. 그럼에도 불구하고 선행 연구물들을 새로운 우리만의 관점으로 재조명하여 한국신학의 흐름을 총체적으로 볼 수 있도록 한국신학의 담론을 유형화해 본다.

2. 한국신학 담론의 유형

2천 년이 넘는 유럽과 미주를 아우르는 지역과 민족들 간의 교류 가운데 이루어진 서구 신학과는 달리, 한국신학은 2백 년이 채 안 되는 역사와 작은 반도의 단일민족 안에서 이루어진 것이기에 신학 자료 면에서는 서구 신학과 비교될 수 없을 정도로 적은 편이다. 또한 신학에 대한 개념이 성경이나 교리와 관련된 것으로 제한적으로 받아들여졌기에, 교회와 그리스도인들의 일상에 관한 기록이나 교회의 활동에 대한 문헌들이 제대로 보존되지 못한 관계로 한국신학 정립의 상황이 빈곤한 것이 현실이다.

· 하 (서울: 장로회신학대학교출판부, 1996); 주재용, 『한국 그리스도교 신학사』 (서울: 대한기독교서회, 1998); 강원돈 외 11인/한국문화신학회편, 『한국 신학, 이것이다』 한국문화신학 제9집 (서울: 한들출판사, 2008); 김성수 외 9인/김희현·박일준 편, 『한국신학의 선구자들: 20세기 한국신학자 13인』 (서울: 너의오월, 2014).

한국교회가 본격적으로 한국신학을 반성적으로 이야기 시작한 것은 한국 선교 한 세기를 지나서라 볼 수 있다. 한국교회가 이루어 놓았던 지난 일들에 관한 자료들을 찾아 신학적으로 정립하기 시작한 것이다. 시대적으로 조선 말엽부터 일제 식민시대를 통과한 초창기에 해당하는 제1세대와 한국전쟁과 군사정권과 산업화 시대를 지나온 제2세대 기간 동안 형성된 신학이 오늘날의 한국신학 담론의 주축을 이루고 있다. 이를 바탕으로 제3세대 학자들이 과거와 현재를 넘나들며 한국신학의 내실을 탄탄히 다지면서 세계기독교에 적극적으로 기여하기 시작하였다.

나는 지나온 한국신학 형성 과정을 살펴보면서, 최소한 다섯 가지 범주로 우리의 신학 흐름을 유형화할 수 있다고 보았다. 이들은 어느 정도 시대적 흐름에 따라 통시적으로 신학적 의제로 설정될 수 있겠으나, 특정 범주는 시대적 맥락을 넘어선 공시적 특징을 보인다. 한국신학의 다섯 범주를 아래와 같이 유형적으로 디자인해 본다.

신학 유형	영성신학	문화신학	자연신학	참여신학	교의신학
신학 주제	사중복음신학 성령체험신학	토착화신학 종교문화신학	생태신학 과학신학	민중신학 통일신학	개혁주의신학 복음주의신학
한국 상황	자본주의 빈부격차	다문화 다종교	생태파괴 과학기술	독재정치 인권탄압	일제 식민 공산주의

이 다섯 신학 유형은 서로 다른 시대적 상황에서—물론 겹치는 부분이 적지 않지만— 서로 다른 시대정신과 만나면서 한국신학을

특징적으로 구성하는 주요 자리를 차지하게 되었다. 한국의 땅·문화·종교·사회·역사 현실에서 그리고 교회의 안과 밖에서 그리 길지 않은 복음 수용 기간에 이런 다양한 신학을 잉태하고 발전시켜 온 것은 세계기독교의 맥락에서 주목받을 만한 일이라 생각한다.[5]

그러나 다른 한편 내부적으로 볼 때, 신학적 진영논리나 혹은 교파주의적 폐쇄성에 갇혀 신학 방법과 내용의 다양성이 제대로 빛을 발하지 못하고 있는 것도 현실이다. 이를 극복할 수 있는 방법론적 대안을 마련하는 것이 한국 신학계의 중요한 과제로 다루어져야 할 것이다. 그렇지 않고서는 '세계인'과 '세계기독교'에 내놓을 힘 있는 'K-신학' 제출은 고사하고, 한국인을 위한 '한국신학'마저도 한국의 현실에 뚜렷이 드러내 놓는 것조차 어려울 수밖에 없다.[6]

그나마 신학적으로 훈련된 선교사들에 의하여 일찍부터 신학교가 세워지고, 그 안에서 신학 저널을 정기적으로 간행했던 교단 신학교에서는 서구 교회의 신학적 피를 수혈받음으로써 학문적 장(場)에 일찍 자신의 목소리를 낼 수 있었다.[7] 그러나 그렇지 못한 군소 교단에 속한 자들이나 아예 교회 밖의 재야에서 기독교 정신으로 활동하고 있는 자들의 글이나 증인의 삶으로 이루어진 사건들은 신학적 논의에 들어오기에는 기성 신학의 터가 너무 좁아, 신학적

---

5 이러한 유형화의 근거에 관한 것은 다음 III항에서 구체적으로 논증할 것이다.
6 한국조직신학회 편, 『신학 방법론』(서울: 대한기독교서회, 2018). 여기에서는 서구 신학자들의 신학 방법론을 소개하는 것에 초점을 두었는데, 같은 크기로 한국신학 방법론의 목소리를 담아내는 프로젝트가 진행될 수 있기를 희망해 본다.
7 대표적으로는 감리교 협성신학교의 「神學世界」(1916)와 평양 장로회신학교의 「神學指南」(1918)이 있다(주재용, 앞의 책, 101).

소외자들의 목소리를 담아내기 어려웠다. K-신학 담론을 위한 앞으로의 과제 중 하나가 되어야 할 것은 한국신학을 논함에 이처럼 신학 담론에서 소외되거나 외면당한 인물이나 사건들을 새롭게 찾아내거나 재조명하여 그들이 지닌 신학적 가치를 폭넓게 해석하여 한국신학과 한국교회에 당당히 세우는 것이다.[8]

3. 한국신학의 내적 과제

한국신학의 유형을 다섯 가지로 나눠 살펴보는 것보다 더 긴급한 신학적 과제는 형식적으로는 크게 두 가지가 있을 것이다. 하나는 다섯 가지 신학 유형이 각자의 방법을 따라 내적으로 보다 더욱 성숙한 신학으로 발전시키는 일이다. 이때 성숙함의 수준은 한국교회가 한국 사회 안에서 직면하고 있거나 다가오는 위기의 현실에 잘 대처할 수 있도록 성서적이며 복음적인 길을 얼마나 시의 적절히 잘 제시하는 것인지를 보고 판단할 수 있다. 다른 하나는 자기가 발전시키고자 하는 신학을 외적으로 자기와 다른 유형의 신학과 더불어 보다 더욱 창의적인 신학으로 상승효과를 이루도록 하는 일이다. 이때 창의성의 정도는 서로에게 역동성을 얼마나 불러일으키는지를 보고 확인할 수 있다.

---

8 예를 들어, 이용도·류영모·함석헌 등은 현재까지도 교계에까지 기본적인 소개조차 이루어지고 있지 못하다. 민경배의 『한국기독교회사』(서울: 연세대학교출판부, 2009)에도 류영모나 함석헌은 찾아볼 수 없다. 제도권 교회 밖에서만 이정배, 김흡영 등에 의해 회자되고 있을 뿐이다. 졸저, "이용도의 포스트프로테스탄티즘," 이용도 신앙과 사상연구회 편, 『이용도 목사의 영성과 예수운동』(서울: 성서연구사, 1998), 225-249; 졸저, 『예수와 대화: 다석·함석헌·틸리히』(서울: CLC, 2021).

다섯 유형의 한국신학이 내적으로 성숙하기 위해서는 자신의 신학적 소재나 방법만으로써는 한계가 있을 수밖에 없기에 다른 유형의 신학을 받아들여 보완할 필요가 있다. 예를 들어, 한국의 역사 현실과 삶에 관하여 묻고 대답을 주려는 현장의 참여신학이 활성화되기 위해서는 한국의 종교와 문화에 관한 바른 이해와 그에 대한 복음적 관점을 잘 정립한 문화신학의 기운을 받아 모을 수 있어야 한다. 또한 자연과 생명에 대한 성숙한 자연신학이 근본에서 받혀 줄 때 현장을 위한 참여신학은 튼실한 열매를 맺을 수 있다. 현장과 지정학적 자연의 현실은 신토불이적 관계하에 있기에, 참여신학은 한국의 자연에 뿌리를 내려 그로부터 자양분을 받아들이지 않으면 안 된다. 한국의 풍토, 산과 강과 바다, 사계절, 한국의 동식물과 한국인의 인성 등은 모두 한국의 종교와 문화 일반을 결정짓는 주요한 자료들이기 때문이다. 그러므로 한국의 자연신학과 창의적 관계를 맺을 수 있어야 한다.[9] 이와 같은 식으로 교리신학은 참여신학과, 영성신학은 교의신학과, 문화신학은 영성신학과, 자연신학은 문화신학과 생산적 관계를 맺음으로써 내적으로 성숙해지며, 외적으로 창의적 상승효과를 거둘 수 있다. 역으로, 특정 신학이 지나치게 과부하 되고 있을 때는 전체의 균형을 위해 일정 부분 힘을 제압하는 관계도 형성되어야 한다. 예를 들어, 교의신학이 특정한 교파주의에 빠져 폐쇄적으로 갈 때 자연신학이 진리의 보편성을 강조함으로써 초교파주의 신학과 대화하도록 하는 것이다.

우리는 이러한 이야기를 이 글 IV(본론)에서 적극적으로 전개할

---

9 이 글 IV. 1. 3)의 "금기(金氣)의 참여신학"을 참고하라(40쪽).

것이다. 이를 위해서는 매우 정밀한 신학 방법론이 작동해야 한다. 그렇지 않고서는 합리적 정합성이 배제된 감성주의적 호소로밖에 들리지 않을 것이기 때문이다. 이제 두 번째 과제로 넘어간다.

III. '오미자 모델'로서의 K-신학 방법론

한국신학은 기본적으로 한국인을 위해 형성되었지만, 우리가 한국신학을 'K-신학'이라 이름 붙이는 것은 그 대상이 한국인이나 한국교회를 넘어 세계인과 세계기독교를 의식하면서 이들 앞에 총체성을 지닌 한국신학을 제출하려 하기 때문이다. 이를 위해서는 이미 어느 정도의 윤곽을 드러낸 다섯 신학 유형 사이의 유기적 총화성을 담보할 수 있는 방법론적 틀이 요청된다. 그렇지 않고서는 상승효과는 고사하고 서로 간의 내부적 충돌로 인하여 각 신학은 신학적 게토로 남을 수밖에 없기 때문이다. 이러한 현실에서 평행선을 달리고 있는 다섯 신학 유형이 어떤 방법으로 서로 만날 수 있는지를 고찰한다. 여러 길이 있겠지만, 지금 시도하려는 방법을 '오미자(五味子) 모델'이라 부르며, 나는 이를 K-신학 방법론으로 제출한다.

1. 음양오행론의 신학 방법론적 수용의 한국 문화적 가능성

오미자 모델의 철학적 원리와 상징성은 오행(五行)론이다.[10] 이 모델이 K-신학 방법론에 부합될 수 있으려면, 내용적으로는 오미자로 상징하려는 음양오행론이 기존의 제 한국신학이 지니는 내적 과제를 총체적으로 풀어낼 수 있는 논리적 힘이 충분한지 그리고 그렇게 해서 드러난 K-신학 방법론은 어떤 점에서 세계기독교에 이바지할 수 있는지 물어야 한다. 또한 형식적으로는 음양오행론이 한국인의 사유 방식이나 세계관에 없어서는 안 될 주요 사상임이 확인되어야 한다.

먼저 내용적인 면에서 다음과 같은 질문이 제기된다. 오미자 모델은 한국신학이 지속적으로 성숙해지거나 창의적으로 발전하는 데 이바지할 수 있는가? 만일 그렇다면 오미자로 표현되는 다섯 유형의 신학이 서로 간에 배타적이거나 평행적이지 않고, 상관적 (co-relational)으로 서로 만나서 영향을 주고받으면서 하나의 K-신학 안에서 조화를 이룰 수 있는가? 이에 음양오행적 사유는 K-신학을 구성함에 가장 적절한 방법론적 모델을 제공해 줄 수 있음을 밝히고자 한다.

한국이 속해 있는 동북아시아의 사유체계에 크게 영향을 미치고 있는 것 중 하나가 '바뀜'(change) 혹은 '변화'를 뜻하는 역(易)이다. 여기에서 가장 기초가 되는 원리는, 자연을 기본으로 하는 삶의 제반 현상들이란 상생(相生) 혹은 상극(相剋)을 통해서 생명의 총체적인 조화를 이루어 나간다는 것이다. 나무(木)―불(火)―흙(土)―쇠(金)―물(水)―다시 나무(木)… 등으로 상징되는 자연 생태의 원리로

---

10 이천수, 『송대철학과 태극도설』(고양: 학고방, 2022), 161 이하에서 오행론의 특성과 범주에 관해 상론한다. 특히 오행(五行), 오기(五氣), 오성(五性)를 묶어 송대의 본체론, 생성론, 인성론과 연관하여 그 특징을 밝히고 있다(앞의 책, 167).

볼 때, 순환적으로 앞엣것이 뒤엣것을 낳는(生) 상생적 관계로 연결되어 있으며, 또한 역으로 쇠는 나무를 이기고(剋), 물은 불을 이기고, 나무는 흙을 이기고, 불은 쇠를 이기고, 흙은 물을 이기는 상극(相剋)적 관계를 맺음으로써 실재하는 모든 것이 하나의 총체적 생태계를 이루어 생명의 유기체로 살아가게 한다. 이러한 음양오행적 원리를 따를 때, 자연의 물질, 음식, 인체뿐만 아니라 삶의 여러 복잡한 사회적 관계들까지도 각자의 범주 안에 있는 제 요소 간에 서로를 파괴하지 않고 역동적으로 각자의 고유한 기능이 최대로 살아날 수 있다고 보는 것이다.

이와 같은 원리를, 신학을 위하여 재해석함으로써 신학 방법론적 상징체계로 무리 없이 수용할 수 있다면, 한국의 현실을 다루는 영성신학, 문화신학, 자연신학, 참여신학, 교의신학이라는 한국신학의 다섯 유형 간의 상호 관계를 건설적으로 끌어올리는 방법론이 될 수 있다고 본다. 왜냐하면 이들 간에 상생과 상극의 원리가 제대로 적용될 때, 각개의 신학이 성숙해질 뿐만 아니라 다섯 유형이 하나의 총체적인 K-신학으로 창의적 상승효과를 드러냄으로써 한국인이 직면한 파괴적 현실을 치유할 수 있다고 전망하기 때문이다.

다음의 물음은 이것이다. 이러한 신학 방법론적 오미자 모델이 세계기독교에 어떤 면에서 이바지할 수 있을 것인가이다. 이미 이정용은 한 세대 훨씬 이전에 '서구적 사유로 신학하기'의 한계를 직시하고, 음양의 변화를 축으로 하는 『역(易)의 신학』(Theology of Change)을 통해서 서구 신학의 배타적 사유체계(either~ or)를 넘어서는 포괄적이고 에큐메니컬한 사유체계(both~ and)를 음양의 범주에 기초하여 제시한 바 있다.[11] 이정용이 열어놓은 이러한 음양의 존재

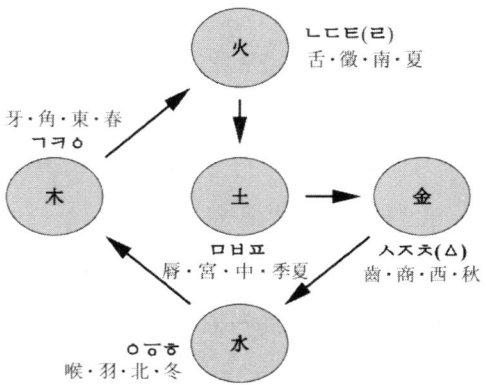

[그림 1] 자음과 오행의 상생 관계도

론적 신관에서 한 걸음 더 나아가 오행론적으로 신학 의제를 다룰 수 있다면, '세계기독교'(World Christianity)는 그리스-로마의 사유에 제한된 서구 신학의 울타리를 넘어 보다 더욱 자유롭고 풍요한 신학을 구가할 수 있을 것이다.[12]

---

11 Jung Yong Lee, *The Theology of Change: A Christian Concept of God in an Eastern Perspective* (Maryknoll: Orbis Book, 1979), 21. 김흥호는 이정용의 '역의 신학'에 대한 비판적 입장을 제출한 바 있다. 이정용은 역을 '변화'(change)로 보지만, 김흥호는 '상'(像)으로 보는 해석학적 차이를 보인다(김흥호, "역경이 본 역신학," 「신학과 세계」 13 [1986], 10); 최현주는 이정용과 김흥호를 역(易) 해석의 관점에서 비교하였다("역 해석을 통해 본 이정용의 신학적 사유: 김흥호의 역 신학 비평을 중심으로," 「장신논단」 53/3 [2021]: 63-86).

12 허호익은 음양론을 넘어 삼재론적 신학하기를 제안하고 있음도 참고하라. 『단군신화와 기독교-단군신화의 문화사적 이해와 천지인 신학서설』 (서울: 대한기독교서회, 2003). 노자의 관점으로 볼 수 있다면, 음양론(혹은 이원론), 천지인 삼재론, 일원론, 등은 한 문장 안에서 포월될 수 있다고 보인다. 道生一, 一生二, 二生三, 三生萬物(『도덕경』 42장). 참고: Insik Choi, *Die Taologische Frage nach Gott: Paul Tillichs philosophischer Gottesbegriff des "Seins-Selbst" und sprachliche Verantwortung des Glaubens in Begegnung mit dem Taogedanken Laotzus*, KONTEXTE: Neue Beiträge zur Historischen und Systematischen Theologie, Bd. 9 (Frankfurt am Main, etc.: Peter Lang, 1991), 210f.

다른 한편 형식적인 면에서 볼 때, 음양오행 체계 또는 세계관은 한국인의 정신과 일상의 삶에 깊이 녹아 있음을 몇 가지 사실만으로도 확인할 수 있다.

첫째, 한국을 대표하는 상징인 태극기의 문양은 음양오행의 세계관을 표현하고 있다.

둘째, 한 주간의 요일 이름은 음양으로서의 '일·월'과 오행으로서의 '화·수·목·금·토'로 표기한다.

셋째, 한글의 자음[그림1, 2]과 모음[그림3]이 음양오행의 체계에 뿌리를 두고 있다.[13]

이외에도 음양오행 이론에 대한 귀납법적 증명에 기초하여 인간공학에 응용 가능성 있는 분야로 한의학(韓醫學, Korean Medicine), 인체측정학(Anthropometry), 인간 감성공학(Human Sensibility Ergonomics), 인간 건강 및 산업위생 및 안전 분야, 산업 디자인(Industrial Design) 등 제 분야에 퍼져 있다.[14]

만물 운행의 이치를 자연철학적 차원에서 음양(陰陽)과 오행(五行)으로 설명하는 역(易)의 세계관은 한자문화권의 민족들에게 일반으로 녹아 있으며, 현대에 들어와서는 그 기본 원리를 축으로 하여 철학으로 보다는 하나의 포괄적 상징체계로 다양한 영역에서 활용되고 있음을 확인할 수 있다.[15]

---

13 김우영, "다석일지의 훈민정음체에 대한 언어 철학적 연구," 강원대학교 대학원 철학부 박사학위논문 (2021), 16 [그림 2], 28 [그림 3]; 김만태, "훈민정음의 제자원리와 역학사상: 음양오행론과 삼재론을 중심으로," 「철학사상」 45 (2012. 8.): 55-94, 68 [그림 1].

14 장동순·신미수·백영수, "음양오행의 실용적 인간공학 응용," 「대한인간공학회 학술대회논문집」 (2000. 10.), 1-14, 2; 장은석·김재희, "음양오행 사상에 의한 심볼디자인의 의미 적용 가능성 연구," *Korea Society of Design Studies*, vol. 12, no. 2 (1998): 54-62.

五行	木	火	土	金	水
五聲	角(어)	徵(이)	宮(음)	商(아)	羽(우)
五音	牙	舌(半舌)	脣	齒(半齒)	喉
初聲 十七字	ㅋ ㄱ ㆁ	ㅌ ㄷ(ㄹ) ㄴ	ㅍ ㅂ ㅁ	ㅊ ㅁ(隊) ㅅ	ㅎ 撚 ㅇ
基本音	ㄱ	ㄴ	ㅁ	ㅅ	ㅇ
四時	春	夏	旺季	秋	冬
四方	東	南	中	西	北
五臟	肝	心	脾	肺	腎
五常	仁	禮	信	義	智

[그림 2] 초성횡도
(출처: 이정호, 『훈민정음의 구조 원리 그 역학적 연구』, 58.)

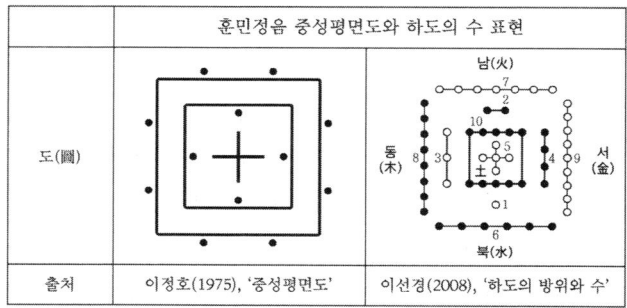

훈민정음 중성평면도와 하도의 수 표현		
도(圖)	이정호(1975), '중성평면도'	이선경(2008), '하도의 방위와 수'
출처	이정호(1975), '중성평면도'	이선경(2008), '하도의 방위와 수'

[그림 3] 훈민정음 중성평면도와 하도의 수 표현
(출처: 이정호, 『훈민정음의 구조 원리 그 역학적 연구』, 58.)

2. 오미자 모델: 음양오행적 신학 방법론의 상징

우리가 기대하는 것과 같이 다섯 유형의 신학이 분리되지 않고
종합적으로 총화를 이루게 될 한국신학의 모습은 마치 신맛(酸,

---

15 나윤경. "음양오행과 천지인 삼원의 효율적인 교수학습 방안 연구 ― 초등교육을 중심으로,"
「동방문화와 사상」 13 (2022); 김경희, "우리 삶 속의 음양오행에 대한 현대적 고찰," 「동서
철학연구」 78 (2015): 195-218.

木), 쓴맛(苦, 火), 단맛(甘, 土), 매운맛(辛, 金), 짠맛(鹹, 水)을 한 알 안에 모두 가지고 있는 오미자(五味子, Magnolia berry)에 비유할 수 있을 것으로 생각하게 되었다. 다섯 가지 맛으로 대변되는 약재적 기능이 하나의 오미자 열매 안에서 음양오행적으로 작동함으로써 사람의 생명을 보하고 치유하는 힘을 발휘하기 때문이다. 나는 오미자 열매의 다섯 가지 맛 자체가 지니는 상징성보다는 오미(五味)에 상응하는 오행(五行)의 상징성에 주목하였다.

[그림 4] 오미자 열매

동의보감 여러 곳에서 말하는 오미자의 특성과 효능은 다음과 같다고 한다: 오미자는 독이 없고 따뜻한 성질을 지닌다. 오미자 효능으로 허로(虛勞)로 몹시 여윈 것을 보하고, 눈을 밝게 하고, 신장(腎臟)을 덥히고 따뜻하게 보하고, 양기(陽氣)를 세게 하고, 남자의 정(精)을 돕고, 소갈(消渴)을 멈추고, 번열(煩熱)을 없애고, 술독을 풀고, 기침이 나면서 숨이 찬 것을 치료한다고 하였다[草部]. 오미자 환약을 만들어 오랫동안 먹으면 힘줄과 뼈를 튼튼하게 하며, 또 차나 환약을 만들어 늘 먹으면 폐기를 거두어들인다[외형편 骨]. 오미자 고(膏)는 남자의 정(精)을 보하며 몽설과 유정을 치료한다[내경편 精]. 허로로 몸이 여윈 것을 치료하고 부족한 것을 보하며 피부를 윤택하게 하며 허열을 없앤다. 기침이 나고 기가 치밀어 오르며 신열(身熱)이 있는 곳을 치료하며 폐기를 거두어들이기 때문에 화열이 있는 데는 반드시 써야 할 약이며, 폐(肺)가 허하여 저절로 땀이 나고 기가 약하여 숨이 찬 것을 치료하는 데 좋으며, 오래된 기침에 오미자를 반드시 쓴다[잡병편].[16]

오미자에 대한 동의보감의 이와 같은 정보는 가히 최상의 약재(藥材)에 해당하는 수준이다. 다섯 가지 맛을 가지면서도 서로가 조화를 이루어 사람의 생명을 보하고 치유하고 풍성히 한다는 오미자의 이러한 함의는 바로 K-신학이 갖춰야 할 상징적 모습으로 부족함이 없어 보인다. "천국은 마치 겨자씨와 같다"라는 비유로 그 실재를 드러내려 했던 것처럼 "K-신학은 마치 오미자와 같다"라고 세계기독교 앞에 내놓을 수 있을까? 그러려면 우선 다섯 가지의 한국적 신학들이 내적으로 상생·상극의 오행적 순환이 원만히 이루어질 수 있어야 한다. 그때 비로소 K-신학이 자신을 오미자와 같다고 주장하는 신학적 이유가 인정받게 될 것이다.

3. 오미자 모델의 음양오행적 상관관계성

우리가 신학 방법론의 원리에 음양오행론을 적용한다고 했을 때, 그것은 목(木), 화(火), 토(土), 금(金), 수(水)의 내용을 직접적으로 차용하겠다는 것이 아니라 이들 간의 상생(相生)과 상극(相剋)적 관계

---

16 "동의보감으로 본 오미자 효능 10가지," https://m.blog.naver.com/o1o38oo86oo/ 220701561523. 2024. 3. 13. 검색.

론을 상징적으로 해석하여 활용하는 것임을 의미한다. 오행(五行)에 관한 서구인의 일반적 이해는 다섯 가지 '요소'(要素, element)에 초점이 맞춰진다. 그러나 오행에서 주목해야 할 것은 다섯 요소보다도 이들 간의 상생(相生)하기도 하고 상극(相剋)하기도 하는 행(行, moving)이다.

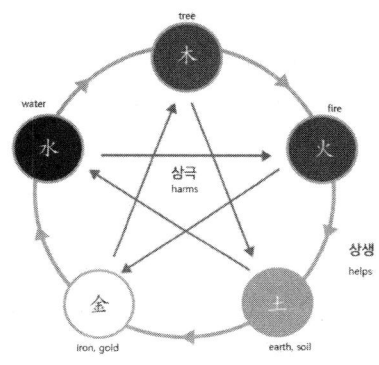

오행의 제 요소는 음양론적 차원에서 상생과 상극의 관계성을 지닌다. 상생은 먼젓번 요소가 다음번 요소를 촉진하고 도움을 주는 식으로 순환하면서 변화를 일으킨다. 그러므로 목생화(木生火), 화생토(火生土), 토생금(土生金), 금생수(金生水), 수생목(水生木)이라는 상생적 행(行)과 하나가 다른 요소를 억누르는 상극(相剋)적 행(行)인 토극수(土剋水), 수극화(水剋火), 화극금(火剋金), 금극목(金剋木), 목극토(木剋土)라는 오행의 상호관계망(internet)이 오미자 모델의 상징적 체계가 되는 것이다.

예를 들어, 토생금(土生金)이 안 되면 토(土)나 금(金)에 병이 생길 수 있다는 것이다. 만일 토(土)에 병이 생겼다면, 그 병은 금(金)에

전변될 수 있다. 토극수(土剋水)에서 토가 너무 강하면 수에 이상이 생기고, 토가 약하면 수에 의해 토에 문제가 발생한다. 이처럼 사람이 자연에서 얻을 수 있는 재료의 개념에서 만물을 구성하는 원소의 개념으로 발전한 오행 간의 작동 원리는 오늘날에는 만물 간의 관계를 설명하는 상징으로 이해될 수 있다.

그렇다면 오행의 상징성은 무엇인가? 목(木)은 온화함과 자람의 기운[生]이다. 성장의 시작으로 생명을 키우는 힘이다. 움직이지 않는 것이 움직이기 시작하고 변화하는 시초를 보이는 것이다. 아지랑이나 봄바람과 같다. 진취적이고 추진력이 있다. 섬세하며, 긍정적이며, 희망적이다. 인자하고 온유하다. 화(火)는 발산하고 폭발하는 기운[長]이다. 순발력이 뛰어나고 화려하다. 즐겁고 흥겹다. 토(土)는 새로운 변화를 주는 기운[化]이다. 원형적이다. 정확하고 분명하다. 그 자체로는 고정적이어서 바뀌지 않는 성질이다. 음과 양의 기운 사이에 존재한다. 금(金)은 모아 결실하는 기운[收]이다. 활동하는 양의 기운이 아닌, 음의 기운이 더 강하다. 서로 극(克)으로 당기고 힘을 겨룬다. 그리고 수(水)는 가라앉혀 저장하는 기운[藏]이다. 연(軟)해서 형태의 변화를 많이 일으킨다. 어둠으로 표현된다. 생명의 근원이다. 음기가 가장 강한 상태를 가리킨다. 변화, 확장, 생성의 기운이 없고, 차갑고 활동력은 정체되어 있다. 조용하고 신중하고 침착하다. 유지적, 수구적이다.[17]

음과 양의 중간적 성질을 가지고 있는 토를 기준으로 목과 화는 양기에, 금과 수는 음기에 속한다. 토를 중심으로 목생화, 화생토,

---

17 소길(簫吉)/김수길·윤상철 공역, 『五行大義』上 (서울: 대유학당, 2023 개정판), 15 이후.

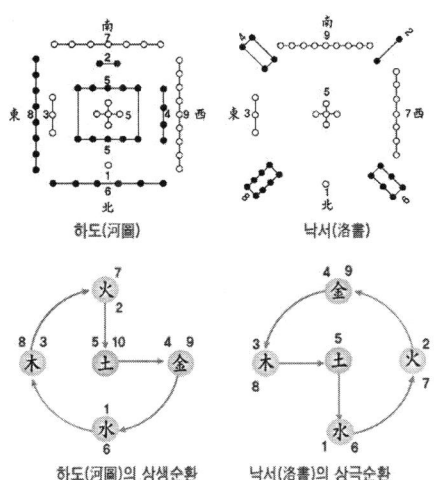

하도(河圖)의 상생순환   낙서(洛書)의 상극순환

토생금, 금생수, 수생목의 오행은 시계 방향으로 상생적으로 순환하고, 목극토, 토극수, 수극화, 화극금, 금극목의 오행은 시계 반대 방향으로 상극적으로 순환한다.[18] 이러한 상생과 상극의 음양오행설은 송대 이후의 역학사(易學史)에 지대한 영향력을 발휘한 <하도>(河圖)와 <낙서>(洛書)에 근거하여 추상되었다.[19]

4. 음양오행적 오미자 모델의 제한성

이러한 자연의 상관적 음양오행의 이치를 K-신학 방법론으로 활용하고자 하는 오미자 모델이 적극적으로 수용되기 위해서는 최소한 음양오행론에 관한 두 가지의 문제가 해소되거나 이해될

---

18 어윤형 · 전창선, 『오행은 뭘까?』 (서울: 와이겔리, 2022), 115.
19 김기, 『음양오행설의 이해』 (서울: 도서출판 문사철, 2016), 55 이후.

수 있어야 한다. **하나는** 음양오행설이 민간에 적용되는 과정에서 소위 '참위(讖緯) 신학'으로 추락했던 역사가 있었는데, 그로 인한 부정적 관념이 오늘날까지도 잔존하고 있다는 점이다. 이에 대한 신학적 비판과 바른 정립이 이루어져야 할 필요가 있다. **다른 하나는** 음양오행론이 기원했을 때의 상황과 현대는 비교 불가능할 정도로 변해 있기에, 권위 있는 현대적 해석과 적용이 요청되는데, 문제는 그것이 해석 주체의 경험적 직관에 상당 부분 의존하는 것이어서 현대의 과학적 관점으로 볼 때 객관적이지 못하다는 평가에서 벗어나기 어렵다는 점이다.

첫 번째 문제점에 관해서는 음양오행론의 유용한 가치는 무엇인지 그리고 잘못된 사용으로 인한 '타락'의 역사는 어떤 점인지를 명확히 구별함으로써 음양오행론에 대한 바른 관점을 견지해야 한다. 이를 위해서는 음양오행론이 불신당하게 된 역사를 바로 볼 필요가 있다. 음양오행론은 기원전 5세기 전국시대(戰國時代)에 태동하여 전한(前漢) 시대(기원전 202~기원후 8년)에 만개한 바가 있다. 그러다가 전한 말기에 '타락의 길'을 걷게 되었는데, 후한(後漢, 기원후 25~220년) 초기에 다시 『백호통』(白虎通)과 왕충(王充, 27~?)에 의해 그 가치를 회복하는 기회를 얻게 된다.[20] 그러나 한 번 오염됨으로써 형성된 부정적 이미지를 극복하는 것은 오랜 시간이 필요한 것으로 보인다. 그 타락이라는 것은 특히 동중서(董仲舒, 기원전 176~104년)에 이르러 음양오행론이 신비적 관념론에 빠져들면서, "인간계의 불행을 천지 자연의 분노에 의해 야기된 것으로 보는 믿음"으로 변질하기 시작한

---

20 김기, 앞의 책, 206.

것을 두고 말하는 것이다. 그 결과 "인간세계의 정치나 도덕이 천지자연에 감응을 주어 인간의 화복을 부르게 된다는 그릇된 신앙을 가지게" 하는 '참위신학'(讖緯神學)으로까지 굳어지게 되었다. 이러한 영향으로 오랜 세월을 거쳐 오늘날까지도 여전히 참위신학적 음양오행설이 주술적 행위의 근거로 사용되고 있기에, '사이비 과학'으로[21] 혹은 사이비 종교적 이설(異說)로 인식되는 현실이다.

그러나 앞에서 밝힌 것과 같이 음양오행의 세계관은 한민족의 정체성을 표현하는 태극기에, 1년 열두 달 매주 알리는 요일(曜日) 표기에서 그리고 무엇보다도 한국인이 사용하는 한글 창제의 근본 철학이 <하도>(河圖)로부터 추상(抽象)되어 오늘날 한국인의 사유체계 안에 의식·무의식 간에 영향을 미치고 있다는 점을 명확히 확인할 필요가 있다.

두 번째 문제점은 방법론적으로 쉽게 해결하기 매우 난해한 과제다. 그러나 쉽게 생각하기 위하여, 이는 마치 일반적인 관점에서 양의학과 한의학이 환자를 대하는 차이와 같다고 단순화하여 접근할 수 있다. 양의학은 측정할 수 있는 모든 것을 수치화 내지는 계량화하여 분석적-객관적으로 보고 종합하고자 하는 길을 가는 반면, 한의학은 통전적으로, 직관적으로, 상관적으로, 유기체적으로 봄으로써[22] 불균형을 찾아 균형을 맞추려는 특징을 지닌다. 그러므로 오미자

---

21 김기, 앞의 책, 213. '참(讖)'은 '공자에 의탁한 예언'으로 "거짓되게 비밀스러운 예언을 지어내어 길흉을 예언하는 학술"이며, '위'(緯)는 공자에 가탁(假託)하여 경(經)을 해석하는 것으로 서로는 별개였으나, 위서 편찬자들에 의해 서로 결합하게 되었다(앞의 책, 202 이후).
22 송영배, 『동서 철학의 교섭과 동서양 사유 방식의 차이』(서울: 논형, 2004); 제2부 4장 "동양의 '상관적 사유'와 유기체적 생명의 이해"를 참조하라.

모델 역시 한국신학의 체(體)를 구성하는 다양한 신학 사조를 음양오행의 상관적 인식의 관(觀)을 가지고 직관함으로써 하나의 유기체적 K-신학 안에서 생·장·화·수·장(生·長·化·收·藏)하는 음양오행적 변화의 움직임을 확인할 수 있을 것이다.

IV. '오미자 모델'로 본 K-신학

한국신학 방법론으로서의 오미자 모델은 독자적으로 형성된 한국의 신학들을 상생(相生) 순환적 관점과 상극(相剋) 순환적 원리를 따라, 먼저는 가시적으로 유형화해야 하고, 다음은 한국신학에 들어오게 될 제 유형이 상관적이 되도록 배열하는 과제를 풀어야 한다. 우리는 본론적인 후자의 과제를 위하여 이미 음양오행적 관점으로 비교적 선명히 보이는 다섯 종류의 한국신학 유형을 다듬는 첫 번째 과제는 앞의 II항에 제출했다. 남은 과제는 다섯 가지 유형의 구슬과 같은 신학을 하나의 목걸이가 되도록 만드는 것인바, 목기(木氣)의 영성신학, 화기(火氣)의 문화신학, 토기(土氣)의 자연신학, 금기(金氣)의 참여신학 및 수기(水氣)의 교의신학이라는 청사진으로 오미자(五味子) 모델의 K-신학을 제안한다.

그러면 지금부터 음양오행의 상생·상극의 순환적 원리에 따라서 오미의 K-신학이 상호 간 어떤 상관성을 맺고 있으며, 어떻게 서로를 이롭게 함으로써 고유한 신학적 생명력을 풍성히 하는지를 살펴보도록 하겠다. 그 후 상생·상극의 순환성에 따라 오미(五味)의 신학이 어떻게 서로 상관·조화적일 수 있는지를 고찰한다.

1. K-신학 오미의 음양오행적 특성

한국 땅에서 한국의 문화와 역사 가운데 한국인을 위하여 한국 그리스도인에 의하여 형성된 여러 형태의 신학 담론들은 한국이라는 꽃밭에 뿌려진 복음의 씨앗들이 풀어내는 이야기다. 씨앗이 뿌려진 시기도 흙도 다 다르니, 봄 · 여름 · 가을 · 겨울 계절별로 피고 지는 때도 다르다. 이제 오미자 모델로 직관하여 구분한 K-신학의 오미를 차례대로 감상(感象)토록 하겠다.[23]

1) 목기(木氣)의 영성신학(Theology of Spirituality)

목(木)은 양기(陽氣)를 지니기에 따뜻하고 푸른 생명의 힘이 넘쳐 난다. 목의 기운은 생(生)이다. 자라남이다. 계절로는 봄이고, 방위로 는 동쪽이고, 맛은 시다(酸). 땅속에서 생명의 줄기를 위로 내어 솟구쳐 올라가는 것이 목의 상징성이다. 생명의 신앙이 땅에 뿌리를 뻗어 내리게 되면, 그와 함께 영적 생명이 활성화하여 자라기 시작한 다. 그리스도인의 신앙고백은 교리라는 껍질에 갇혀 있는 것이 아니 라 종교적 의식이나 제도 및 문자를 뚫고 나와 삶의 현실에서 신의 생명을 체험적으로 맛보는 데로 나간다[行]. 성령이 그 과정에서 그리스도인 자신의 본성적 타락과 부패성을 보게 함으로써 철저한 회개의 순간과 아울러 영적 중생의 체험, 나아가 부패했던 심령이

---

23 필자는 한국적 사유의 한 틀로 함석헌의 사상을 논하면서 '감상주의'(感傷主義)를 이야기한 적이 있다. 졸저, 『예수와 대화』, 167 이후 참조.

성령세례를 통해 성결하게 되는 순간적인 은총을 경험한다. 성령의 강력한 역사는 그리스도인이 더욱더 능력 있는 기도의 삶을 체험하게 하며, 그 과정에서 말씀과 성령의 능력으로 신유(神癒)의 기적을 목격하기도 한다. 목기에 해당하는 성령의 은사와 더불어 종말론적 삶의 결단이 그리스도 예수의 재림 신앙으로 강화되는 것도 이때다.

성령의 임재에 의한 이러한 개인적 신앙 고백과 신앙 체험은 경험자들에 의해 신학적으로 정립되는 경우보다는 부흥회나 간증집회나 전도 행위 안에서 개인적 구전으로 전달되는 것이 일반적이어서, 이를 '영성신학'이란 유형으로 개념화하는 것은 자체적으로 충돌하는 면이 있다. 그러나 1907년 평양대부흥 이후 '성령세례', '부흥', '회개', '거듭남', '성결 체험', '방언', '은사', '신유', '재림 신앙' 등으로 대변되는 부흥 운동, 성결 운동, 오순절 은사 운동은 '사중복음 신학'이나 '오순절 신학'으로 정립되는 단계에 이르렀다.[24]

1907 평양대부흥 주역의 한 사람이었고, 새벽기도 운동의 기수였고, 3.1운동 때는 민족 대표 33인이었던 길선주(1869~1935), 한국의 사도바울이란 별명으로 불리는 순교자 이기풍(1865~1942), 신앙은 이론이 아니고 능력이라 하며 말씀 증거와 기도의 삶으로 일관한 이용도(1901~1934), 한국의 무디라 불린 이성봉(1900~1965), 영과 진리, 영적 기독교를 제창했던 최태용(1897~1950), 사중복음을 부흥

---

24 서울신학대학교 글로벌사중복음연구소는 2015년 창간한 *World Christianity and the Fourfold Gospel*, vol. 1~9 (2015~2023)를 통해서 사중복음 신학을 '세계기독교'의 맥락에서 전개하고 있다. 사중복음 신학에 관해서는 다음을 참고하라. 글로벌사중복음연구소 편, 『글로벌신학과 사중복음』; 『사중복음과 성서신학』; 『사중복음과 종교개혁』; 『웨슬리안 사중복음 교의학 서설』 등.

메시지로 선포했던 이성봉(1900~1965), 사중복음에 축복을 더한 오중복음으로 오순절 운동을 이끈 조용기(1936~2021)와 같은 인물은 목기의 영성신학과 관련시킬 수 있을 것이다.[25]

2) 화기(火氣)의 문화신학(Theology of Cultures)

화(火)는 목(木)보다 더 강한 양기(陽氣)를 지닌다. 그러나 양기의 특성이 다르다. 목기는 굵고 뾰족하니 줄기를 강하게 하지만, 화기는 넓고 얇게 퍼지는 기운이다. 계절로는 여름이고, 방위로는 남쪽이고, 맛은 쓰다(苦). 나무의 줄기가 목기라면, 가지에 뻗어 붙어 있는 무수한 나뭇잎과 같은 것이 화기의 성질이다. 목기가 생(生)이면, 화기는 장(長)이다.

이와 같은 맥락에 있는 것이 문화신학이다. 문화(cultures)는 삶(生)의 제 양식의 총합이다. 모든 생명이 부르는 합창과 같다. 두텁지 않고 얇고 다양해서 멀리까지 미친다. 그러므로 화기의 문화신학은 목기의 영성신학 다음으로 자연스럽게 이어진다. 여기에서 "문화의 내용이 종교이고, 종교의 형식이 문화"라는 명제가 정당한 것으로 확인될 수 있다. 이때 종교는 제도나 교리가 아니라 목기의 영성(靈性)이다.

---

25 Insik Choi, "Pneumatology as a Basis for Ecumenical Dialogue Between the Korean Methodist, Holiness, and Pentecostal Tradition," *Holiness and Pentecostal Movements: Intertwined Pasts, Presents, and Futures,* ed. David Bundy et al. (University Park: Pennsylania State University Press, 2022), 159-183. 필자는 근자에 세계기독교와의 대화라는 맥락에서 한국교회의 영성운동을 웨슬리안 전통에 제한하여 감리교의 박종천과 이정배 등을, 성결교와 순복음교회의 이성봉과 조용기를 각기 소개하였다.

나무의 줄기에서 여러 가지가 퍼지고, 가지에서 이파리가 수없이 나와 펼쳐지듯이, 화기의 문화신학은 기독교 영성이 한국의 역사·종교·학문·예술·자연·사회 제반 삶의 영역에 퍼져 들어감으로써 나타나는 문화를 이야기한다. 변증적 종교신학을 시도한 탁사(濯斯) 최병헌(1858~1927), 한글 문화신학의 기초를 놓은 다석 류영모(1890~1981), 성(誠)의 신학과 단군신화의 신학화를 제출한 해천(海天) 윤성범(1916~1980), 불교와의 대화를 통해 종교신학의 문을 연 일아(一雅) 변선환(1927~1995), 종교 간의 진리를 넘나들면서 체득의 신학을 실천한 현재(鉉齋) 김홍호(1919~2012), 풍류도로 멋의 신학, 예술 신학의 초석을 놓은 유동식(1922~2022)과 같은 선진이 문화신학적 화기를 한껏 지펴 올렸다.

목기의 영성신학은 죄와 이에 따른 생노병사(生老病死)라는 운명 아래 놓인 인간 개별자의 영성에 주목하기 때문에, 성령의 인격적 만남과 초자연적 변화의 역사에 관한 이야기가 중심이 된다. 그와 반면에, 화기의 문화신학은 인간이 만들어 놓고 그 안에서 사는 문화와 종교라는 사회적 현실에 초점을 맞추기에, 인류 사회에 보편적으로 전달되고 있는 철학적·종교적 진리를 파지(把持)할 수 있는 길을 묻는다. 여기에서는 공(空), 무(無), 도(道), 기(氣)와 같은 비인격적 실재가 중심적인 의제로 부각 된다.

3) 금기(金氣)의 참여신학(Theology of Action)

금(金)은 토(土)에서 나온 음기성 기운으로서 흩어진 화기를 '모으는 성질[收]'을 상징한다. 이는 여름이 지나 가을이 되면 나무는 양기(陽氣)에 의한 성장을 멈추고 화기(火氣)의 에너지를 모아 열매를 맺는 것으로 비유할 수 있다. 계절로는 가을이고, 방위로는 서쪽이고, 맛은 맵다(辛). 목기나 화기에서 나오는 에너지는 영적이고 추상적이지만, 금기나 수기의 에너지는 역사적이고 현장적이다. 그러므로 금기(金氣)의 K-신학은 역사 참여적이요, 현장 참여적인 모습으로 나타나기에 '참여신학'이라 이름을 붙일 수 있을 것이다.

참여는 구체적인 윤리적 결단과 행동이 따르는 신앙적 행위다. 그러므로 이는 '행동하는 신학'이나 '실천하는 신학'으로도 불릴 수 있다. 참여는 여러 상황을 전제하기에, '상황 신학'이란 관점에서도 다루어진다. 남북 분단의 상황, 인권탄압의 상황, 빈부격차의 상황, 인격적 차별의 상황과 같은 사회 곳곳에 가려져 있는 정의롭지 못한 현실에 행동으로 참여하는 과제를 다루는 것이 금기의 참여신학이다.

이러한 참여신학에서는 구체적인 상황에 처해 있는 참여 대상으로서의 개인이나 사회 집단이 의제로 설정된다. 포괄적으로 볼 때, 현재까지는 민중신학이 대표적인 참여신학의 유형에 속한다고 할 수 있다. 참여신학은 자신의 비판적이며 행동적 규범을 대체로 구약성서의 선지자들이나 복음서의 나사렛 예수의 가르침과 삶에서 찾는 편이다. 선지자들과 예수 그리스도의 참여적 행동은 이미 타락한 국가적 왕권주의와 유대교의 교권주의를 비판하는 것이었다. 그 때문에 제도화된 교회가 교권적 권위주의 유혹에 빠진 상황에서는 제도 교회가 주체가 되어 참여신학을 개진해 나가는 데는 처음부터 한계가 드러나 있었다.

그러므로 참여신학은 제도권 교회 밖의 재야에서 시민사회와 연대하면서 결실하는 과정을 밟아왔다. 무엇보다도 군사독재정권이 지배하고 있던 체제하에서 함석헌(1901~1989), 서남동(1918~1984), 안병무(1922~1996)와 같은 이들의 성서적 · 신학적 · 참여적 말과 행동은 **민중신학**이 태어나는 데 초석의 역할을 했다. 다른 한편 남북 분단의 상황에서 민족 통일을 위한 현실 참여에 투신한 문익환(1918~1994), 박순경(1923~2020) 등에 의해 **통일신학**을 기대하게끔 되었다.

4) 수기(水氣)의 교리신학(Theology of Doctrine)

수(水)는 가장 큰 음기를 품고 아래로 내려가 에너지를 저장하는 기운(藏)을 상징한다. 나무의 열매가 씨로 남는 것에 비유된다. 계절로는 겨울이고, 방위로는 북쪽이고, 맛은 짜다(鹹). 수기(水氣)는 매우 현장적이지만, 운동을 멈추고 변화하지 않고 한 곳에 안주하려는 성질을 지닌다. 확장성보다는 정체성을 지키고자 하는 기운이 강하다. 신학적으로는 교리신학이 이에 해당한다. 역사적으로 볼 때, 금기의 참여신학이 교회 밖 현장의 시대적 상황에 참여했다면, 수기의 교리신학은 교회 공동체를 지키기 위해 교회의 목회 현장과 복음 전도 현장에 참여했다. 역사의 현장에 뿌리를 내려 열매를 맛보기도 했지만, 거절과 박해 속에서 진리를 사수해야 하는 상황에서 신앙을 지키는 사명을 감당하기 위해서 무엇보다도 공동체의 신앙고백을 핵심적으로 담아내는 '신앙의 규율'(regula fidei), 교단의 '헌법'이나 '교리와 장정', '신앙고백서' 등을 통해서 권위 있는 전통으로 만들어 놓았다.

한국은 유럽의 국가교회로부터 신앙의 자유를 찾기 위해 북미로 건너가 재탄생한 교파주의적 자유 교회의 선교지였다. 파송 받은 선교사들은 교파주의 교회를 세워 본국의 교회 제도, 교리, 신학을 그대로 번역하여 이식하였기 때문에, 한국은 그들이 전해준 '개혁주의' (Reformism)라 불리는 칼뱅주의 신학 전통과 '아르미니우스주의' (Arminianism)라 불리는 웨슬리안 신학 전통이 서로 맞대결하는 서구 교리신학의 각축장이 되었다. 여기에 성경 연구와 해석의 견해 에 따라 진보주의 대 보수주의 혹은 자유주의 대 정통주의로 나뉜 상태에서 교리신학이 교파별로 고유한 권위를 주장하고 있다. 개혁주 의 전통에서는 역사적으로 박형룡(1897~1978), 이종성(1922~2011) 이, 웨슬리안 전통에서는 정경옥(1903~1945), 이명직(1890~1973), 조 종남(1927~2023)이 대표적인 교의학자다. 초교파적으로는 김광식, 김균진 등이 있다.

5) 토기(土氣)의 자연신학(Theology of Nature)

토(土)는 음기와 양기를 함께 지닌다. 양기의 목·화와 음기의 금·수를 모두 토가 품기도 하고 내보내기도 한다. 토에서 모든 기운은 균형과 안정을 찾는다. 토 스스로는 움직이지(行) 않으면서 음기와 양기가 움직이도록 변화의 힘을 베푼다(化). 목·화·금 ·수는 모두 중앙의 토에서 비롯된다. 목의 나무줄기에서 화의 수많은 잎으로 확장하다가 목·화의 양기는 토에 머물면서 꽃으로 변화한다. 음기와 양기는 토를 중심으로 돌면서 상생과 상극의 순환운동을 지속한다.

오미자 모델에서 토기(土氣)에 상응하는 것은 자연신학이다. 자연의 근본은 흙이다. 그래서 목·화·금·수는 토 없이 존재할 수 없다. 모두 흙에서 나와 흙으로 다시 돌아가야 한다. 흙의 땅은 창조된 세계의 모체다. 그런데 이 흙, 땅, 자연이 심각하게 오염되고 파괴되고 있다. 자연의 실재와 진화 과정이 자연과학의 몫이라면, 자연의 우주론적 창조의 섭리와 존재 이유를 밝히는 것은 자연신학의 사명이다.

음양오행론은 과학도 신학도 아니다. 음양오행론은 목·화·토·금·수라는 자연 현상 간 변화의 흐름에 존재하는 총체적 상관성을 직관적으로 파악하면서 깨달음을 얻게 된 고대인의 경험적 지혜의 소산이다. 그러하기에 잘못하면 사이비(似而非) 과학으로 혹은 주술적 참위(讖緯)론과 같은 사이비 신학으로도 추락하기 쉽다. 이처럼 옳고 그름을 나눌 수 있는 정량화한 객관적 기준이 있을 수 없기에, 음양오행론에 대한 현대의 과학이나 신학의 태도는 소극적인 것으로 보인다. 그러나 화기의 문화신학이 철학이나 종교와 대화를 통해 신학적 과제를 풀어내고 있듯이, 토기의 자연신학은 과학—자연과학·인문사회과학—이나 의학·한의학과 같은 영역과 대화함으로써 자연에 관한 창조적 섭리와 존재 이유와 인간 사회의 질서를 밝혀나갈 수 있을 것이다.

양기가 지배하는 목기와 화기의 신학이 영적이거나 관념적인 성향이 강하고, 음기가 지배하는 금기와 수기의 신학이 현실적이거나 규범적인 성향이 강하다면, 토기는 음기와 양기가 함께 작동하기에 토기의 자연신학은 양기와 음기적 신학들을 수용하면서 변화를 줄 수 있는 위치에 있다. 그러나 오늘날 K-신학의 구성에서 가장 약한 영역이 바로 자연신학이다. 그 이유는 목·화·토·금·수 모두를 보고 음양오행적으로 다 다룰 수 있어야 하기 때문이다. 이 분야는 신학과 더불어 수학을 능하게 다룰 수 있어야 하는데, 한국 기독교는 이 분야에 준비가 부족한 편으로 보인다. 그런 가운데 도 21세기를 향한 과학과 종교를 성서적·영성적으로 풀어낸 곽노순을 비롯하여, 자연과학·신학·동양 종교 간의 대화를 시도하는 김흡영, 종교 간 대화와 과학과의 대화를 통해 한국적 생명 신학을 제출하는 이정배, 종교를 '묶는 과정'으로, 과학을 '푸는 과정'으로 보면서 과학과 종교 간의 대화를 이끌어가고 있는 현우식과 생태신학, 생태여성신학 이야기를 전개하는 전현식, 강남순, 정미현이 있다.26

2. K-신학의 상생·상극적 상관·순환성

음양오행의 상관적 운행은 크게 목생화(木生火), 화생토(火生土), 토생금(土生金), 금생수(金生水), 수생목(水生木)이라는 상생적 행(行) 과 토극수(土剋水), 수극화(水剋火), 화극금(火剋金), 금극목(金剋木),

---

26 서구 신학자들 가운데는 과학과의 대화를 시도하는 볼프하르트 판넨베르크(1928~2014), 알리스터 맥그래스나 테드 피터스, 인문사회과학과의 비판적 대화를 하고 있는 존 밀뱅크와 같은 이들이 자연신학의 영역을 확보하고 있다고 말할 수 있을 것이다. 판넨베르크/전경보 역,『자연의 역사성: 신학과 과학에 대한 판넨베르크의 기여』(서울: 종문화사, 2023); 맥그 래스/조계광 역,『과학과 신학』(서울: 생명의 말씀사, 2023); 테드 피터스/김흡영 외 역, 『과학과 종교: 새로운 공명』(서울: 동연, 2002); 테드 피터스/이세형 역,『삼위일체 하나님 ― 신적 삶 안에 있는 관계성과 시간성』(서울: 컨콜디아사, 2016); 존 밀뱅크/서종원·임형 권 역,『신학과 사회이론: 세속 이성을 넘어서』(서울: 새물결플러스, 2019).

목극토(木剋土)라는 상극(相剋)적 행(行)으로 이루어진다. 상생행이 엄마의 일이라면, 상극행은 아빠의 일이라 비유할 수 있다. 예를 들어, 엄마(木)가 자식(火)을 낳아 키워 놓으면[木生火], 자식(火)은 엄마(木) 품을 떠나 새로운 엄마가 되어 자식(土)을 낳아 키운다[火生土]. 상생행의 모습이다. 그리고 상극행은 예를 들어, 아빠(土)는 자식(水)을 단련하고[土剋水], 단련 받은 자식(水)은 다시 아빠가 되어 자기 자식(火)을 단련한다[水剋火].

1) 목기(木氣)의 영성신학: 교리신학(水)과 참여신학(金) 사이의 상생·상극성 원리

교리신학이 영성신학을 낳아 키우고, 영성신학이 교리신학을 떠나면, 참여신학이 영성신학을 단련한다. 영성신학은 교리신학에서 태어난다. 그러나 교리신학에 머무르지 않고 넘어선다. 그리고 참여신학을 받아들이므로 완성된다.

(1) 水生木

영성신학[木]의 씨앗은 교리신학[水]이다. 영성신학은 교리라는 씨앗의 배를 먹고 씨눈이 트지만, 흙과 바람과 빛의 기운을 받아먹어야 한다. 또한 영성신학은 교리신학이 임계점에 이르렀을 때 나타나는 영적인 결핍을 해결한다. 교리신학이 신앙고백의 생명력을 잃고 교리주의, 교파주의, 교권주의로 이탈될 때는 영성적 목(木) 기운이 강한 저항성을 가진 개혁적 운동이 등장한다.[27] 교리신학이 건강한 수(水) 기운을 지니고 있을지라도 '교리'로 부동의 저장성으로만 남아 있게 될 때, 생명의 목(木) 기운이 올라와 영성신학을 형성하게 된다. 겨울철 땅속에 있는 것 같은 씨앗의 음(陰) 기운을 지닌 교리신학이 움을 터서 줄기를 위로 뻗어 올라가게 하는 형상이다. 수생목(水生木)이다.[28]

(2) 金克木

교리신학은 영성신학의 등장이 자기의 전통에서 이탈하는 것으로 여겨 억압하려는 성향이 강하다. 그러나 교리신학은 영성신학의 모태로서 영성신학을 낳아 기르는 상생의 역할을 할 때 빛이 드러나는 것이지, 억압하는 것은 그 본성에 거스르는 일이다. 아들은 엄마를 떠나게 되어 있다. 그게 살아있다는 표지다. 그것을 부정해서는

---

27 최태용의 경우를 예로 고찰해 보라. 참고: 박숭인, "최태용과 한국인 자신의 교회: 최태용의 신앙운동, 신학운동, 교회운동," 『한국신학, 이것이다』(서울: 한들출판사, 2008), 74-104. 김경재가 분석하였듯이 최태용이 활동하던 때는 "조선인 신자들이 지녔던 '창조적 소수자'들로서의 생동 신앙을 잃어버리고 신앙이 경직화, 제도화 되어가던 시대"로 "이미 1920~1930년대 미국 선교사들의 근본주의 보수 신학이 조선 교회를 지배하기 시작하였(던)" 시대였다("'영적 기독교론'에서 영과 진리의 관계," 286; 박숭인, 앞의 글, 88 재인용). 근본주의적 교리·교권주의에 저항하여 '영의 기독교'를 주창하였다. 수생목(水生木)으로 나온 그의 영성신학은 '고정주의'나 '주지주의화'를 거부하고 '미래에의 행위, 영원에의 모험을 지향하는 지식'을 추구하는 '생명적 지식'을 향한 운동이며, 그것은 '영과 진리'의 역설적 해석의 긴장으로 이어지는 '영의 기독교'로 거듭나는 것이다.

28 한국의 성결교회나 오순절교회의 경우 그들이 사중복음 신학이나 오중복음 신학을 정립해 나가는 신학운동은 이러한 예에 해당할 것이다. 특히 성결교회는 '웨슬리 신학과 사중복음'을 교단의 신학적 근간으로 삼고 있으나, 웨슬리안 교리를 씨앗으로만 간직하며 정체성 확인에만 머물러 있게 하지 않고, 특히 부흥운동의 현장에서 맺혀진 중생·성결·신유·재림을 '사중교리' 혹은 '전도표제'라는 틀로부터 넘어서도록 하여, 복음주의 신학을 지탱하고 견인하는 초교파적 복음주의 영성으로 자라나게 하는 수생목(水生木)의 기운을 북돋아 가고 있다. 졸저, 『예수의 바람, 성령의 바람: 사중복음과 21세기 교회혁신』(서울: 사랑마루, 2014); 최인식, 『데우스 호모: 미래의 신학, 미래의 교회』(서울: CLC, 2021).

교리신학만 부정당하게 되어 있다. 아들을 단련하는 것은 아빠다. 그 역할은 참여신학이 맡는 것이 어울린다. 영성신학이 그 성장의 범주를 이탈할 때, 이에 대해 견제하는 힘은 참여신학에서 가져올 수 있다.

영성신학은 교리신학의 교리와 신조에 묶이지 않기 위해 그 틀을 벗어나야 하고, 그 와중에 현실 도피적 신비주의와 같은 데로 빠지지 않아야 한다. 이에 대하여 참여신학은 신학의 역사성, 구체성, 현실성을 강하게 지니기에, 영성신학이 초월주의, 추상주의, 신비주의로 탈선하는 것을 비판하며 교정할 수 있다. 음기가 양기에 비판적으로 영향을 미치는 원리[剋]가 적용되는 경우다.[29] 이는 강한 음 기운을 지닌 수기(水氣)의 교리신학이 생산적으로 적용되는 경우(生)와 대비된다.

2) 화기(火氣)의 문화신학: 영성신학(木)과 교리신학(水) 사이의 상생·상극성 원리

영성신학이 문화신학을 낳아 키우고, 문화신학이 영성신학을

---

29 민중신학이 등장하게 되는 출발점을 생각해 볼 수 있다. 예를 들어, 서남동의 민중신학 구상의 맹아적 논문인 "예수·교회사·한국교회," 「기독교사상」 201 (1975. 2.): 53-68을 보면, 참여신학으로서의 민중신학이 태어난 동인이 무엇인지 알 수 있다. 그것은 "'개개인의 해방'으로부터 '공동체의 해방'으로, '정신적·심령적 구원'으로부터 '역사적·정치적 구원'으로"의 이행이 있었고, "예수에 대한 종교사적 해석으로부터 '사회정치적인 각도'에서의 해석으로의 전진"을 요구했고, "잃어버렸던 복음의 사회적 차원, 사회적 구원"을 되찾고자 하는 강렬한 의지가 있었다. 이것은 개인의 해방, 정신적·심령적 구원, 종교사적 해석에 치우칠 수 있는 경향성이 강한 영성신학에 대한 상극적인 음(陰) 기운이다. 아들을 단련하는 아빠가 지닌 강력한 상극적 에너지다. 아들은 아빠를 이길 수 없다. 금극목(金克木)이다. 서남동, "민중의 신학," 「기독교사상」 203 (1975. 4.): 85-91; 강원돈, "서남동의 신학," 『한국신학, 이것이다』, 195-225를 참고하라. 특히, 205.

떠나면, 교리신학이 문화신학을 단련한다. 문화신학은 영성신학에서 태어난다. 그러나 영성신학에 머무르지 않고 넘어선다. 그리고 교리신학을 받아들이므로 완성된다.

(1) 木生火

문화신학(火)은 영성신학(木)이 임계점에 이르렀을 때, 영성신학의 긍정적 생명의 기운을 받아서 종교와 문화로 표현되는 삶의 제 양식에까지 복음의 신학적 관점을 전개한다(長). 문화신학의 건강성과 확장성은 성숙한 영성신학에 뿌리를 내릴 때 견고히 보장된다. 영성신학이 여러 이유로 성숙하지 못하고 퇴행성을 보일 때, 문화신학의 화기(火氣)는 영성신학에 비판적 태도를 보이게 된다. 문화신학의 건강성은 영성신학에 달려 있다.

1960년대 이후 등장한 문화신학으로서의 토착화신학은 서구 문화 속에서 한국 문화로 사유했던 신학자들에 의해 길이 열리게 되었다. 이는 그간의 한국교회를 구축하고 있던 영성신학이 선교사들에 의한 서구기독교적 문화로 이뤄졌던 것에 대한 발견과 이에 대한 비판적 의식이 결합하여 나타난 측면이 있다. 서구적 영성신학이 한국 문화신학으로서의 토착화신학을 태어나게 했다고 말할 수 있을 것이다. 서구에서 신학 연구를 했던 자들 가운데 한국의 상황과 문화를 염두에 두지 않고 신학을 한 자는 대체로 서구 교회의 근본주의적 교리나 자유주의적 성경연구 방법론을 그대로 한국교회에 이식하려는 것에 초점을 맞춘 것으로 보인다. 그러나 대부분이 한국의 문화를 염두에 두고 직간접적으로 문화신학을 하게 되었다고 볼 수 있다.[30]

이와 반면에 다석 류영모와 같은 자는 서구의 교리 신학에 세례받지 않고 기독교계의 폐쇄성을 경험하여 독자적인 영성신학의 길을 가다가 문화신학의 차원까지 나간 경우다.[31] 그의 제자 함석헌도 유사한 길을 걸은 것으로 볼 수 있을 것이다.

(2) 水剋火

문화신학이 제 문화와 종교에 대하여 열린 태도로 대화하고 공감대를 넓혀 가는 과정에서 신학적 정체성이 모호해지는 경우, 이에 대한 비판과 보정은 강한 음 기운인 수기(水氣)의 교리신학이 감당한다. 그러므로 교리신학은 문화신학이 멀리해야 할 대상이 아니라 내부 감찰관처럼 가까이 있도록 해야 한다. 한국신학에서 문화신학의 영역이 학문적으로는 교계에 큰 소리로 들렸기 때문에, 교권이 가장 많이 견제한 것이 문화신학자들의 주장이었다. 교권의 견제 도구는 교리신학이었다. 교리신학이 문화신학을 단련하는 것과 제압하는 것은 한

---

30 윤성범이 바르트에게서 '바울의 인간학'(1960)으로 신학박사 학위를 마친 후, 국내에 들어와서는 단군신화나 유교의 성(誠) 사상을 새롭게 공부하여 토착화신학의 장을 연 것이나, 변선환이 바젤대학교에서 기독교와 선불교의 만남을 주제로 박사학위논문(1975)을 제출한 후, 불교와 대화하면서 종교신학의 지평을 넓힌 것 등은 이들의 영성을 지배해 왔던 서구 교회의 문화·교리·영성으로부터 벗어나 한국인에게 맞는 영성의 의식주로 신학을 새롭게 하고자 하는 시도였다. 서구의 영성신학, 곧 서구의 기독교 신학 전통이 한국의 문화신학으로서 한국의 토착화신학을 태어나게 한 것이다. "올바른 한국 신학의 수립은 기독교 신학의 역사적 전통과 한국 고유한 문화사적 전통과의 결합에서 이루어진다고 볼 수 있으며, 이러한 결합을 틸리히의 입장에서는 변증법적 통일이라고 말할 수 있을지 모른다. 이것은 달리는 한국 신학의 토착화 과정을 통해서만 비로소 구상하게 된다는 말도 된다." 조이제, "신교회인물열전 (20) 윤성범," 「기독공보」 2003. 7. 5.에서 재인용. (고딕체는 필자의 강조)

31 류영모, 『다석강의』(서울: 현암사, 2006); 류영모/심중식 편, 『므름 브름 프름: 다석의 마지막 강의』(서울: 씨알누리, 2022); 김흥호, 『다석일지공부: 류영모 명상록 풀이』(서울: 솔, 2001).

꿋 차이다. 단련하면, 교리신학이나 문화신학 모두 구족(具足)하게 될 것이다.[32] 그러나 교리신학이 문화신학을 제압하면,[33] 교리신학은 부족(不足)을 면치 못한다. 결국 그러한 교리신학은 자연신학을 통해 제압당하는 토극수(土克水)의 현실을 맞게 될 것이다.

3) 토기(土氣)의 자연신학: 문화신학(火)과 영성신학(木) 사이의 상생·상극성 원리

문화신학이 자연신학을 낳아 키우고, 자연신학이 문화신학을 떠나면, 영성신학이 자연신학을 단련한다. 자연신학은 문화신학에서 태어난다. 그러나 문화신학에 머무르지 않고 넘어선다. 그리고

---

32 성경의 경우로는 사도행전 15장에 기록된 예루살렘 교회의 교리신학이 바울의 문화신학을 정당히 단련한 사건이다. 예루살렘 공의회는 주요 신앙 교리 외 바울의 문화신학적 의제에 대해서는 파격적인 관용의 입장을 취했다. 한국교회의 문화신학 전통에 있는 학자들에게서 교리신학서가 나오기 시작했다. 이는 문화신학에 대한 교리신학의 상극적 관계성이 건강하게 유지됨으로써 나오고 있는 성과다: 박종천의『하나님 심정의 신학: 교회교훈학으로서의 조직신학』(2012); 이세형의『도의 신학』(2002); 김흡영의『도의 신학』(2022); 이정배의 『생명의 하느님과 한국적 생명신학: 하느님의 살림살이를 위한 신학』등이 있다.

33 대표적인 예로 변선환에 대한 교권의 '단련'이 아닌 '제압'으로서 '교리수호대책위원회'를 통해 변선환과 홍정수를 '출교'한 사건(1992년 5월 7일)이다. 김은선은 "[종교재판 30년] 감리교 종교재판, 한국적 '보편종교'를 향한 진통과 선취,"(2022. 10. 11. 프레스센터)에서 "교회 밖에도 구원이 있다"라고 한 변선환의 주장을 "참 하나님 신앙과 사랑을 위해서 교회 밖으로 우리 시선을 돌려야 한다고 외친 선생님의 절규"라고 보면서, 변선환을 욥과 같은 선상에서 변호하였다. "선생이 그렇게 한국교회의 주류 논리와 칭의를 뛰어넘어서 한 분 하나님에 대한 깊은 사랑과 믿음으로 그 구원을 전하고자 '교회 밖'으로 나가며 돌파한 경계와 영역은 놀랍도록 다면적이다. 그것은 선생의 신앙이 얼마나 역동적이고 살아있는 것이었는지를 잘 보여준다. 다시 말하면 선생의 하나님은 결코 어떤 과거의 교리나 논리, 인간이 만들어 놓은 낡은 경계와 고착에 매이지 않는 역동하는 창조의 영(靈, spirit)이었고, 그 살아계신 하나님이 그의 논리(理)였다는 것이다."

영성신학을 받아들이므로 완성된다.

(1) 火生土

문화신학[火]이 추상적으로 관념화의 임계점에 이를 때, 이미 그 안에 자연의 물질적, 계량적, 수학적 원리를 잉태하게 되고, 그 위에 인문사회과학적 비판적 사유와 대화를 요청하는 자연·사회과학적 신학이 등장한다. 우리는 이를 축약하여 자연신학[土]이라 부른다. 종교나 문화라는 비계량적 정신의 차원이 상승 확장하는 상황은 음양적 순환 원리에 따라 계량적인 물리 차원의 개입을 요구한다. 문화신학의 추상화는 자연 및 인문·사회과학자들이 신학과의 대화를 능동적으로 가지도록 촉발함으로써 자연신학의 영역이 확장될 수 있는 길을 열어놓는다.[34] 화생토(火生土)다. 그러나 자연신학은 자연과학과 인문·사회과학의 지평에서 창조와 구원의 섭리를 신학적 의제로 다루기에, 문화신학에서 나와 참여신학의 이론적 모판을 준비하는 결과가 된다.

(2) 木剋土

영성신학[木]이 자연신학[土]을 단련한다. 영성신학은 자연신학이 물리적이고 수리적인 과학의 범주로 빠져들지 않고 창조의 원리를

---

[34] 이 경우는 주로 자연 과학자나 인문·사회학자 출신들이 자연과 사회에 관한 신학적 담론을 내놓음으로써 자연신학이 열리기 시작하고, 신학자들이 제 과학과 대화함으로써 최고점으로 나간다. 박인병, 『기독교사회윤리학 선교와 사회실천에의 길』 (서울: 기독교대한성결교회출판부, 1991); 이문영, 『인간·종교·국가: 미국행정, 청교도 정신 그리고 마르틴 루터의 95개조』 (서울: 나남, 2001); 우종학, 『과학 시대의 도전과 기독교의 응답』 (서울: 새물결플러스, 2017); 박원기, 『신학 윤리와 사회과학』 (서울: 대한기독교서회, 1997).

견지하도록 한다. 자연신학은 문화신학에 대해서는 저항하지만, 영성신학에는 이기지 못한다. 목극토(木剋土)다. 한국신학의 현실에서 볼 때, 자연신학은 약한 기운에 머물러 있기에 목기의 영성신학이 상극적 단련에 들어갈 단계에까지는 이르지 못하고 있는 것으로 보인다. 그러나 자연신학에 대한 영성신학의 상극적 관계는 존재한다. 자연신학의 큰 의제 중 하나가 생물 진화론과 창조의 관계성에 관한 것인데, 자연신학으로서의 창조신학이 여하히 과학과의 대화를 유지하면서 창조신앙을 유지할 수 있는 길이 무엇인지 묻는 것이다.[35] 여기에서도 성경을 축자영감론으로 보는 교단이나 단체에서는 영성신학이 근본주의적 교리신학과 손잡고 자연신학을 단련하는 것이 아니라 제압하려는 왜곡된 현실이 발생할 수 있다.[36]

4) 금기(金氣)의 참여신학: 자연신학(土)과 문화신학(火) 사이의 상생·상극성 원리

자연신학이 참여신학을 낳아 키우고, 참여신학이 자연신학을 떠나면, 문화신학이 참여신학을 단련한다. 참여신학은 자연신학에

---

35 김균진, "진화론과 창조신앙은 모순되는가?" 「조직신학논총」 9 (2003): 8-31; 김균진·신준호, 『기독교 신학과 자연과학의 대화』(서울: 대한기독교서회, 2004); 김흡영, 『현대과학과 그리스도교』(서울: 대한기독교서회, 2010); 박영식, 『창조의 신학』(서울: 동연, 2018); 김기석, "진화론과 공존가능한 창조신앙," 「조직신학논총」 33 (2007): 387-420.

36 오래된 예를 찾는다면, 1925년 7월 21일 미국의 테네시주에서 있었던, 일명 '원숭이 재판'이라 알려진 '스콥스 재판'(Scopes trial)이 이에 해당될 수 있을 것이다. 과학 교사 존 스콥스는 공립학교 내에서 진화론를 가르치지 못하도록 한 테네시주 법률을 어기고 학교에서 진화를 가르쳤다는 이유로 벌금형을 받은 사건이다.

서 태어난다. 그러나 자연신학에 머무르지 않고 넘어선다. 그리고 문화신학을 받아들이므로 완성된다.

(1) 土生金

자연신학[土]이 합리적이고 과학적인 세계관을 밝혀줌으로써 제반 삶의 상황이 객관적으로 보이기 시작한다. 그러나 자연신학은 삶의 상황 가운데까지는 들어갈 수 없기에, 참여의 신학[金]을 요청한다. 토생금(土生金)이다. 자연신학의 고점에서 참여신학이 잉태된다. 참여신학이 나온 이후로 자연신학으로는 돌아가지 않는다. 과학의 세계에서 나와 역사와 실존적 현실로 들어가서 윤리적 실천을 도모한다.[37]

(2) 火剋金

문화신학[火]이 참여신학[金]을 단련한다. 참여신학이 역사성이나 현실성을 확보하기 위해 모든 원기를 실천력으로 모으는[收] 것에 집중함으로써 보편적 문화의 삶과 동떨어진 상태로 머물러 버릴 수 있는 위험성을 문화신학이 막아준다. 문화신학은 참여신학이 분리와 대결을 불변의 프레임으로 이념화하려는 것을 해체한다.[38]

---

37 예를 들어, 민중신학이라는 현장 신학이 출현했을 때는 이미 자연신학적 차원에서 성서학자로서 성경을 역사·사회과학적으로 읽고 그 가운데서 '민중'의 개념을 정립한 안병무가 있었고, 사회학자로 한국 사회와 한국교회를 사회과학적으로 분석한 한완상, 김용복, 서남동, 현영학 등이 있다. 안병무, 『갈릴래아의 예수: 예수의 민중운동』 (천안: 한국신학연구소, 2020); 한완상, 『한국교회 이대로 좋은가?』 (서울: 대한기독교서회, 1981), 등.

38 예를 들어 변선환을 비롯하여 문화신학적 관점을 가지고 자신의 신학을 전개했던 자들은 참여신학으로서의 민중신학에 관하여 적극적으로 신학적 표명을 한다.

5) 수기(水氣)의 교리신학: 참여신학(金)과 자연신학(토) 사이의 상생·상극성 원리

참여신학이 교리신학을 낳아 키우고, 교리신학이 참여신학을 떠나면, 자연신학이 교리신학을 단련한다. 교리신학은 참여신학에서 태어난다. 그러나 참여신학에 머무르지 않고 넘어선다. 그리고 자연신학을 받아들임으로 완성된다.

(1) 金生水

참여신학[金]은 교리신학[水]을 낳아 키운다. 참여의 현장은 성격상 크게 두 방향으로 나뉜다. 하나는 교회 밖의 현장으로서 정치참여의 현장, 교회개혁의 현장, 인권해방운동의 현장 등이고, 다른 하나는 교회의 목회와 전도 현장이다. 이 방향의 참여 현장에서는 구체적인 삶의 열매가 맺힌다. 이때 얻어진 경험과 깨달음과 믿음은 참여 공동체에 의해 보전된다. 그래서 참여 공동체를 지탱할 수 있도록 규범 하는 신앙의 규율(regula fidei)이나 교리문답(catechism) 또는 신조(credo)와 같은 것으로 남게 된다[藏]. 여기에 교리신학이 등장한다. 그리스도인에 의한 일반적 사회 참여는 문제가 해결된 후 참여 공동체의 존속을 요청하지 않지만, 신앙적 참여는 교회 공동체를 형성하고, 형성된 교리신학은 교회의 전통과 권위로 자리 잡는다.[39]

---

39 초대 한국교회 형성기에 유교나 불교 문화뿐만 아니라 그 위에 조상 숭배, 신사참배, 공산주의, 무속신앙 등과 같은 도전적인 현실과 부딪히면서(참여하면서) 얻은 교훈을 가지고 한국교회의 신앙과 삶을 규정하는 규범을 헌법이나 생활 강령 등으로 제정하였다.

(2) 土剋水

교리신학[水]은 다양한 상황—시대·장소·사람— 속에서 상대적으로 경험된 것에 대한 축적의 산물임에도 불변의 권위로 군림하는 오류에 빠질 수 있다. 자연신학[土]은 교리신학의 이러한 위험을 제지한다. 자연신학은 신앙 체험이나 현장 경험이 도그마로 형성하는 과정에 객관적이며 보편적인 자연의 원리가 개입될 수 있도록 한다.[40] 자연신학의 견제를 거부하는 교리신학은 그 자체로 위험하다.

V. 맺는말

한국교회는 다른 나라에 비해 짧은 복음 전래의 역사 가운데서도 교회적으로는 세계 기독교가 주목하는 대상이 되었다. 그에 비하여 우리가 스스로 우리의 이야기를 얼마만큼 충실하게 들려주고 있는지는 분명하지 않다. 여러 관점으로 돌아다보아야겠지만, 생각 밖으로 한국교회가 다양한 맛을 지닌 음식을 많이 만들었다는 점을 확인할 수 있었다. 보는 자에 따라 더 다양한 맛을 찾아내어 유형화할 수 있겠으나, 나의 직관적인 방식의 자료 분석으로는 처음부터 지금까지 이야기해 온 대로 목·화·토·금·수의 오미자 맛으로 상징되는 다섯 유형 안으로 크게 무리 없이 한국의 신학 이야기가 들어올

---

40 예를 들어, 교리신학이 기복주의, 심령주의, 반지성주의, 종교·인종 차별주의 등과 같은 데로 빠지지 않도록 하는 것이 자연과학이나 인문·사회과학과 대화하는 자연신학의 견제적, 단련적 역할이다.

수 있는 것으로 보았다.

이 중에서 비교적 활발하게 학문적으로 논의되고 개진된 것은 문화신학과 참여신학인 것으로 보이고, 그다음은 서구 교회의 선교적 차원에서 이루어진 수입 번역 신학으로서의 교의신학일 것이다. 교의신학의 현장이 서구적 교회의 모델이기에 신앙고백부터 예배와 신학교육 현장도 서구적일 수밖에 없는 현실에서 교의신학 또한 서구적 방법론으로 이루어진 현실인 것을 확인하게 된다.

이와 반면에, 한국교회의 부흥과 성장에 초창기부터 중요한 역할을 담당한 유형이 목기(木氣)의 영성신학이지만, 이론 정립보다는 체험을 우선시하는 특징상 학문적으로 이야기되지 못한 점이 발견되었다. 화기(火氣)의 문화신학에서 다석 류영모를 신학적으로 폭넓게 다루어 신학 외적으로까지도 폭넓은 공감을 확보하고 있듯이, 영성신학에서도 이용도의 시무언(是無言) 영성이나, 가난과 고난과 핍박 가운데 죽음으로써 신앙을 지킨 자들의 순교영성이나, 평양대부흥으로부터 이성봉에게서 보이는 사중복음 영성은 특정 교단을 넘어선 한국교회 부흥의 촉매와 같은 것이었음을 영성신학적 의제로 삼아 K-신학의 오미자 모델에서 적극적으로 다룰 수 있어야겠다.

또한 지구적 자연생태계에 심각한 적신호가 발령이 된 상태에서 기후 온난화, 생물종의 감소, 전염병, 전쟁으로 인한 자연의 재난 등, 이루 다 말할 수 없는 자연의 문제와 더불어 국가적인 첨단 AI 산업을 위한 천문학적 투자로 인한 고도 인공지능 정보화 사회에서의 삶 역시 자연신학의 관점에서, 특히 한반도의 상황에서 긴급히 다루지 않으면 안 될 과제로 급부상하고 있다.

오미자 모델 K-신학 방법론의 근본정신은 상생·상극의 음양오행적 상관·순환적 작용을 통해 화이부동(和而不同)의 균형과 조화를 이루는 것이다. 이제 남은 과제는 이렇게 오미자 모델에 따라 분류된 유형 간의 상생·상극적 상관·순환의 원리를 실제의 상황에서 확인하는 일이다. 그리고 한 걸음 더 나갈 수 있다면, 오미자 모델을 적용하여 신학 작업을 직접 시도해 보는 것이다.

어떤 한국산 구슬을 가지고 어떤 모양의 목걸이나 장신구를 만드나 하는 일은 전적으로 신학 하는 주체에게 달려 있다. 그것은 하나의 예술 활동과도 같다. 이때의 신학자는 한국교회의 삶과 이야기를 미학적 직관력을 가지고 임의로 구슬들을 선택하여 창의적인 미(美)의 신학을 한다. 기존의 고정관념이나 프레임을 파괴하면서 그 안에서 힘 있는 메시지를 퍼 올린다. 한국교회와 세계기독교에 치유와 회복의 기운을 북돋아 줄 오미자와 같은 K-신학 이야기가 지구촌 곳곳에서 들릴 것을 기대하면서 아래의 표로 결론을 요약한다.

오미자 모델로 본 K-신학								
氣	상관신학	역할(行)		氣	五方	五味	五色	오미신학	상관적 조화
水	교리신학	水生木	낳음 →	木	東	신맛 酸	빨강 赤	영성신학	교리 + 영성
金	참여신학	金剋木	단련 →						참여 + 영성
木	영성신학	木生火	낳음 →	火	南	쓴맛 苦	파랑 靑	문화신학	영성 + 문화
水	교리신학	水剋火	단련 →						교리 + 문화
火	문화신학	火生土	낳음 →	土	中	단맛 甘	노랑 黃	자연신학	문화 + 자연
木	영성신학	木剋土	단련 →						영성 + 자연
土	자연신학	土生金	낳음 →	金	西	매운맛 辛	하양 白	참여신학	자연 + 참여
火	문화신학	火剋金	단련 →						문화 + 참여
金	참여신학	金生水	낳음 →	水	北	짠맛 鹹	까망 黑	교리신학	참여 + 교리
土	자연신학	土剋水	단련 →						자연 + 교리

동학과 개벽 신학
— 多夕의 '바탈'론과 李信의 '역사유비'에 근거한 개벽 기독교 소론*

이정배

(顯藏아카데미)

I. 들어가는 글

동학 창시자 수운 최제우가 탄생한 지 200년(2024년)이 막 지났다. 불교, 유교의 한국화에 공헌한 원효/지눌, 퇴계/율곡을 넘어 정작 이들 탓에 잊힌 우리의 근원적 종교성, 하늘님을 되찾은 개벽사상가 수운의 업적을 찾아 기려야 마땅할 때이다. 신채호의 말대로 역사에서 반복된 아/비아의 투쟁에서 민중의 영적 주체성을 회복시켰기 때문이다. 따라서 일백 년 역사를 훌쩍 넘긴 이 땅의 기독교 역시 이제는 일방적 선포자의 입장을 버리고 수운의 종교 세계를 수용하

---

* 이 글은 필자의 저서, 『동학과 서학』 (모시는사람들, 2024)에 실렸던 것을 다소 수정, 보완한 것이다.

되 그에 잇대어 자신을 재구성(창조)하는 노력을 기울여야 한다. 불교에서 원불교가 비롯했듯이 말이다. 이를 필자는 기존의 '토착화'와 대별하여 신학의 '토발화'로 명명했다.[1] 이 땅의 사람들이 지닌 기초 이념, '하늘 경험'과 '힘 지향성'이 중국은 물론 서구에서 유입된 종교 및 사상을 택했으며 버리기도 했다는 의미에서다.[2] 이에 독일 토양에서 비롯된 첫 번째 종교개혁이 인류세의 총체적 위기를 맞아 이 땅의 정신적 풍토에서 새롭게 발아되어 두 번째 차축 시대를 활짝 열어젖히기를 소망한다. 동학 사유 속에 유불선의 창조적 합체인 성리학의 한계와 서학(천주학)에 대한 적실한 이해 및 평가가 담겼다고 믿는 까닭이다. 비슷한 시기에 출현한 대종교와 동학의 관계 및 상호 영향사 또한 살필 주제이나 『천부경』을 풀어 쓴 다석을 경유하며 간접적으로 후술할 생각이다.

주지하듯 개신교 선교사들이 활동하던 19세기 말, 초기 기독교는 동학을 낯설게 여기지 않았다. 서구 선교사들 간에 이견이 있었음에도 동학이 되찾은 하늘님(천주)을 기독교의 유일신 개념과 같게 보려고 노력한 것이다.[3] 이는 서학(천주학)과의 변별성을 강조한 수운 당대의 상황과 크게 달라진 일면이다. 물론 선교적 동기에서

---

1 이정배, "함석헌 사상 속의 비판적 쟁점들 — 개벽, 소위 토발적 시각에서 살피다," 백영서 엮음, 『개벽의 사상가』 (창비, 2022), 251-276.

2 이것은 종교학자 정진홍 교수의 지론이다. 그는 한국인의 기초 이념으로 '하늘 경험'과 '힘 지향성'을 꼽았다. 이후 유입된 종교들이 지닌 힘을 근거로 '하늘 경험'을 풍요롭게 확장—미토스(불교), 로고스(유교), 데우스(기독교)—시켰다고 보았다.

3 김영호, 『동학 천도교와 기독교의 갈등과 연대, 1893-1919』 (푸른역사, 2024), 84-146. 양자 간의 연속성을 강조한 존스 선교사와 동학을 비판, 학대한 메켄지 선교사의 각기 다른 입장을 참조하라. 전자는 동학에서 인격적 초월 신을 보았고, 후자는 동학을 기독교와 이슬람의 관계로 폄하했다. 후자는 참나무인 기독교에 견줘 동학을 잡초로 비유하기도 했다.

비롯했고 제국주의적 팽창의 일환이기도 했겠으나 배타하거나 부정하지 않았다는 사실이 놀랍다. 동학 천도교가 기독교에 힘입어 당시 조선의 구체제에 저항할 수 있다고 본 선교사도 있었다니 주목할 일이다.[4] 후일 핍박받는 와중에서 기독교의 외피를 쓰고 활동한 동학도[5]들이 존재했던바, 이는 일정 부분 상호 간의 교감이 있었음을 말해 준다. 하지만 평안도 등 여타 지역의 경우 양자가 갈등하는 상황도 발생했다. 평양, 의주, 정주 그리고 선천 지역에서 양대 세력 간에 우위를 다투는 싸움이 제법 심각했다. 교세를 확장하기 위해 동학 천도교가 기독교와 같은 조직 체제를 갖추었고, 천주와 지기(至氣)의 양면성, 곧 믿음과 수행을 강조하여 기독교의 인격 신관을 비판, 넘어서고자 했기 때문이다.[6] 반면 1919년 3.1운동을 전후하여 상호 간의 협력, 곧 종교 연대 운동이 절정을 이루기도 했다. 일제의 식민지 현실에서 민족문제가 공통 의제가 된 까닭이다. 당시 조직과 재정을 갖춘 동학 천도교의 지원이 없었다면 3.1운동은 불가능했을 것이란 역사적 평가도 있다. 기독교의 경우 재정 여력도 그렇지만 남강 이승훈의 인맥을 중심 하여 부분적으로 참여했던 까닭이다. 이후 기독교는 독립이 좌절되자 내세 지향적 종교로 회귀하였고, 손병희의 천도교 또한 서구 지향적인 문명개화 노선을 택했기에 두 종교 모두 사회 개혁의 동력을 상실했다.[7] 현실 적응 및

---

4 이것은 감리교 선교사 아펜젤러의 생각이다. *The Korean Reposition*, 1895년 6월호에 실린 아펜젤러의 글 참조 앞의 책, 95에서 재인용.

5 이들을 '영학'이라 일컫는다.

6 앞의 책, 207.

7 앞의 책, 351 이하 참조 3.1운동은 문명개화 노선을 택한 '북접'의 영향 속에서 치러졌다고

교세 확장에 매몰된 결과 지난 백여 년간 양자는 교리 차원에서 적대적으로 병립해 왔다. 토착화 전통의 감리교 신학조차 동학 수용을 거부했고, 다석이나 함석헌 같은 씨올 사상 주창자들 또한 동학을 이해하는 데 소극(부정)적이었던바 안타까운 일이 아닐 수 없다.

이렇듯 지난 역사를 돌이켜 성찰하며 양자 간 새로운 만남을 시도하는 일이 이 글의 목적이다. 물론 1960~1970년대 이후 두 종교 간의 긍정적인 해우가 열거할 수 없을 만큼 많았지만, 주로 기독교적-범재신론, 생태적 위기, 종교 수행 그리고 민중신학-시각에서 필요한 만큼, 전체가 아닌 부분적으로 소위 '원'동학[8]의 주요 사상을 활용하는 차원에서였다. 하지만 수용자가 아닌 전달(선포)자의 입장을 견지했기에 아전인수라 해도 좋을 만큼 포괄주의적 신학으로 귀결되었다. 서구적 근대를 추동한 기독교를 여전히 궁극적인 '답'이라고 여긴 결과이겠다. 이는 수년 전까지 동학 연구자들 상당수가 기독교 신학자들이었다는 점과 무관치 않다. 하지만 3.1선언 백 주년(2019)을 전후하여 동학사상을 연구하는 주체적인 세력이 기독교 밖에서 조성되었다. 서구 기독교 수용 여부에 따라 개화/수구로 양분되던 이 땅의 근대사를 뒤엎고 개벽적 근대를 말하기 시작한 것이다.[9] 하지만 이들의 개벽적 근대론에 대한 비판도 없지 않다.

한다. '남접' 중심의 농민전쟁 흐름과 무관했다는 지적이다. 아래로부터 위로 올라오는 민중의 역동성을 상실한 운동이란 평가도 있을 법하다. 물론 북/남접의 구별을 인정치 않는 연구자들이 있는 것도 사실이나, 3.1운동이 동학혁명을 전유했는가의 문제는 여전히 남아 있다.

8 이 말은 본디 시인 김지하의 언어이다. 동학을 천도교와 구별하되 더욱 철저하게 분리해서 생각하겠다는 의도에서 비롯했다. 김지하, 『동학 이야기』(솔출판사, 1994) 참조.

9 조성환·이병한, 『개벽파 선언 — 다른 백년, 다시 개벽』(모시는사람들, 2019); 조성환, 『한국 근대의 탄생 — 개화에서 개벽으로』(모시는사람들, 2018).

수구(위정척사)로 평가받은 유교 측의 반론 때문이기도 하나 서구적 잣대인 근대란 말 자체를 없애자는 논의가 생겼기 때문이다.[10] 본고에서 다룰 여백이 없겠으나 이후라도 토론될 가치가 크고 많은 주제이다. 가능한 대로 이들 논지를 비판적으로 수용할 것인바 이를 위해 먼저 시인 김지하를 비롯하여 도올과 백낙청 등 인문학자들의 '개벽사상' 연구 경향에 주목할 필요가 있다. 이들 간의 입장 차를 긍정하되 특별히 유교 사상사로부터 동학을 독해하는 도올의 주장에 —그와의 차이도 공감을 표하면서— 넘어설 것이다. 동시에 사유의 보편성을 강조하며 동서를 연결하는 백낙청의 입장[11] 또한 '역사유비'[12]라는 신학적 언표와 잇대어 사유할 생각이다. 이런 논의들은 주/객 도식을 난파, 전도시킨 목하 소장 동학 연구가들과 출발선이 다르지 않다. 하지만 동학의 고유성과 절대성을 힘껏 강조하면서도 개벽을 특정 서구 사상으로 환원시켜 설명하는 방식에는 이견을 드러내겠다.[13] 동학의 경우 '근대'를 비판했듯이 서구 개념으로부터

---

10 유교 측 반론, 즉 "유교와 근대화는 대립 개념이 아니다"는 시각은 역사학자 노관범 교수가 제기했으며, 근대 개념 자체의 부정은 도올 김용옥 선생의 대표적 입장이다. 후자의 입장은 『동경대전 1·2』(통나무, 2021)를 통해서 잘 알려졌다. 전자의 입장을 대변한 노관범의 다음 책을 참조하라. 『기억의 역전』(소명출판사, 2016).

11 후술하겠지만 백낙청은 개벽사상이 서구적 토양에서도 가능할 수 있다고 보았다. 영국의 소설가 D. H. 로렌스를 '개벽사상가'로 여긴 것이다. 더욱 근원적으로 예수 역시 개벽사상가로 보는 데 주저함이 없다. 그의 책, 『서양의 개벽사상가 D. H. 로렌스』(창비, 2020) 참조

12 이에 관한 필자의 책을 참조하라. 이정배, 『'역사유비'로서의 이신의 슐리얼리즘 신학』(동연, 2023).

13 김상일, 『동학과 신서학』(지식산업사, 2000) 참조 최근에는 서구의 신유물론을 동학의 개벽 사유와 일치시켜 이해하는 시도들이 줄 잇고 있다. 일리 있으나 개벽사상 배후의 정세(적) 판단을 간과할 여지가 있다. 역사와 의식은 실종되고 뜻만 취하는 경우 본의 아니게 서구에 종속될 수 있다는 것이 필자의 우려이자 생각이다.

의 이격을 우선시했기 때문이다. 필자가 '유비' 개념을 내세운 것도 같은 맥락에서 이해할 사안이다. 우리 곁에 장일순 선생, 김성순 장로의 경우처럼[14] 동학과 그리스도교를 함께 품은 종교적 '이중' 국적 소지자들이 존재했다는 사실은 큰 축복이다. '개벽 신학'으로 동학을 재구성하는 일이 결코 이론적 작업만이 아닌 것을 반증했기 때문이다. 그럼에도 이론적 작업은 여전히 중요하며 난제일 수밖에 없다. 이에 '삼재'론을 기초로 '바탈론'을 강조한 다석 유영모와 '역사유비'를 도출한 신학자 이신의 신학 이론이 크게 도움 되었음을 밝힌다.

II. 동학 개벽사상의 연구 추세와 상호 논쟁점

첫 장에서는 위 주제에 관한 기독교 외부 연구자들의 입장을 정리하여 소개할 것이다. 시대순일 경우 의당 최동희를 앞세워야겠으나 김지하, 도올, 백낙청[15] 그리고 구비문학에 관심이 많은 조동일[16] 간의 논쟁점을 먼저 서술하고 도올과의 연장선상에서 그를 후술하겠다. 도올이 유교적 차원에서 동학을 이해했다면 그의 스승인 최동희의 경우 단군신화로 관계를 소급시켜 동학과 다석 간의

---

14 장일순 선생은 동학과 천주교를 삶 속에서 하나로 엮었고, 김천에서 포도 농사를 짓는 김성순 장로는 개신교인 신분으로서 동학도로 개종했다. 한상봉, 『장일순 평전』(삼인, 2024); 김성순, 『황악산 거북이의 꿈』(모시는사람들, 2021) 참조

15 백낙청 외, 『개벽 사상과 종교 공부』(창비, 2024); 동 저자, 『문명의 대전환과 후천개벽』 (모시는사람들, 2020). 나중 책은 주로 원불교의 개벽사상을 논한 것이다.

16 조동일, 『동학 성립과 이야기』(모시는사람들, 2011).

연결 고리를 상상케 했기 때문이다.

주지하는바 인문학 차원에서 동학(사상)에 문명사적 의미를 부여한 사상가로서 시인 김지하와 견줄 수 있는 존재가 없다. 도올역시 한 시절 김 시인과 함께 동학 경전을 읽었으며 백낙청 또한동학에 뿌리를 둔 그의 민중 생명론에 심취하곤 했다. 이들 모두가시인의 영향 속에 있었다고 해도 과하지 않다. 하지만 서 있는자리(위치)가 달랐기에 그들의 연구 경향 또한 달라졌다. 주지하듯이들은 각기 증산교, 개신교, 원불교, 민속(학)을 의지처로 삼았다.'을묘천서'(乙卯天書) 논쟁에서[17] 드러나듯 수운 종교체험의 특수성과 절대성에 집착했기에 갈등이 불거진 배경이다. 자기중심성, 곧구심력을 강조하는 경우 밖을 향한 파급효과, 즉 원심력의 약화를염려할 필요가 있다. 그럴수록 동학 역시 전통 기독교가 강조하듯'개종' 차원으로서가 아니라 '가종'(Adversion)의 산물이라 여겨도좋겠다.[18] 이하에서 개벽 사유의 보편적 확장을 위해 각각의 연구추세를 살피고 차이에 주목하되 통합시켜 필자의 글 방향을 논(정)할것이다. 여기서 무엇보다 수운이 말한 '다시 개벽'의 취지와 뜻을살피는 일이 우선되어야 하겠다.

'다시 개벽'은 수운 종교체험의 본질이다. 서세동점의 시기에

---

17 수운이 을묘년에 하늘로부터 받았다는 책이 M. 릿치의 『천주실의』일 것이란 추정에 대해
   동학 천도교 측의 반발이 크다. 이는 '걸어 다니는 동학'이라 평가받는 표영삼에 잇대어 도올
   이 주장했던 것인데, 최근 천도교 교령으로 추대된 윤석산은 이를 논박, 부정했다. 天書(천
   서)를 실물로서의 책이 아닌 종교체험의 표증으로 여긴 것이다. 그럼에도 중국에서 유입된
   천주학 관련 서적들과 수운의 관계 자체를 부정할 수는 없을 것이란 판단이 지배적이다.
18 여기서 '加宗'(가종: Adversion)이란 종교철학자 고 황필호의 의견이다. 모든 종교체험은
   본래 중층적인 것으로서 순수(절대)경험은 없다는 뜻을 담았다.

중국(유교) 문명의 몰락에 충격을 받으며 시천주, 곧 '오심즉여심'(吾心卽汝心)의 체험을 통해 보국안민(輔國安民)의 길을 제시한 것이다. 서교(천주학)를 비롯한 서학(서구 문명)의 병폐와 모순을 자각한 결과였다. 제국주의 침략에 일조하는 종교, 자기 이익만을 좇는(各自爲心) 서구 종교인의 모습을 여실히 경험한 탓이다. 기존 성리학이 '내유신령'(內有神靈), 곧 내 속의 하느님(영)에 무지했다면, 수운은 성의정심(誠意正心) 대신 수심정기(守心正氣)를 강조했다.[19] 서학은 우주의 영적 차원, 곧 기화(氣化)를 몰랐다며 유학 전통과 서구 모두를 비판했다. 인간 내외를 구성하는 양면, 곧 신령과 기화가 결코 다를 수 없었기 때문이다. 신령이 기화였고 기화가 다시 신령이었다. '시' 자의 마지막 풀이인 '각지불이'(各知不移)는 이런 사실을 부정하고 인간과 자연 생명을 약탈하는 서구적 근대에 대한 거부라 여겨도 좋다. 단언컨대 이들 각각의 생명을 빼앗거나 옮기지 말라는 것이다.[20] 동시에 이는 제도종교로서 서학을 부정하는 종교 해방의 길이기도 했다. 자신을 '노이무공'(勞而無功)한 존재로 여긴 수운의 '하늘님'[21]은 사람의 일상 삶(노동)을 하늘 일로 여길 만큼 서구 종교의 틀거지를 허문 것이다. '전능성'을 표상한 서구의 하느님이 각자위심

---

19 여기서는 닦을 '修'를 말하나 수운이 해월에게 도통을 전수할 때 지킬 '守'로서의 수심정기를 말했다. 안심(安心), 수심(修心), 수심(守心)으로 뜻이 점차 강해졌다는 것이 도올의 생각이다. 김용옥, 『동경대전』 1권, 130, 215.

20 여러 다른 해석이 있으나 필자는 '각지불이'를 소외의 개념으로 푼 도올의 생각에 동의한다.

21 김용옥, 앞의 책, 341-343. 도올은 초기 동학 문서에서 천주, 상제, 하늘님 등 여러 개념이 함께 사용되고 있지만 '하늘님'으로 통일하자고 제안한다. 후일 이돈화에서 비롯한 것으로 지금껏 천도교 내에서 통용되는 '한울님' 개념에 대해서는 비판했다. 물론 개념 변천사를 동학 천도교의 발전사로 긍정적으로 볼 필요가 있겠지만 본 고에서 필자는 처음 뜻에 주목했다.

의 근거로서 제국주의를 부추겼다고 판단한 것이다. 그럴수록 수운은 '무위이화'(無爲而化)의 하늘님을 강조했고 하늘(신령) 모신 자기 마음을 갈고 닦아[修], 지키는[守] 일을 거듭 요구했다. 필자가 개벽신학의 토대로서 세 개의 '공'—공(空)·공(公)·공(共)—을 강조한 것도 이런 차원에서다.[22] '없음'[空]을 지켜야 모두의 것[公]이 회복되고 그로써 일상[共]이 거룩하게 되는바 '시'(侍) 자에서 이 모든 것을 본 것이다.[23] 天地(있음)만 알고 鬼神(무위이화)을 몰랐다는 수운의 서구 비판도 같은 뜻을 담았다.

이런 이유로 수운의 '다시 개벽'은 역사를 선천(先天)/후천(後天)으로 나누는 소위 '후천(後天)개벽론'과도 달랐다. 물론 우주 순환론에 입각한 말세론 차원에서 수운의 개벽사상을 이해하려는 시각도 없지 않았다.[24] 무극대도가 주도하는 동귀일체의 새 세상 도래를 개벽이라 여긴 것이다. 동학혁명을 후천에 대한 민중 열망(믿음)의 산물로 보기도 했다. 그러나 도올은 개벽을 종교의 수직 구조를 수평 구조로 바꾼 대사건으로 여겼다. 앞서 본 대로 기독교적 초월 개념을 탈각시켰기 때문이다. 의당 정감록 유형의 세대주의적 종말 의식과도 거리를 두어야 했다. 후천/선천 개념은 김일부의 『정역』(正

---

22 이에 대한 논의는 본고의 마지막 장에서 재론하겠다. 본 주제를 다룬 논문을 필자는 2004년 5월 24일 한국조직신학회에서 'K-신학' 차원에서 발표했다.

23 도올은 '시천주'(侍天主)의 '시'(侍)를 존재자(실체)로서의 신을 죽인 사건이라 보았다. 김용옥, 앞의 책, 141.

24 김형기, 『후천개벽 사상연구』(한울아카데미, 2004), 20-65 내용 참조. 저자는 「교훈가」, 「안심가」, 「권학가」 등에 언급된 '일성일쇠'(一盛一衰), '일치일란'(一治一亂), '상하원갑'(上下元甲) 등의 말에 의거 태초의 창조에 버금가는 말세 차원으로 수운의 개벽을 이해하였다.

易) 사상과 결합한 이후의 결과로서 정작 수운과는 무관한 일이었다.[25] 자기 절대성을 위해 이전 종교를 선천의 산물로 보았던 후대 천도교의 해석의 일환일 것이다. 이는 도올의 동학 연구에 지대한 영향을 미친 표영삼의 생각이기도 했다. 물론 동학혁명에 좌절된 민중들에게 천지(天地)가—비괘(否卦)에서 태괘(泰卦)로— 뒤바뀌고 음양이 역전된 후천의 세상, 유토피아적 상상도 일정 부분 필요했으리라 가늠할 수 있을 것이다.

시인 김지하는 동학 연구의 출발점을 바로 여기서 찾았다.[26] 민중 생명론을 역설한 시인은 특히 강증산에 주목한 것이다. 동학혁명에 좌절한 민중을 위해 증산은 일부의 『정역』에 잇대어 후천개벽 사상을 펼쳤다. 이들을 해원(解冤)하는 주술적 방법도 활용했고, 신화적인 천상 세계를 묘사했으며, 자신에게 어떤 종교적 성인보다 우위의 존재, 곧 옥황상제란 호칭도 부여, 사용했다. 하지만 시인은 옥황상제를 강증산 개인이 아니라 병신, 광대, 공돌(순)이를 비롯한 여러 형태의 민중 속에서 재림하는 존재로 여겼다. 뭇 민중 속에서 옥황상제의 재림(재현)을 보았고 이를 시천주(侍天主), 인내천(人乃天) 나아가 사인여천(事人如天)의 본뜻이자 개벽사상의 핵심이라 여겼다. 동시에 인류 문명사의 기본 질서—남/녀·노/소·반/상—를 뒤바꾸는 천지공사(天地公事)의 필연성 또한 여기서 찾았다. 천지공사가 개벽의 앞선 조건이 된 것이다. 이렇듯 시인은 수운의 '다시 개벽'을 증산의 '후천개벽'으로 이해했고, 후자를 전자의 본질이자

---

25 김형기, 앞의 책, 79 이하. 저자도 후천개벽사상을 후대의 결과물로 봤다.
26 이하 내용은 김지하의 『동학 이야기』, 145-248 참조하여 재서술한 것이다.

완결판이라 확신했다. 후천의 종교 표상이 시인에게 민중을 위한 상징 언어로 수용되었고 담긴 뜻에 동조한 것이다. 증산이 그랬듯 시인 역시 인간과 우주, 인간과 인간 그리고 인간과 사회가 통합되는 후천개벽이 '남조선', 곧 이 땅에서 이루어지리라 믿었다. 민중 생명 론에 민족의식을 잇댄 결과였다. 이것은 '다시 개벽'에 대한 창조적 오독일 수 있다.[27] 선천/후천 속에 내포된 결정론적 사유가 수운 속에 부재했기 때문이다. 이에 반해 민속학자 조동일의 경우 수운에 대한 구전설화에 관심을 두었다. 역사적 진위보다 구비문학 차원에 서 의미를 추구한 것이다. 구비문학 역시 민중의 열망을 담았기에 시인 김지하와 일정하게 유사성도 있다. 하지만 역사성 없는 전설과 신화 속 수운의 존재는 기존 상식(통념)과는 크게 달랐다. 경주 인근을 수없이 탐방하며 친인척을 비롯한 지역 주민들의 기억을 수집하여 분석했기에 기존 역사 연구에 보충할 여지도 남겼다. 무엇보다 조동 일은 수운의 저술 중 '칼의 노래'로 알려진 <검결>(劍訣)을 중시했고, 퇴계 학풍의 성리학자인 아버지 최옥보다는 먼 친척으로서 주술을 가르친 최림의 존재를 더 크게 의미화했다.[28] 수운의 동학을 도올과 달리 유교와의 단절로 여겼고 '칼의 노래'를 통해 수운을 영웅화하고 자 한 것이다. 동학의 민중성을 강조하고픈 저자의 굳은 의지가 담겼다. 하지만 역사적 사실을 전혀 도외시하거나 생략한 채 전승된

---

27 수운은 상수학에 근본적으로 관심을 두지 않았으며 선천/후천이란 말 역시 한 적이 없었다. '다시 개벽'은 보국안민 의식과 관련된 삶의 당위성이라 보면 좋겠다. 김용옥, 『동경대전』 2권, 46-49; 백영서 외, 『개벽의 사상사』 (창비, 2023) 1부 3장, 4장 논문 참조

28 조동일, 『동학 성립과 이야기』, 3장과 마지막 결론 부분을 보라. 김지하는 <검결>의 중요성을 동학혁명의 배경으로 이해했고, 도올의 경우는 이를 수운의 7대 조부 최진립 장군과 연결했 다. 반면 최림이란 존재를 조동일 외에 언급한 연구자를 지금껏 찾지 못했다.

기억을 통한 생애를 서술하는 일은 개벽 연구의 본류가 되기 어려울 것이다.

도올 김용옥의 연구가 그래서 다시 중요하다. 그는 판본 연대 및 진위에 몰두할 만큼 동학의 오리지널리티(Originality)를 추적했다. 수운의 '다시 개벽'에 집중했기에 종교화된 후대의 후천개벽론에는 공감하지 않았다. '다시 개벽'을 선천/후천의 분리 차원에서 보지 않은 것이다. 동시에 그는 동학의 근원성을 조선 사상사 나아가 맹자의 유교로 소급하여 이해했다.[29] 수운 종교체험의 독창성을 순수 혹은 절대적 계시 차원이 아닌 '가종'의 형태로 서술한 것이다. 여기서 골자는 다음 장의 주제인바 김지하가 말하듯 민중이 아니라 '민본'(Pletharchia)이다. 민중 역시 서구 근대의 개념이자 산물로 봤던 까닭이다. 일체 서구적 잣대로 동학을 논하는 일에 대한 경종이겠다. 오히려 선진 유학 속에서 시종일관 서구 근대를 능가하는 사상적 맹아를 찾고자 했다. 따라서 퇴계의 리(理, 太極)를 서구적 천주로 치환하는 정약용의 시도—마테오 리치가 『천주실의』에서 그랬듯 '적응주의' 차원—를 반기지 않았다. '리'보다는 오히려 '기'를 중시한 것 또한 한 이유였다. 신유학의 '성리'(性理) 대신 기적 존재인 '몸'을 강조한 것이다. 이렇듯 '몸'적 존재의 신성화, 여기서 비롯한 종교의 일상화, 성(聖)의 평범성을 조선 사상사의 절정인 동학이 열어젖힌 세계, 곧 개벽이라 강변했다. 하지만 동학의 시천주 체험, 곧 지기를 기일원론으로 오롯이 설명할 수 있을지에 대해서는 토론이 필요하다. 조선 사상사의 근원을 선진 유학이 아니라 고운(孤雲)

---

29 도올의 『동경대전』 1권, 248 이하 내용 참조.

최치원을 거쳐 『천부경』에로 소급해야 할 이유도 충분하다. 도올이 『동경대전』 첫 권의 부제를 "나는 코리안이다"라고 했기 때문이다. 백낙청은 다소 늦게 개벽사상에 몰입했으나 누구보다 빠르게 본 연구에 큰 공적을 쌓았다. 마음공부에 빠진 원불교를 개벽 종교로 재정위 하고픈 열망에서다. 주지하듯 원불교는 물질/정신 개벽의 상관성을 개교 표어로 내걸었다. 이에 근거하여 백낙청은 개벽 종교로 태어난 원불교가 자본주의 체제와 맞닥뜨릴 주체라고 확신했다. 원불교가 제시한 적실한 공부(수행)법 때문이었다. 따라서 후천개벽에 잇댄 김지하 시인과 달랐고 원불교를 개벽사상의 한 지류로 본 도올과도 변별되었다. 근대에 관한 그의 '이중 과제'론은[30] 원불교를 이해하고 변호하는 일에도 적용되었다. 자본주의적 근대를 부정하는 도올 및 토착적 근대론자들과 달리 그는 적응과 극복의 이중 과제를 말했고 그것을 원불교의 공부법과 일치시킨 것이다. 이후 적응이란 표현을 두고 여러 논쟁이 일어났으나 여기서는 논할 지면이 없어 유감이다.[31] 자본과 맞설 주체가 종교(원불교)라는 주장에 회의적 견해가 다수인 것만큼은 분명하다. 하지만 백낙청은 개벽 사유에서 민족주의 요소를 벗긴 유일한 논자이다. 예수는 물론 영국 소설가 D. H. 로렌스를 개벽사상가로 자리매김했기 때문이다.[32] 개벽을 한국 고유의 사상사적 유산으로 본 도올로서는 지지할 수 없는 발상일 것이다. 하지만 백낙청에게 토착화는 동시에 보편화이

---

30 백낙청, 『근대의 이중 과제와 한반도식 나라 만들기』 (창비, 2021).
31 「녹색평론」 편집자인 고 김종철 선생과의 지면 토론이 유명하다.
32 각주 11번 참조.

기도 했다.[33] 필자 역시 이 점에 동의하는바 '역사유비'란 개념을 통해 더욱 정교하게 후술할 생각이다. 다음 장에서는 동학의 오리지널리티를 단군신화로 소급한 최동희의 시각에서 도올 김용옥의 논지를 비판적으로 서술하겠다.

III. '다시 개벽'의 오리지널리티를 찾아
― 선진 유학을 넘어 단군신화로

도올이 동학의 사상적 기원을 성리학이 지배한 조선 사상사에서 찾은 것은 종교학적으로나 신학적으로도 탁견이었다. 그는 성리학을 유불선 삼교가 통섭된 동양 사상의 진수라 여겼고, 그 바탕에서 서구(학)의 충격을 흡수, 비판하며 동학을 탄생시켰다고 봤다. 일종의 종교 혼합(가종)적 현상이었으나 '다시 개벽'에서 보듯 창조적으로 새 길을 냈다는 것이다. 필자가 동학을 '토발'(土發)적 종교라 일컫는 이유가 바로 여기에 있다. 원시 기독교가 『구약성서』를 비롯하여 유대주의, 영지주의, 스토아철학 등의 영향을 받았지만 새로운 종교로서 역사에 출현한 일과 견줄 수도 있겠다.[34] 물론 '다시 개벽'에는 문화적 요인과 함께 정세적 판단 또한 주요 역할을 했다.[35] 중국을 무너뜨린 서구 제국주의와 그 아류인 일본의 욕망을 여실히 본 것이다. 이를 묵인하고 추동한 서학(교)을 '각자위심'의 사상이자

---

33 백낙청 외, 『개벽사상과 동학공부』(창비, 2023) 마지막 기독교 편을 참조하라.
34 R. 불트만/허혁 역, 『서양 고대 종교 사상사』(이화여대 출판사, 1977).
35 백영서, 『동아시아 담론의 계보와 미래』(나남출판사, 2022).

종교로 보았고 이에 '오심즉여심'의 문화(종교)적 자각으로 맞서고자
했다. 1860년에 있었던 수운의 종교체험, '오심즉여심'은 각자위심을
부추긴 서구 근대성 개념과는 아주 이질적이었다. 이런 자각과 깨침
은 당시의 정세, 곧 각자위심의 서구적 근대를 향한 엄중 경고라
하겠다. 하늘마음과 같(닮)은 인간의 살(갈)길이 결코 서구에 있지
않다고 확신했다. 여기서 김용옥은 정세적 충격 속에서 '토발'(土發)
된 종교성, '다시 개벽'의 맹아를 성리학에 바탕 한 조선 사상사를
통해서 살폈다. 마치 원시 기독교 내에서 유대주의, 영지주의적
제 요소를 찾았듯이 말이다. 도올은 유불선 중에서 기독교의 경우
『구약성서』와 견주어도 좋을 선진 유학, 곧 맹자에까지 그 근원을
추적하였다. 노장사상 혹은 무속 나아가 단군신화 등에 방점을 찍은
여타 동학 연구자들과 변별되는 지점이다. 물론 그 역시 이 점을
간과하지 않았으나 무게 있게 다루지는 못했다고 판단한다.

앞서 보았듯이 도올은 시인 김지하처럼 민중(생명)보다는 민본(플
레타르키아) 개념을 중시했다.[36] 백성을 근본으로 삼는 '민본'의 뿌리
를 선진 유학, 『맹자』에서 찾은 것이다. 여기서 민본은 인간과 하늘의
본성이 같다는 사실을 전제한다. 인간 마음을 알면 결국 하늘을
알 수 있다는 것이다.[37] 하지만 유교의 경우 개인보다는 백성, 곧
'민'(民)의 집단적 차원을 강조한다. 개체로서의 '민'을 생각할 수
없었던 상황이었을 것이다. 주지하듯 백성이 아닌, 곧 '민'의 개체성,

---

36 이하 내용은 『동경대전』 1권 첫 부분에 실린 "조선 사상사 대관" 부분을 나름 요약 정리한
   것이다.
37 『맹자』, 「진심편」에서 맹자왈 "진기심자(盡其心者)는 지기성야(知其性也)니 지기성즉지
   천의(知其性則知天矣)니라."

개별아(個別我)의 개념은 불교에서 비롯했다. 화엄보다는 선불교의 경우 그런 경향이 더욱 짙었다. 송대의 이기(理氣) 철학은 '이일분수설'(理一分殊說)에서 드러나듯 불교의 개체성을 수용하여 발전시킨 유학이라 말할 수 있다.[38] 이런 우주 존재론, 즉 도덕 형이상학을 인간 본성론으로 확장한 조선 성리학은 퇴계와 고봉 기대승 간의 사단칠정 논쟁에서 절정을 이루었다. 도덕적 순수성 혹은 '천리'[四端]로서의 종교성을 중시한 퇴계와 달리 고봉은 '기'(氣)의 우선성, 곧 칠정(七情)의 현 실태를 강조한 것이다. 퇴계의 경우 정통 주자학 논리에 어긋남을 알면서 사단을 '이발'(理發), 곧 '리의 능동(자발)성'의 결과라 하였다. 이에 잇대어 경(敬)을 통해서 잊힌 민족의 하느님[天]을 되찾았다는 주장도 생겨났다.[39] '기'를 소종래(所從來)로 본 고봉의 논리가 십분 옳았음에도 퇴계의 도덕적 순수성에 대한 지향이 당시 대세였던바, 도올은 이를 조선 성리학의 관념화로 평가했다.[40] 주지하듯 본 논쟁은 호락논쟁, 곧 인물성동이론으로 불리는 두 번째 토론으로 이어졌다. 고봉과 율곡을 따르는 주기론자 중에서 퇴계 동조자들이 생겼기 때문이었다.[41] 본래 미발심체(未發心體), 곧 마음 작용이 시작되기 이전의 마음 본체가 절대 선한 것인지,

---

38 도올은 「계사」, 주역 '계사전'이 없었다면 송대 신유학 운동은 펼쳐지지 않았을 것이라 했다. 김용옥, 『도올 주역 계사전』 (통나무, 2024), 50.

39 이는 유교학자 윤사순의 생각이었다.

40 도올 김용옥, 『동경대전』 1권, 300. 여기서 도올은 퇴계가 자신이 부정했던 양명의 '心卽理'에 빠졌다고 봤다.

41 현실의 기적 차원을 강조한 한원진과 리의 주재성을 포기 못 한 이간 사이의 논쟁이었다. 녹문 임성주는 후자인 이간의 입장을 발전시켰다. 『동경대전』 1권, 301-307; 이은선, 『한국 페미니스트 신학자의 유교 읽기』 (모시는사람들, 2023), 145-152 참조.

선악 병존의 상태인지를 묻는 토론이었다. 하지만 이후 사물과 인간 본성의 같고 다름에 관한 논쟁으로 발전되었다. 서구에서 유입된 신유물론 논쟁을 선취했다고 봐도 좋을 만큼 유의미한 논쟁으로 말이다. 주지하듯 기국(氣局)에 근거하여 사물과 인간의 '다름'을 강조할 수도 있지만 리통(理通)을 강조한 홍대용의 경우 '인물균'(人物均), 곧 양자의 동일성에 방점을 찍었다. 하지만 인물성 '이'(異)론 역시 '리'를 수용하지 않을 수 없었다.[42] 성리학 체계상, 애당초 '리' 없는 사물[氣]이 존재할 수 없는 까닭이다. 이는 심성론 차원에서도 마찬가지였다. 주기론 역시 인간 심체(心體)에 대한 종교적 열망을 요구할 수밖에 없었다. 하여 기를 순수 도덕 의지(리)에 복속시켰다. 이 경우 기는 '리화(理化)된 기(氣)'라 말할 수 있겠다.[43] '본연지성' 대신 대중적 '심'(心)의 현실에서 도체(리)를 체인(體認)한 까닭이다. '심'이 존재와 당위의 일치 공간이 된 것이다. 도올은 이를 평범한 심[氣]의 신적(Divinity) 격상이라 일컬었다. 이 역시 관념적이긴 하나 민본성의 확장이라 여기면서 말이다. 퇴계의 주리론적 성향에서 천주학을 수용한 정약용의 경우 이런 열망을 더욱 심화시켰다. '성선'(性善)에서 '심선'(心善)으로의 이동, 곧 인간 평등(민본)성을 천주학의 영향으로 수직적 구조에서 구축했기 때문이다. 도덕성(理)의 근원을 선진 유학의 '상제'(上帝)로 소급하고 이를 서학을 수용하는 토대로 삼은 것이다. 조선의 철학을 통시적 차원에서 '리' 위주로 본 것은

---

42 정약용을 비롯한 남인들이 심의 기적 측면을 강조하는 흐름(人物性異論)에 속했으나 퇴계의 '理'를 수용했던 것을 기억하라.

43 『동경대전』 1권, 306.

이 점에서 옳다.[44] 이에 더해 도올은 수운이 이기 관계를 역전시켜 서학의 수직적 구조를 수평적 구조로 뒤바꾼 점에 주목했다.[45] 여기서 '개벽'의 뜻을 잘 표현한 최적의 사유를 봤기 때문이다. 최한기의 기학(氣學), 기일원론 차원에서 수운의 하느님 체험을 풀어 해석한 결과였다.[46] 성리, 심리를 넘어 '기'적 차원의 몸이 우주의 본원이자 도라 언표한 이유이다. 몸이 없으면 도(道)도 결국 없기 때문이다.[47] 따라서 도올은 몸적 존재로서 인간을 시천주, 인내천의 본뜻이라 확정했다. 플레타르키아, 곧 민본성의 정점을 여기서 찾은 것이다. 안병무의 민중신학을 조선 사상사의 일환으로서 '기론'의 학문이라 본 것도 같은 맥락에서다. 하지만 몸이 그 자체로 하늘이고 초월일 수 있겠는지, 지기론을 '리' 없는 '기'로 이해할 수 있을지도 살필 내용이겠다. 이에 필자는 다석의 핵심 용어인 '바탈'이란 말을 소환하여 이와 논쟁할 것인바 후술하겠다.

필자는 동학을 조선 사상사(성리학)를 경유하여 맹자로 소급하는 도올의 입장을 비판적으로 지지한다. 하지만 「계사전」 연구를 통해 도올은 맹자 이전의 『역』 사상에 관심을 두었으며 그것을 당시의

---

44 오구라 기조/조성환 역, 『한국은 하나의 철학이다』 (모시는사람들, 2017) 참조.

45 『동경대전』 1권, 312-313.

46 도올의 박사논문 주제가 왕부지의 '기학'인 것에 주목하라. 최한기의 '기학'에 대한 관심도 이런 선상에서 비롯했다. 초창기 학문적 관심이 결국 수운의 개벽사상을 새롭게 이해하는 『동경대전』 집필로 이어진 것이다. 이번 책『도올 주역 계사전』에서도 '기학'과 동학의 관계를 곳곳에서 언급했다. 특히 4장을 참조할 것.

47 "…도는 보편적 법칙으로 있을 수 있지만 그것을 사람들이 시의에 맞게 기로서 구현해 내지 않으면 그것은 없는 것이나 마찬가지이다. … 기가 없다면 도가 없다는 말은 만고의 진실한 명제인데 사람들이 살피지 않고 말하기를 두려워하는 것이다." 『도올 주역 계사전』, 258-259.

영토 개념으로 고조선에서 발원한 것이라 역설했다. 『역』을 동이족의 산물로 보고 동학과 연루시킬 목적에서 비롯한 발상이었다. 이에 더해 단군신화에 대한 언급도 간헐적으로 반복했다. 하지만 정작 이들에 대한 언급만 있지 적합한 관계 설명이 없어 궁금증만 커졌다. 본 논지를 명확히 하려면 고조선과 단군신화 나아가 『역』의 상관성이 필시 밝혀져야만 한다. 더욱이 '한번 음하고 이어 양하는 역'을 도이자 기로—때론 귀신으로— 일컬었는데 이것을 수운이 무극대도이자 귀신으로 체험했다고 주장했으니 말이다.[48] 민본성을 토대로 맹자와 동학의 시천주, 인내천과의 사상적 연결 고리는 충족히 제시했으나 이 개념을 '역'과 관계시켰고 기를 수운이 체험한 귀신으로 본 논리는 더욱 정교한 해명을 요한다. "귀신이 나다"[鬼神者吾也]라는 수운의 종교체험을 심지어 단군의 부활로 여겼던바[49] 이에 대한 역사적 근거는 물론 관련 및 과정적 설명이 부재한 탓이다. 추정컨대 귀신으로서의 기와 '몸'으로서의 기는 천지 및 몸을 경(敬)의 대상으로 삼을 때 가능한 일이다. 따라서 이하 글에서는 단군신화 등 우리의 옛 사상을 통해 동학을 이해, 해석하려는 최동희를 비롯한 일련의 학자들 생각을 빌려 보충할 생각이다.[50] 『천부경』과 동학 간 상호 관련성 또한 이 작업을 통해 밝혀질 것을 기대한다.

　주지하듯 수운의 '다시 개벽'은 앞서 존재했던 어느 개벽을 상정, 재론한다. 이전의 개벽을 단군신화 등에서 드러난 하늘 신앙 내지

---

48 『도올 주역 계사전』, 100.

49 앞의 주 참조

50 이하에서 참조할 글은 최동희, "천도교와 단군신화 — 하늘 신앙을 중심으로," 「단군학 연구」 (2호)와 한우근 "동학사상의 본질," 그리고 이재봉, "동학의 본체론," 「대동철학」 (5집) 등이다.

현묘지도로서의 '풍류' 혹은 인중천지일(人中天地一)의 세계라 말할 수 있는 이유다. 따라서 동학의 '동'(東)은 서학에 반한 '동'이기 전에 주체적 자기 인식의 표현이다. 고운 최치원의 동인(東人) 의식과도 무관치 않을 것이다. 유입된 종교들이 지배 종교가 되면서 하늘 신앙에 기초한 민족 고유 사상을 비아(非我)로 취급했다. 하지만 서세동점의 시기에 기존 종교의 무용성을 목도하며 동학과 나철의 대종교는 잊힌 종교성(하늘)을 부활시켰다. 여기서 단군신화가 중요한 역할을 했다. 도올 역시도 천도(天道)로서의 '역'(易)과 거기서 비롯한 성리학을 토대로 동학을 이해했으나 그것만으로 충분치 않다고 여긴 듯 고조선, 단군 등의 언어를 덧붙여 놓았다. 이에 반해 최동희는 동학과 단군신화의 관련성을 아주 명시적으로 서술했다. 신화적 인물, 환인(桓因), 환웅(桓雄)을 '하늘'을 당시의 한자음으로 표기한 것으로 볼 정도였다.[51] 동학 천도교를 천도(성리학)와 주술(신화)의 결합으로 이해할 여지를 허락한 것이다. 동시에 기존 종교들의 영향사를 강조하는 가종(Adversion) 차원뿐 아니라 민족의 고유한 종교성을 강조하려는 뜻도 여기에 담겨 있다.

앞에서 말했듯이 환인은 '하늘'이란 발음을 당시 한자를 빌려 표현한 것이다. 이는 '상제'가 하늘이란 말 뜻(의미)을 한자어를 통해 나타낸 것과는 차원이 다르다. 환인은 '하늘'을 말소리 그대로 전한 것이기 때문이다. 중국의 상제처럼 그렇게 환인은 우리 민족의 최고 신이었다. 따라서 옛 청동기 시기부터 믿어 온 민족의 천신, 곧 환인과 접신(接神)했던 존재가 바로 수운 최제우였다. '오심즉여심'

---

51 최동희, 앞의 글, 78-80.

(吾心卽汝心), 자기 마음이 그 하늘의 마음임을 알아차린 것이다. 마음과 기운이 하늘의 그것과 소통하는 종교적 경지를 체험했다. 이는 단군신화 이후 잊힌 신을 재발견한 것이다. 수운을 단군을 부활시킨 자로 본 도올의 의중도 바로 여기서 찾을 수 있다. 그럴수록 수운은 당시를 지배한 유교 도덕 대신 오직 "하늘님만을 믿으라"고 강조하였다. 그것은 하느님을 자신 속에 모시라는 말과 다르지 않았다. '모심'은 수운의 종교체험의 방식, 곧 접신의 다른 표현이기 때문이다. "하늘님을 믿었어라 네 몸에 모셨으니 사근취원(捨近取遠)하란 말가?"[52] 이때의 하늘님은 조화에 능한(조화정) 귀신일 것이다. 최고 신인 하늘님의 지극한 기운(지기)이 자기 안에서 작동하기 때문이다. 물론 유학에 낯선 신령한 부적(영부)과 주문을 통해서였다. 하지만 이는 도덕적이며 동시에 합리적 무극대도를 얻는 길이기도 했다.[53] 상제를 믿고 모시는 일과 도를 지키는 것의 의미가 같기 때문이다. 이런 무극대도를 어떤 신분 차이에도 불구하고 사람들이 저마다 깨달을 수 있기를 수운은 열망했다. '각지불이'(各知不移)란 말속에 누구든 이를 부정하거나 부정당할 수 없다는 강력한 뜻이 담겨 있다.[54] 동학의 시천주가 자신의 '몸주'만을 위하는 무속이나 하늘과 사람 간 틈을 만든 성리학 그리고 천주학과 변별된 이유일 것이다.

이렇듯 동학의 민중성과 종교성은 단군신화에 기초했으며 영부

---

52 「용담유사」, 교훈가.
53 한우근, 「동학의 본체론」, 233.
54 최동희, 앞의 글, 89. 이는 각지불이(各知不移)에 대한 저자의 해석이다. 앞서 속한 도올의 이해와는 꼭 부합하지 않으나 내용상 차이보다 일치점이 크기에 인용했다.

및 주술적 요소에 의지했지만 역사성과 도덕성(합리성) 또한 중시했다. 이는 동학을 천도와 무속의 결합이라 한 말의 속뜻이다. 여기서 성리학, 곧 이기(理氣) 철학에서 말하는 귀신론이 대단히 중요하다.[55] 철학적 귀신관으로 대중적 종교성을 매개했기 때문이다. 민중의 주술 신앙을 조화력을 지닌 신(귀신)과 합일되는 길로 고양시킨 것이다. 플레타르키아의 정점인 '인내천'의 뜻도 여기서 찾을 수 있다. 주지하듯 동학의 최고신 하늘님, 때로 귀신으로 불리는 이 존재는 도(道)와 기(氣)의 양면성을 지녔다.[56] 도는 궁궁(弓弓)이 형상하듯 한번 음하고 한번 양하는 순환의 이치(易而太極)로서 천지만물을 생성하는 조화의 원리, 곧 무위이화(無爲而化)를 일컫는다. 하지만 수운에게 상제를 믿고 모신다는 것과 무위이화의 도(無極大道)를 따르는 일은 애당초 같았다. '내유신령'과 '외유기화'가 본래 하나였기에 말이다. 하지만 기는 도에서 비롯한 운동의 실체를 뜻했다. 따라서 지기(地氣)는 기의 근원적인 상태, 음양으로 나뉘기 이전의 상태(渾元一氣)이겠다. 어떤 형체도 없는 맑고 순수한 허령창창(虛靈蒼蒼)한 상태를 적시한다. 하지만 생명력을 품은 지기는 일음일양의 원리에 따라 필시 무엇이 될 수밖에 없는바 음양의 운동 방식, 곧 '일음일양지위도'(一陰一陽之謂道)를 귀신이라 일컬은 것이다.[57] 여기서 귀신은 의당 조화의 원리이자 동시에 내 속에 모신 하늘님(시천주)이다. 도올 역시 계사를 통해 이 점을 강조했다. 그렇기에 잊힌

---

55 한우근, 「동학사상의 본질」, 57-62.
56 이재봉, "동학의 본체론," 227.
57 앞의 책, 246.

하늘(환인)의 발견, 즉 민중의 주술적 종교성을 통해 귀신 신앙, 곧 시천주 각성을 이룬 것은 동학이 민족을 위해 쌓은 적공 중 가장 큰 것으로 여길 일이다.

이상에서 조선 사상사를 거쳐 선진 유학 그리고 단군신화로 방향을 틀어 동학의 사상사적, 종교적 기원을 추적했다. 이 과정에서 동학은 잊힌 하늘님을 주술과 성리학(역)을 통해 민족에게 되돌렸고 각성시켰다. 천도와 영부(강령) 그리고 귀신의 관계가 이를 잘 적시한다. 하지만 "포덕문"에서 보듯 경천(敬天) 없이 주술의 효과를 기대할 수는 없었다.[58] 동시에 하늘님 공경을 성경신(誠敬信)을 지키는 수심정기(守心正氣)로 보았기에 인의예지(仁義禮智)를 말하는 성리학과도 달랐다. 여기서 필자는 『천부경』을 소환하여 동학의 근원을 그와 잇댈 생각이다. 이 책이 중국의 그 어떤 사상과도 변별된 민족의 고유한 선도(仙道) 문화의 산물이기 때문이다.[59] 주술의 도덕적 · 존재론적 자각, 곧 신인합일(神人合一) 내지 천인무간(天人無間)의 원리가 이 속에 담긴 것이다. 이는 동학의 시천주, 나아가 인내천 개념과 견주어도 좋다. 주지하듯 『천부경』은 단군신화에 언급된바, 환인(하늘)이 다스린 환국(桓國)으로부터 구전되었고, 이후 녹도(鹿圖)문자로 기록되었으며, 이를 고운 최치원이 한자로 풀어 전했다고 기록되었다.[60] 여기서 역사적 사실 여부를 토론할 생각은 없다.

---

58 한우근, 앞의 글, 43-44; 『동경대전』, "포덕문".

59 묘향산에서 이 책을 발견했다는 계연수에 따르면 본래 이것이 재앙을 피하는 주술로 사용되었다고 한다. 수운의 영부와 관련지어 생각할 수 있다. 이것이 '단군교'로 전해졌고, 후일 '대종교'의 경전이 되었던바 홍범도, 김좌진의 의병 활동의 정신적 원리가 되었다. 이 역시 갑오동학혁명의 실상과 무관치 않다. 최근 동학을 『천부경』을 연루시켜 연구하는 추세도 이런 배경에서 이해할 수 있다.

성서가 그렇듯이 우리의 구전과 신화의 역사화 역시 필요하다고 여길 뿐이다. 더구나 동학과 『천부경』(天符經), 양자의 관계를 조명한 책들이 적지 않았고[61] 무엇보다 다석 유영모가 천지인 삼재론(三才論)으로 『천부경』을 풀어 기독교를 이해했으며 훈민정음의 구조 원리를 여기서 찾았던 까닭이다. 여기서 비롯한 다석의 '동양적' 기독교는 '오심즉여심'의 동학과 구조 및 내용과 중첩될 수 있다. 따라서 필자는 다석의 '바탈'론이 동학과 만나 '개벽 신학'을 꽃피울 준비를 했다고 말하고 싶다.

IV. 『천부경』의 삼재론과 역사유비를 통한 '개벽신학'의 틀 짜기

이하에서는 상중하(上中下) 경으로 구성된 81자 『천부경』의 내용은 필요한 만큼 짧게 후술하겠다. 일체 논의를 각설하고 고운 최치원이 "난랑비서"(鸞郎碑序)에 기록한 현묘지도(玄妙之道)와 『천부경』속 천지인 삼재(三才)론, 곧 삼일(三一) 사상과의 유관성을 긍정,

---

60 단군신화가 그렇듯 환국의 역사성을 언급한 책으로는 『삼국유사』를 들 수 있다. 환인이 역사적 인물이란 것도 『환단고기』, 『태백일사』 등에 기록되었다. 동시에 『단군세기』에는 47대를 이은 고조선의 창건자 단군이 환웅의 18대 후손이라 적혀있다. 최민자 주해, 『천부경. 삼일신고 참전계경』(모시는사람들, 2006), 31-42; 조남호, "최치원과 천부경," 제3회 동북아 평화 정착을 위한 학술대회 (2010년 10월), 12-13 이하. 『환단고기』, 『태백일사』에서 재인용.

61 이찬구, 『천부경과 동학』(모시는사람들, 2007); 최민자 주해, 앞의 책; 전광수, "천부경과 삼일 사상의 관계성 연구 ─ 동학에 나타난 천지인 삼재를 중심으로," 「동학 학보」 46호; 이정배, 『없이 계신 하느님과 덜 없는 인간』(모시는사람들, 2009), 129-170 참조.

수용할 생각이다. 주지하듯 신결(神訣)—신이 내린 비결—이라 불렀던 『천부경』을 한자로 풀어 쓴 이가 바로 최치원이고 이를 유불선을 토착화시킨 이 땅의 고유한 사상—현묘지도—이라 일컬었기 때문이다.[62] 이를 '풍류'라 다시 불렀고 그것이 유불선 세 종교를 통해서 드러났다(包含三教)고 했으나 도의 본체는 여전히 미지 상태로 남겨져 있다. 이는 천지인 삼재를 통해 활동하지만 천도(理) 역시 온전히 드러나지 않은 것과 견줄 수 있겠다. 동시에 접화군생(接化群生)이란 말 또한 81자 『천부경』의 속성이라 말할 수 있다. 천지인 삼재의 지속적 과정에 참여하면서 생명을 창출하는 천도(리)의 활동을 적시하기 때문이다. 따라서 전자가 천도의 체(體)라면 후자는 그의 용(用)이라 말해도 좋다. 동시에 고운 최치원과 수운의 가족 계보 역시 동학과 『천부경』의 상관성을 상상토록 돕는다.[63] 흔히 7대조인 조선시대 무인 최림과 퇴계 문하의 성리학자인 부친 최옥을 내세우나 최치원 경우도 수운의 28대조에 해당한다. 「용담유사」에 담긴 가계 존중 사상을 고려할 때 최치원의 존재 또한 수운의 의식 속에 존재했을 것이다. 동학을 조직할 때 수운이 사용한 '접'(接)과 '포'(包) 개념 역시 현묘지도의 두 특성, '포'(包)함삼교와 '접'(接)화군생에서 유래했다. 이들 두 사람의 호, 곧 고운과 수운의 상관성 역시 고려할 만한 주제일 것이다. 최치원의 동인 의식이 풍류(풍월)가 본래 '배달'(단군)의 이두식 표현이란 사실에서도 엿볼 수 있다.[64] 이는 고운

---

62 최영성, 『고운 최치원의 철학사상』 (도서출판 문사철, 2012), 42; 조남호, "최치원과 천부경," 9-25.
63 앞의 책, 304 이하 내용 참조.
64 앞의 책, 314-315.

최치원의 현묘지도가 고대의 종교 사상과 잇대어 있음을 적시하고 있다.

1. 『천부경』과 동학, 그 구조 및 내용적 유사성

앞서 최치원이 『천부경』과 동학을 연결하는 가교가 될 수 있음을 거칠게나마 표현했다. 이하에서는 양자 간 구조 및 내용적 유사성을 구체적으로 살필 것이다. 역시 후술할 주제이나 『천부경』을 중시한 다석과 동학의 관계 또한 동일선상에서 논술하기 위해서다. 이들 공통분모가 바로 『천부경』이라 생각한 까닭이다. 주지하듯 이 책은 천리(天理)를 다룬 상경, 우주 자연의 변화를 설명한 중경 그리고 인간존재를 파악한 하경으로 구성되었다.[65] 부언하면 하나[一]에서 우주 만물이 나오는 '일즉삼'(一卽三)의 이치인 천리[道], 우주 만물이 하나로 통하는 '삼즉일'(三卽一)의 지전(地轉) 그리고 삼즉일의 이치와 일즉삼의 이치가 인간 속에서 징험되는 인물(人物)을 「상경」·「중경」·「하경」에서 다룬 것이다.[66] 하나를 뜻하는 「상경」의 천도(理)는 의당 개념화할 수 없다. 본디 실상을 지니지 않기 때문이다. 노자의 '유생어무'(有生於無)와 같은 뜻으로서 태극보다 무극을 우선한 결과였다. 천지인 셋으로 나뉘고 하나로 통일되지만 정작 그하나에 붙일 이름이 없다는 말이다. 무궁무진한 창조성만이 천지인 삼극(三極)을 발생시키는 천리의 속성이라 할 것이다. 동학에서 말하

---

65 이하 내용은 필자가 앞서 연구한 논문 "천부경을 통해서 본 동학과 다석의 기독교 이해," 『없이 계신 하느님, 덜 없는 인간』, 132-135 내용을 선택적으로 재구성한 것이다.
66 전광수, "천부경과 삼일 사상의 관계성 연구," 「동학 학보」 46호: 17-18.

는 무극대도, 즉 수운이 경험한 무위이화의 하늘님이 바로 이를 일컫는다. "오도는 무위이화이다"라는 말은 바로 동학의 이런 성격을 결정짓는 포괄적 언설이다. "나의 도는 함이 없이 화한다", 즉 인위적인 조작 없이 자연과 인사의 변화를 주도하는 까닭이다. 따라서 '시천주 조화정'의 조화도 결국 '무위이화'뿐이다.[67]

앞에서 말했듯 「중경」(中經)에서는 하나의 이치와 기운(음양)의 조화 작용과 양자의 관계를 언급했다. 천지인 속의 근원적 하나가 음양과 만나 작동하여 구체적인 만물로 화생하는 우주적 과정에 대한 묘사이다. 천리, 곧 근원적 '하나'의 분깃인 하늘과 땅 그리고 인간이 자신 속의 음양 작용으로 우주 만물을 생성, 확장하는 경지라 하겠다. 여기서 천일 · 지일 · 인일이 본체라면 천이 · 지이 · 인이는 그의 작용일 것인바 양자를 체용(體用), 곧 몸과 몸짓의 관계로 보아도 좋다. 한마디로 수운의 '시' 자 풀이가 적시하듯 내유신령과 외유기화가 둘이 아닌 하나라는 말과 뜻이 같다. 우주 안에서 관계 아닌 것이 없다는 시(侍)의 영성을 「중경」이 앞서 설명한 것이다. 인간을 다룬 「하경」(下經)은 삼라만상이 생성과 소멸을 반복하지만 '하나'의 시각에서 볼 때 변한 것이 없음을 역설한다. 우주 만물을 '하나'를 품고 있는 '하나'의 흔적으로 본 까닭이다. 핵심은 인간존재가 근원인 '하나'와 다르지 않다는 사실에 있다. 우주의 근원인 하나가 '참나'이기에 나를 찾는 것을 궁극적 '하나'로 돌아가는 일이라 여겼다. 『천부경』의 요체이자 골수인 '인중천지일', 곧 사람 속에서 하늘과 땅이 하나라는 말이 바로 그것이다. 수운의 '오심즉여심'이란 말과

---

67 김용옥, 『동경대전』 2, 61.

소통할 수 있는 개념이다. 우로보로스의 신화가 말하듯 인간과 신은 상호 물고 물리는 관계에 있다.[68] '내가 하느님'이란 수운의 선언은 바로 여기서 비롯했다.

이런 내용적 유사성은 삼수분화(三數分化)적 세계관, 즉『천부경』의 삼일(三一) 사상과 동학에 내재한 삼재론 간의 구조적 일치를 논할 때 더욱 분명하다.「상경」에서 말하듯 태극이 만물을 낳는 과정, 곧 하나가 셋으로 갈라진다는 말이 뜻하는 '일석삼'(一析三)이 중요한 이유이다.[69] 근원적 하나(一者)에서 천지인 본체가 열리고 삼재로부터 다시 일즉삼(多)의 세계가 출현하기 때문이다. 여기서 본체란 우주의 정신적, 영적 측면을 뜻한다. 본체로서의 천지인을 삼신이라 일컫는 이유이다. 하지만 필시 그것은 물적 차원과 섞여 우주 만물을 생성시킬 수밖에 없다. 정신과 물질, 신과 우주가 불상리(不相離) 상태에 있다는 의미이겠다. 인간 역시 '하나'의 산물(본체)이지만 동시에 천지인 삼재로 구성된 존재이다. 몸적 존재인 인간 속에 깃든 '하나'의 본체는 천지인 삼재에 만물을 낳는 힘으로 내주한다. 그렇기에 이 흐름에 동참하는, 즉 '무이이화'(無爲而化)의 존재로 사는 일은 당위적 차원을 지닌다. 시천주, 인내천 사상을 비롯하여 삼경 사상 역시 삼일(三一) 사상과 연루된 것으로 인간이 이룰 과제라 할 것이다. '사인여천'(事人如天)은 하늘 · 땅 · 사람이 근본(본체)에 있어서 같다는 논리의 산물이다.

「하경」속의 '인중천지일'에서 위 사실은 더욱 명료해진다. 천지인

---

68 유아사 야스오/이정배 · 이한영 공역,『몸과 우주』(지식산업사, 2004), 23-38.
69 전광수, 앞의 글, 81.

본체와 자신이 하나임을 체득한 상태를 일컫기 때문이다. 자신 속에서 천·지·인 삼신일체를 깨닫는 일, 이것은 거듭 말하나 당위적 차원을 지닌다.[70] 그럴수록 천지에 자신을 일치시켜 삼재를 이룰 필연성이 강조된다. 자신 속에서 '하나'의 본체인 천지를 품으라는 것이다. 천지인 삼재가 인간 속에서 비로소 하나가 될 수 있고, 하나여야 한다는 뜻이다. 성서적 용어로 말하면 "너는 세상의 빛이기에 빛이 되라"는 정언명령인 셈이다. 동학이 성리학의 인의예지와 달리 수심정기를 강조한 이유가 여기 있다. 하나에서 비롯한 본체로서의 삼재가 만유에 내재하며 만물을 생성시키는 힘인바, 바로 그것과의 일치 상태를 『천부경』은 '인중천지일'(人中天地一)이라 했고 동학은 '오심즉여심'(吾心卽汝心)이라 하였다. 이렇듯 사람에 내재한 천지인 삼재의 '인중천지일'과 지기(地氣)로서의 하늘님을 모시는 시천주는 뜻과 구조에서 전혀 다르지 않다. 혹자는 이를 천인합일을 넘어선 천인무간의 경지라 일컫기도 했다.[71]

일즉삼, 삼즉일의 전개를 통해 본래 없음인 근원적 '하나'에서 시작하여 다시 그 '하나'로 귀일하는 『천부경』은 삼재 속에 내주한 '하나'의 상호 침투적 조화 작용을 강조했다.[72] 동학에서 드러나듯 신·인간·자연을 하나로 품은 무위이화로서 지기(地氣)의 활동을 선취한 발상이다. 동학의 삼경 사상(敬天·敬人·敬物) 또한 천지인

---

70 전광수, 앞의 글, 92.

71 '천인무간'(天人無間)이란 말은 천인합일을 말하는 중국과의 차이를 말하기 위해 이기동 교수가 즐겨 쓰는 말이다. 그의 책 『환단고기』(도서출판 행촌, 2020) 참조. 그는 이 책을 위서가 아니라고 강변했고 역사학을 넘어 철학적으로 읽을 책이라 평가했다.

72 전광수, "천부경과 삼일 사상의 관계성 연구," 95.

속의 신적인 '하나' 곧 지기에서 비롯한 것이다. 천지인에 내주, 관통해 흐르는 지기로 인해 이 셋은 언제든 나뉠 수 없는 전체로서 인식될 것인바 인류 미래를 위해 남겨질 사상적 씨앗(碩果不食)이라 생각한다. 『천부경』 81자 속에 동학 사유의 원형이 담겼다[73]는 말에 동의하는 이유이다.

2. 『천부경』을 매개로 본 동학과 다석 사상
— 개벽 신학의 문화적 요인의 차원에서

유불선 종교(경전)에 견주어 동학에 관한 관심이 적었으나 정작 다석 사상은 동학의 기본 사유 틀과 닮았고 내용 역시도 유사하다. 이들 양자가 『천부경』을 공통분모로 삼은 것이 결정적 이유이겠다. 동학의 표피적 측면들, 미신적 요소나 혁명적 성격 그리고 사회주의적 경향성에 탓에 동학에 대한 다석의 평가가 상대적으로 박했던 것이 사실이다. 하지만 다석이 자신의 기독교를 '비정통'이라 칭했고 그것을 '동양적 기독교'라 일컬은 것은 『천부경』을 공유한 까닭에 동학과의 무의식적인 연결성이 있었기 때문이다. 따라서 이들 양자의 관계를 통해 개벽 신학의 문화(종교)적 차원을 살필 여지가 많다. 동학을 종래의 토착화와 변별된 토발적 기독교의 범례이자 맹아로 생각하기 때문이다. 물론 여기서 동학을 다석 사상으로 환원시킬 의도는 전혀 없다. 오히려 동학을 온전히 수용할 수 없는 다석 사유의 한계도 분명한 까닭이다.

---

73 최민자 주해, 『천부경·삼일신고·참전계경』, 24-26 참조.

주지하듯 『천부경』에서 비롯한 귀일 사상은 인간에게 궁신(窮神)의 길을 열어 놓았다. 인간에게 본체로서의 천지와 하나 되는 삶을 명(命)한 것이다. 천지인 삼극이 본래 하나에서 왔고 하나로 돌아가기에 이 과정에 동참하려면 천지를 잇는 참나의 존재가 되어야 한다. '인중천지일'이란 말이 바로 그를 적시했다. 자신 속의 '하나'와 일치하는 내면의 길을 요구한 것이다. 이는 'A=Non A'라는 깨침(믿음)을 바탕으로 치열한 수행을 통해 얻을 수 있는 열매이다.[74] 동학이 '시' 천주에 근거하여 '양'(養) 천주―수심정기―를 강조했듯이 다석 역시 '얼'(靈)에서 스승 예수론으로 무게중심을 이동시켰다. 여기서 예수는 보편적으로 주어진 바탈(얼)을 추동하는 역할을 한다. 십자가와 부활 역시 몸(탐진치)을 줄여 마음을 크게 넓히는 수행론 차원에서 이해되었다. 동학과 다석의 길이 다를 수 없는 이유이다. 하지만 이들의 공통감은 '일즉삼', '삼즉일'의 원리를 펼쳐 낸 각자의 사상적 전개 과정에서 적시되었다. 이들은 삼수분화(執一含三)를 전제로 하나로 돌아가는 회삼귀일(會三歸一) 사상을 『천부경』에서 배웠고 그 틀에서 자신들의 종교체험을 서술한 것이다. 앞서도 언급했지만 '시천주'의 '시'를 '내유신령', '외유기화', '각지불이'로 풀이한 것이 대표적 경우이겠다. 이들 각각은 영원한 '하나'(一)로부터 비롯한 천 · 지 · 인에 해당한다. 내 안의 영, 우주 속 기 그리고 어떤 경우도 옮겨질 수 없는 각자의 인간 본성은 내주한 '하나'의 본체인 까닭이다. 이를 고운 최치원이 말한 '현묘지도'와 연결하여 이해해도 좋겠다.

---

74 이정배, "천부경을 통해서 본 동학과 다석의 기독교 이해," 『없이 계신 하느님, 덜 없는 인간』, 138 이하 내용은 본 논문을 재서술하는 방식으로 정리한 것이다.

유불선 3교로 분화되나 만물에 접해서는 생을 이끄는 현묘지도 역시 삼수분화 세계관의 산물인 까닭이다. 유불선은 물론 기독교를 이해하는 다석의 기본 틀 역시 정확히 이에 빚지고 있다.[75]

거듭 강조하나 다석이 『천부경』을 중시한 이유는 천지인 삼극이 하나로 돌아간다는 '귀일' 사상 때문이다. 하나를 품지 않는 것이 없지만 특별히 인간은 그 '하나'의 뜻을 새기며 살아야 마땅한 존재이다. 하지만 이 하나는 '무'(없음) 외에 달리 표현할 길이 없다. 영 혹은 지기로도 표현할 수 있겠지만 비(非)실체라는 점에서 존재론적 '무'라 통칭해도 무관하겠다. 따라서 다석은 이 '하나'를 '없이 계신 하느님'이라 불렀다. 있음도 아니고 없음도 아닌 차원에서 '하나'는 동시에 불이(不二)적 존재로 명명된다. 여기서 '불이성'은 일(一)과 삼(三)을 매개하는 인식론적—성령론적— 토대가 될 수 있다. 이를 통해 다석은 기독교의 삼위일체를 비서구적 방식으로 재구성한 것이다. "불이(不二)면 즉무(即無)이다. 상대가 없으면 절대이다. 절대 는 무이다. 상대적 유, 상대적 무가 아닌 것이 불이이다. …우리가 참으로 不二即無하면 상대계의 종노릇을 벗어날 수 있다."[76] 다석은 이렇듯 없이 계신 하느님에게로 나아가는 길을 자신의 '바탈'(본연지 성)에서 찾았다. 인간 속 바탈을 절대인 '하나'의 하강이자 모심으로 본 것이다. 그에게 초월은 자기 '밑둥'을 파고 들어가는 일이기도 했다. 이는 수운이 시천주를 깨친 것과 전혀 다르지 않다. 하느님을

---

75 여기서는 기독교의 경우만 서술하겠다. 이정배, 앞의 글, 140-147 참조.
76 유영모, 『죽음에 생명을, 절망에 희망을』 (홍익재, 1993), 168; 다석학회 편, 『다석 강의』 (현암사, 2006), 744, 747; 「다석일지」 (1957. 5. 8.) 참조.

참나로 여긴 까닭이다. 자신을 허공(없음)의 존재로 깨닫고 그 '하나' 의 아들 노릇 잘하는 법을 예수에게서 배웠을 뿐이다. 수운이 시천주 체험을 가르쳤듯이 말이다. 바탈을 갖고 태어났기에 누구나 하느님 의 독생자라는 것은 '플레타르키아'의 종교적 표현이겠다. 여기서 전통적인 '대속' 개념은 자리할 여지가 없다. 십자가를 통해 '하나'로 돌아간 예수를 앞선 이로 여겨, 믿고 따르면 족할 뿐이다. 이로써 인간은 천지 화육에 동참하며 하나로 돌아갈 수 있는바 이것을 구원이라 했다.

'없이 계신 하느님', '부자불이(父子不二)적 존재인 예수' 그리고 '참나'(바탈)를 성령으로 언표하는 다석의 비정통적 기독교는 '시'(侍) 의 세 측면, 즉 내유신령·외유기화·각지불이와 한 쌍의 개념으로 묶을 수 있다. 우선 없이 계신 하느님과 내유신령은 무시무종한 근원적 '하나'의 전개로서 천의 본체(성)를 적시한다. 동시에 천중의 천을 속알(바탈)로 보았듯이 내유신령 또한 자신 속 지기(地氣)의 존재를 뜻한다. 이들은 모두 인간 속에서 작용하는 알 수 없는 '하나'의 존재를 이름한다. 동학의 불연기연(不然其然)과 다석의 염재 신재(念在神在)는 이렇듯 양의적 존재를 파악하는 방식이겠다. 후자 가 사유와 존재의 일치를 강조하듯 전자 역시 기연(사유)을 벗어나는 불연(존재)이 없다고 했으니 말이다.[77] '하나'(至氣)가 천주이자 영이 며, 동시에 바탈(속알)로 체득되는 까닭이다. 창조주이자 피조물이라 는 깨침은 이렇듯 『천부경』이 말하듯 무시무종한 영원한 '하나'에서 비롯했다. 따라서 '인중천지일', '시천주' 그리고 '없이 있는 하느님'은

---

77 이정배, "천부경을 통해서 본 동학과 다석의 기독교 이해," 152.

서로 다르지 않다. 한편 부자불이의 예수와 외유기화는 『천부경』 구조로 볼 때 근원적 '하나'의 활동 장(場)인 땅(地)에 관한 설명이다. 몸속 신령이 밖을 향해 자신을 펼치는 과정을 서술했기 때문이다. 사사처처(事事處處)에서 활동하며 우주 생명을 저답게 규정하는 기를 '하나'의 활동이라 본 것이다. 신학적으로는 우주와 역사 속에서 하느님 영이 단절된 적이 없음을 뜻한다. 여기서 핵심은 누가 우주 생명과 하나 되어 그의 생성 및 화육을 돕는가에 있다. 천지 화육을 이루는 신인간의 출현을 기대한 것이다. 수운이 신령과 기화를 동일시한 이유이겠다. 동학식으로 보면 예수는 자신 속 신령을 깨쳐 우주 생명의 화육에 동참한 자이다. 자신이 깨친 절대 생명에 대한 오롯한 확신 때문이었다. 십자가는 자신 속의 신령을 모셔 지키는 일(수행)과 진배없다. 동학의 경우는 수심정기(守心正氣)를 강조한 것에 상응한다. 시천주의 깨침을 실현[(養天主)시키고자 함이다. 하지만 다석이 십자가와 예수를 미정고(未定稿)로 여긴 것이 중요하다. 보편적 인간의 역할을 확대할 목적에서였다. 마지막으로 '각지불이' 와 '바탈'이 성령론 시각에서 호환될 수 있다. 절대화된 예수 이해를 보편화시키는 근거가 될 것이다. 이 두 개념은 인간 속에 내주한 하느님 영의 역할에 초점을 맞추었다. 각지불이는 앞서 본 대로 우주적 생명이 누구나 속에 있기에 그것을 부정하거나 빼앗을 수 없다는 의미이다. 누구나 절대를 품은 영적 존재이기 때문이다. 이는 바탈을 지닌 사람은 누구나 독생자이고 따라서 예수 십자가의 길 보편적 가능성으로 본 다석의 사유와 일치한다. 따라서 각지불이 는 '향아설위'의 새 종교를 잇는 발상이다. 제도종교(은총)와 달리 자신 속의 하느님을 찾는 비대상적 신앙의 길을 모색한 까닭이다.

다석은 자신의 바탈을 '없이 있는 하느님'의 현존, 곧 영으로 믿고 십자가를 자신 속에서 이루라 했다. '바탈'과 '각지불이'는 이렇듯 중개자(Brocker)―대속― 없는 종교를 역설했다. 이 점에서 수운이 깨친 도, '무위이화'는 각지불이의 존재론적 근거라 할 것이다.

3. '역사유비'로 본 개벽과 묵시
― 개벽 신학의 정세적 요인의 차원에서

하지만 동학을 탄생시킨 '개벽'사상은 상술한 문화적 요인만으로 소급, 환원될 수 없다. 중국적 세계관을 상징하는 성리학의 붕괴, 세계 정세를 읽지 못한 조정의 무능, 민족 개념을 넘어선 천주학의 유입, 민중 수탈로 인한 뭇 봉기를 비롯하여 중국의 몰락과 일본의 침략 야욕 등 정세적 요인이 작동한 결과였다. 앞선 문화적 제 요인을 이렇듯 정세 판단과 연루시킬 때 그 본뜻이 더 확연해질 수 있다. 정세적 요인들이 이 땅의 고유한 정신적 맹아를 깨워 추동했기 때문이다. 서세동점의 현실을 문화적, 종교적 차원에서 해석하여 재구성한 결과가 개벽사상 낳은 배경이다. 당시 중국에서 태평천국의 난이 있었으나 수운의 '다시 개벽'과 결코 결이 같지 않았다.[78] 이런 연유로 개벽 신학을 정립하기 위해 『천부경』에 잇댄 다석의 사유만으로 충분하지 않다. 다석은 정세 판단보다는 문화적 요인, 인간의 내면성에 무게중심을 둔 사상가였다. 기존 신학의 틀을 크게 허물었지만 '개벽'의 정세적 요인과 접하지 못한 한계가 있다. 다석이 동학을

---

78 김용옥, 『동경대전』 1권, 320 이하 내용.

긍정적으로 보지 못한 이유도 여기에 있다. 이에 동학을 기독교의 아류 혹은 흔적처럼 여긴 이전 신학자들과 달리 수운의 종교체험을 기독교의 모체인 묵시문학과 통째로 연루시킨 이신의 '영의 신학[79] 이 중요하다.

이신은 수운의 '시천주' 종교체험을 '전위'(前衛) 묵시의식으로 일컬은 신학자이다.[80] 여기서 '전위'는 의식 차원에서의 혁신(새로움)을 적시하나 결코 역사 현실을 도외시하지 않는다. 질곡의 역사에서 새로움이 열리는 개벽과 묵시가 바로 이신이 말한 전위 의식의 핵심이다. 하지만 '역사유비'라는 낯선 조어는 본래 그의 언어가 아니었다. 그의 신학적 맹아를 개념화시켜 W. 벤야민의 역사철학과 연계시킨 결과였다.[81] 기존의 '존재유비'(가톨릭)와 '신앙유비'(종교개혁)와 변별된 이 개념은 향후 더 많이 토론될 것이다. 개벽 신학을 위해 다석의 '바탈' 사유 이상으로 '역사유비'의 중요성이 거듭 강조되길 희망한다.[82] '역사유비'란 조어를 생각한 것은 종교개혁 500년을 맞아서였다. 2천 년 기독교 역사에서 가톨릭과 개신교를 지탱한 두 신학 원리, '존재유비'(Analgia entis)와 '신앙유비'(Analogia fidei)로서는 기독교가 더 이상 세상과 옳게 만날 수 없다고 판단했기 때문이다. 전자는 신론에, 후자는 기독론에 방점을 찍었고 각기

---

79 이신/이은선·이경 엮음, 『슐리얼리즘과 영의 신학』 (동연, 2011).
80 이 글은 원고지에 자필로 쓰인 것으로서 아직 미간행 상태로 있다. 1970년에 썼던 글이다.
81 2017년 종교개혁 500주년을 맞아 필자는 관련 주제로 첫 논문을 썼다. 변선환 아키브 편, "종교개혁 '이후' 신학으로서의 '역사유비' 신학, 그 아시아적 함의," 『종교개혁 500주년과 이후 신학』 (모시는사람들, 2017), 479-506.
82 이정배, 『'역사유비'로서의 이신의 슐리얼리즘 신학』 (동연, 2023); 본 책 4장, 5장 내용 참조.

포괄주의와 배타주의의 에토스로 세상과 관계해 왔다. 처음 것이 아리스토텔레스의 자연(Physis) 개념에 의존했다면 나중 것은 독일 신비주의에 힘입어 개인 내면성에 무게를 두었다. 이는 개신교 신학이 근대를 추동했다는 의미이겠다. 이에 반해 '역사유비'는 하느님 영의 활동에 초점을 둔다.[83] 영을 뜻하는 '루아흐'와 기가 본래 같은 뿌리에서 나왔다는 전제하에서다.[84] 지금껏 기독교가 영과 성령을 구별하여 그리스도 없는 영을 '범(凡)허무주의'라 일컬은 것에 대한 부정인 셈이다.[85] 동시에 기(氣)를 종국에 이르러 '몸'(Mom)과 일치시킨 도올과도 생각이 다르다. 영은 몸만이 아니라 인간 의식과도 관계하기 때문이다. 따라서 하늘이 주신 '바탈'을 영으로 생각한 다석이 여전히 소중하다. 이런 배경에서 이신은 신구약 중간기의 산물로서 기독교 모체인 묵시문학을 연구했고 그 속에 담긴 묵시의식을 수운의 개벽 사유와 연관 지어 사유했다. 각기 다른 공간에서 펼쳐진 의식의 동일 지향성을 일컬어 하느님 영의 동시성이라 한 것이다.[86] 그가 상상력의 부패를 자본주의 시대의 가장 큰 병폐로

---

83 여기서 하느님 영은 요아킴 휘오레의 개념을 빌려온 것이다. 주지하듯 그는 자신의 시대를 신(구약)과 예수(신약)를 지나 영의 시대라고 규정했다. 이신 역시 요아킴 휘오레의 입장을 견지했다. G. W. Lamp, *God as Spirit* (Cambridge, 1976); 이신, 『슐리얼리즘과 영의 신학』, 244-246.

84 이는 중국의 과학사를 연구한 조셉 니담의 견해이기도 하다. 유아사 야스오, 앞의 책, 서문 참조.

85 J. 몰트만/김균진 역, 『생명의 영』 (기독교서회, 2017). 독일어 원서(*Der Geist des Lebens*) 56-60 참조; 이정배, 『기독교 자연신학』 (기독교서회, 2005), 62-63.

86 앞서 인용한 『슐리얼리즘과 영의 신학』 1부에 이신의 박사논문 전문이 번역되어 있다. 미국 밴더빌트대학교 신학부에 제출된 논문 제목은 "전위 묵시문학 현상 — 묵시문학의 현상학적 고찰"이다.

본 것 역시 영과 의식의 관계에서 살필 주제이다. 개벽과 묵시가 우리 의식에 재현되어 타락한 상상력, 둔화한 의식을 치유할 것을 기대하면서 말이다.

주지하듯 이신은 각기 상황적 제 요인을 판단 중지하면 의식은 지향성 차원에서 친족 관계성을 지닌다고 거듭 강조했다. 그가 자주 사용하는 개념으로 '역사적 일관성이 없는 유사성', '우연의 일치에 의한 혈족 관계' 그리고 '관계성 없는 관계성'[87] 등이 있다. 필자는 이를 W. 베냐민의 성좌 개념으로 설명코자 시도했다. 각각의 생성 시기가 다르나 성좌, 별자리가 성립되듯 의식 역시 지향성 차원에서도 일정한 관계가 형성된다고 봤기 때문이다.[88] 여기서 핵심은 영의 동시성에 근거한 '일치'이다. 신과 자연이 '다름'에도 공통적인 것이 있다는 '역설'의 '존재유비'나 타락한 개인의 구원을 '변증'하는 '신앙유비'와도 크게 다른 발상이다.[89] 자연(문화)과 개인에 견주어 역사(우주사 포함)를 강조하는 것 역시 이들과 변별된다. 앞선 유비들이 역사의 진보를 추동했다면 후자는 실패한 역사 회복(구원)에 역점을 둔다. 묵시 의식은 병든 역사를 치유하려는 부단한 투쟁의 역설, 곧 영적 양극성을 강조했던바[90] 수운의 '다시 개벽'도 이런 차원에서

---

87 앞의 책, 107.

88 강수미, 『아이스테시스 — 발터 벤야민과 사유하는 미학』 (글항아리, 2011), 27-50. '존재유비'가 아리스토텔레스의 자연 개념에 근거했고 '신앙유비'가 독일 신비주의를 배경했다면, '역사유비'는 벤야민의 역사철학에 힘입었다고 생각한다. 이정배, 『'역사유비'로서의 이신의 슐리얼리즘 신학』, 165-200.

89 이정배, 『'역사유비'로서의 이신의 슐리얼리즘 신학』, 150.

90 현장아카데미 편, 『환상과 저항의 신학 — 이신의 슐리얼리즘 연구』 (동연, 2017). 본 책에 기고한 필자의 글 참조.

이해될 수 있다. 세상을 다시 열고자 한 갈망을 생각할 필요가 있다. 묵시와 개벽의 역사적 배경 및 정세적 판단도 비슷했다. 시공간 적 차이가 크겠으나 포로기 이후 외세에 굴복, 정체성의 붕괴에서 야기된 서기관들의 자의식 역시 다른 세상을 열려는 의식의 산물이 었다. 영적 양극성을 전제하는 묵시와 새로운 세상을 기대하는 다시 개벽을 '역사유비'로 묶을 수 있는 이유다. 이 둘은 다른 세상을 위한 의식의 모체(Matrix)가 될 것이다. 역사를 변형시키는 전위(아방 가르드) 의식의 동시적 현시란 뜻이다. 이신에 의하면 묵시적 의식은 다음 세 가지 계기를 품는다. 초의식, 변환 그리고 인자 사상이 바로 그것이다.[91] 우선 초의식은 신과의 접촉, 곧 접신(接神) 상태로서 고양된 의식이겠고, 변환(메타모포시스)은 영적 양극성을 전제로 부 정을 통한 긍정을 뜻하는바 '다시 개벽'과 흡사하며, 마지막 인자 사상은 새로운 인간상의 출현을 뜻하는데 '오심즉여심', 곧 '시천주' 의 인간 이해와 다르지 않다. 메시아 예수가 그랬듯 수운 역시 계급, 성별을 비롯한 일체 모순에서 해방된 새로운 공동체를 열망했 고 탄생시켰기 때문이다. 여기서 핵심은 인자(메시아)가 특정 존재라 아니라는 점이다. 이신이 슐리얼리즘 사조를 영의 신학으로 수용한 이유도 여기에 있다. 수운이 그랬듯이 그리고 다석처럼 그 또한 초월의식의 보편성을 강조한 것이다. 인간 누구나 하늘을 품었다는 말뜻이겠다. 이렇듯 이신은 수운의 개벽 사유를 통째로 신학과 관계 시켰다. 개벽을 기독교를 탄생시킨 묵시와 같게 보았고 동학과 기독 교를 '역사유비' 차원에서 동등하게 연결시킨 것이다. 1972년에

---

91 이신, 『슐리얼리즘과 영의 신학』, 125-150 참조.

쓴 "최제우 사상"이란 논문에서 동학을 한글 창제 이후 가장 독창적인 한국적인 것으로 칭했던바, 결코 우연이 아닐 듯싶다.[92]

V. 기독교의 동학적 재구성과 개벽 신학의 세 토대
— 공(空)·공(公)·공(共)

　필자는 모두에 앞선 신학자들과 달리 동학의 시각에서 기독교를 조망할 것이라 말했다. 기존의 전달자 차원 대신 수용자의 입장에 서고자 한 것이다. '토착' 대신 '토발'론의 입장을 견지하겠다는 뜻을 밝혔다. 이렇듯 주객의 위치를 바꿀 수 있었던 것은 앞서 보았듯이 영의 동시성과 의식의 지향성에 근거한 '역사유비' 신학의 결과이자 열매였다. 이전의 '존재유비'의 자연신학이 기독교 중심의 포괄주의에 함몰되었고 개신교의 '신앙유비'가 타자 부정적인 배타주의 에토스를 띠었으며 그리고 이 두 사조를 대신하여 출현한 신 중심적 다원주의가 개별 종교 간의 관계성에 주목하지 못했다면 '역사유비'는 상호 '일치'에 방점을 찍었고 이들 간의 관계성을 역설한 까닭이다. 이런 연유로 '역사유비'는 주객 도식의 난파를 통해 '토착'(뿌리내림)을 넘어 '토발'(솟남)의 종교로서의 기독교를 말할 근거를 제시했다. 전위 묵시 의식 차원에서 기독교는 충분히 '개벽 종교'로 불릴 수 있고 반면 동학 역시 토발적 기독교로 일컬어질 여지가 충분하다. 여기에는 문화적 제 요인에 더해 정세적 요인의 영향이 컸다. 포로기

---

92 이은선 외 7인, "『이신의 묵시의식과 토착화 신학의 새 차원』, 79.

이후 심각한 정체성 위기에 직면한 유대적 정황과 유불선의 몰락과 중국의 붕괴를 경험한 조선의 현실에서 전혀 다른 신과 세상을 요청한 것이다. 묵시문학 연구자로서 이신이 유대적 지평에 머물지 않았고 수운의 종교(개벽)체험에서 묵시 의식의 맹아를 보았기에 '역사유비' 신학의 확장 가능성이 생겨났다. 유대주의에 머물지 않고 이 땅의 사유, 곧 동학을 전위 묵시 의식의 한국적 표현, 개벽 신학이라 여긴 것이다. 그가 말한 영의 신학은 비(非)케리그마화된 다석의 얼(바탈) 기독론과도 흡사하나,[93] '역사유비'가 개인의 내적 측면 그 이상을 말하기에 차이가 없지 않다. 전위 묵시 의식은 세계의 궁극성(힌두교), 상호 관계성(불교)을 인정하나 그보다는 현실의 부정성에 초점을 맞춘다. 개벽 사유를 논하는 데 문화적 요인과 함께 정세적 판단을 중시한 이유이겠다. 그럴수록 앞서 말한 절대부정과 절대 긍정의 양면성을 지칭하는 '영적 양극성'이란 말이 묵시 속에 내포된 것을 기억해야 옳다.

그렇다면 개벽 종교로서 기독교, 나아가 동학을 토발적 기독교로 본다는 것의 의미가 무엇일까? 물론 이 경우 기독교는 서구에서 유입된 기성종교가 아니라 묵시 의식의 연장선상에서 살필 일이다. 묵시 의식을 동학의 개벽 사유로 풀어내는 과정이 요구된다. 우선 개벽은 육화(성육신)의 동학적 표현이라 보아도 좋겠다. 육화란 초월을 초월한 것으로서 이 땅 외에 다른 초월은 없다는 뜻을 담고

---

93 지면 관계상 이신과 다석의 신학적 유사성을 밝히지 못해 유감이다. 이후 다른 글에서 양자의 신학적 관련성을 살필 생각이다. 이신이 남긴 유고 장서 중 이 땅의 고대사 및 철학에 관한 책이 다수인 점도 유사성을 말할 수 있는 한 방증일 것이다. 그의 이른 타계(54세)가 아쉬울 뿐이다.

있다. '시천주' 풀이에서 '천'에 대한 해석을 삼갔던 것을 기억해도 좋겠다. 초월의 뜻이 담긴 이 땅을 새롭게 하는 것이 개벽이자 육화의 본뜻이다. 이 세상을 하늘 상태로 변형시켜 다른 세상을 열자는 것이다. 신이 인간이 되었기에 그래서 이 땅 외에 다른 초월이 없다(모른다)고 해야 옳다. 하지만 기독교는 자신의 모체인 묵시 의식을 망각했다. 하느님 나라 대신 태어난 교회 조직을 위해, 유대인과의 변별될 목적으로 예수에게 대속적 이미지를 덧씌웠기 때문이다. 예수를 구약의 영웅 모세처럼 여겼거나 이사야서 속죄양의 이야기로 예수를 채색했다. 최근에는 욥의 항변을 예수 십자가 죽음과 견주는 무신론적 학자도 생겼다.[94] 하지만 묵시 의식에 따를 때 예수는 희년 사상(메시아)을 재현시키는 존재여야만 했다. 예언자들이 이루려 했으나 실패한 희년을 다시 열어 펼치는 일이 삶의 목적이었고 그가 본 새 하늘과 새 땅의 현실이었다. 예수를 잉태한 어머니 마리아의 노래(누가복음 1장 46-55절)에 예수가 열어 펼칠 세상의 모습이 담겼다. 실패한 역사를 반복적으로 살고 있지만 태중의 예수가 회복시킬 것이란 확신을 마리아가 선포한 것이다. 비록 후대로 갈수록 의미가 퇴색되었으나 예수는 이런 뜻에서 본디 개벽 사상가일 수밖에 없다. 그가 혹독하게 체험한 세 차례의 유혹―권력·명예·돈―은 개벽을 위한 준비이자 독특한 종교체험이기도 했다. 하느님 아들이란 자의식을 온몸으로 수용한 순간이었기 때문이다. 한마디로 '오심즉여심', 달리 말하면 초의식의 경지에 이른 것이다.

---

94 슬라보에 지젝이 바로 이런 입장이다. S. 지젝·J. 밀뱅크/배성민 외 옮김,『예수는 괴물이다』 (새물결플러스, 2014) 참조.

지금껏 기독교는 이것을 메시아적 자의식이라 일컫곤 했다. 예수는 "신이 자신 안에서 함께 한다"(임마누엘)는 의식을 넘어 자신을 하느님과 같게 여겼다. '자신을 본 자가 곧 하느님을 본 자'라 말하며 우리 역시도 그런 존재가 될 것을 하느님 영이 이끌어 가르친다고 말했다. 하느님과 자신의 관계처럼 중보자 없는 길을 가라고 지속적으로 추동한다.

여기서 중요한 것은 수운처럼 그렇게 예수가 종교 해방의 길을 선포했다는 사실이다. "안식일(종교)이 사람을 위해 있는 것이지 사람이 안식일을 위해 존재하지 않는다"는 말씀이다. 하지만 목하 현실은 종교를 위해 사람이 필요한 형세가 되었다. 죄인을 양산하는 종교가 되어 버린 것이다. 죄인이 있어야 종교의 역할이 생기고 돈이 조직으로 유입되는 까닭이다. 여기서 예수가 당시 실정법인 유대 율법을 뒤집은 것을 기억할 일이다. 뜻은 유지하되 그 형식을 전도시킨 것이다. 신(대상)을 향한 종교를 자신을 향한 영성으로 뒤바꾼 것이다. 죽은 글자 대신 들의 백합화와 공중을 나는 새로 눈길을 돌리게 한 일도 종교 해방의 한 형태이다. 여기서 동학의 경천, 경인, 경물 사상을 떠올려도 좋겠다. 이렇듯 종교 해방을 통해 예수나 수운 모두 개벽, 육화의 길을 몸소 보였다. 모든 피조물을 비롯하여 '이웃을 네 몸처럼 사랑하라'는 말이 여기서 비롯했다. 바울의 경우(고린도전서 9장 19-13절) 사랑은 '마치 …가 아닌 듯이'(As if not...)란 말로 표현된다. 가졌으나 가진 것 없는 사람처럼, 힘이 있으나 없는 사람처럼, 자유인이나 노예처럼 역지사지하여 살아 보(내)자는 것이다. 사람이지만 자연의 입장에도 서 보자는 말도 성립한다. 베 짜는 힘없는 여인을 하느님처럼 여기라는 해월 선사의 말씀도 같은 뜻이다. '시천주' 의식에서 '사인여천'(事人如天)의 길이 열렸듯 이 역시 그리스도를 자신 속에 모셨기에(In Christo) 가능한 일이다. 오죽했으면 "하느님 영이 피조물을 대신하여 탄식한다"(로마서 8장 18-25절)고까지 말하였겠는가! 예수의 마지막 유언, "서로 사랑하라"의 뜻은 공동체를 일구라는 명령이었다. 이 경우 공동체는 동학의 접(接)과 같고 두레 공동체의 모습을 지닌다. 의식 변혁, 종교 변혁을 통해 오롯이 세상을 개벽시킬 목적에서였다. 코로나 시절에도 예배를 강행할 만큼 단순한 예배 공동체만이 아니었다. '동학하다'라는 말이 있듯 '예수 살기'라는 말이 더욱 (원시) 기독교적이다. 예수께서 자신에 대한 믿음을 강조하지 않았고 자기 속을 알아 달라고 했다는 이신의 말뜻도 이에 잇대어 있다.[95]

　　이상의 내용을 근거로 필자는 '역사유비' 차원에서 개벽 신학의 골자를 다음처럼 정리했다. 종래의 서구 신학이나 기존 토착화론과 변별된 토발적 차원의 신학 서술로서 3개의 '공'―공(空)·공(公)·공(共)―개념을 근본 토대로 제시했다. 이를 한 문장으로 축약하자면 다음과 같다. "서구 기독교는 '공'(空)을 몰랐고, 경제(자본주의)는 '공'(公)을 독점했으며, 정치(민주주의)는 '공'(共)을 파괴했다.[96] 뒤집어 말하면 '공'(空)을 알고 '공'(公)을 회복시켜 '더불어'[共] 사는 세상을 일구자는 것으로 개벽 신학의 존재 이유를 적시한다. 바로 이 말속에 개벽의 문화적, 정세적 요인들이 통섭되어 있는데 예수의 하느님 나라 운동 역시 이 지평에서 이해될 수 있다. 이는 개벽 사유에 힘입어 자신의

---

95 이신/이경 엮음, 『돌의 소리』 (동연, 2012), 65 이하.
96 이정배, 『역사유비로서의 개벽신학 ― 空·公·共』 (신앙과 지성사, 2024), 1부 내용 참조

모체인 묵시 의식을 더욱 체화시키는 일이기도 하다. 민중 해방과 종교 해방은 물론 인류세는 물론 자본세를 넘는 문명 전환의 과제가 개벽 신학의 몫인 까닭이다. 첫 번째 '공'을 통해 종교학적으로는 '잃어버린' 하느님을, 철학적으로는 존재자의 존재로서의 '없음'을, 동학의 언어로는 '무위이화'(無爲而化)를, 다석의 말로는 '없이 계신 하느님'을 상상할 수 있다. 지금껏 '있음'(有)만을 추구해 온 서구가 놓친 개념으로서 민중, 종교, 문명 해방을 위해 개벽 신학은 이의 치유와 회복을 선결 과제로 삼아야 옳다. 두 번째 '공'은 앞선 '공'의 육화로서 세상이 모두의 것, 사사(私事)화 될 수 없는 공유지인 것을 선포한다. 공유지 사사화가 첫 번째 '공'(空)의 망각에서 비롯한 비극임을 밝히면서 말이다. 공유지의 상실은 본래 '사이 존재'를 뜻하는 시간(時間), 공간(空間), 인간(人間), 아니 문명 전체를 파괴하는 독소가 아닐 수 없다. 개벽 신학은 '이천식천'(以天食天)의 개념으로 두 번째 '공'(公)의 의미를 파악할 것이며 사적인 것을 모두의 것[公]으로 돌리는 것—희년 사상—을 개벽 신학의 두 번째 과제로 인식한다. 증산의 말로는 천지공사(天地公事)가 해당할 것이다. 여기서는 자속/대속의 종교적 이분법도 난파될 수 있다. 신유물론과의 대화도 여기서 비롯할 수 있을 것이다. 마지막 '공'(共)은 시민사회의 정치적 책무와 관계된 것으로 개벽 신학의 세 번째 과제를 적시한다. 남남갈등으로 통일 논의가 연목구어(緣木求魚)가 된 현실도 반성할 것이다. 대의민주제조차 소수 특권 정치로 타락했기에 시민의 자발적 자치 운동이 더없이 요구된다. 이를 위해 인간의 의식 변화가 중요하나 이는 신관의 변화와 필시 동행할 수밖에 없다. 필자는 여기서 '오심즉여심'(吾心卽汝心)과 더불어 '노이무공'(勞而無功)의 하느님 존재를 언급할 것이다. 하느님은 인간을 통해서 일하시는바 그럴수록 묵시 의식의 핵심인 '인자'(人子), 동학의 언어로 '시천주'의 자각, 다석의 말로는 '바탈' 의식 등이 중요하다. 수심정기(守心正氣)를 통해 자신의 본질을 닦고[修] 지킬 때[守] 인간은 하느님을 도와 함께 공적을 쌓을 수 있다. 인간의 우주 생태적 주체성 확립이 중요한 이유이다. 교회 공동체의 역할 및 과제 역시 새롭게 모색될 것이다. 접신(接神)이 '모심'이 되어 '돌봄'과 반드시 연루되어야 하는 까닭이다.[97] 언급한 세 개의 '공'은 필자가 종교개혁의 과제로서 내건 3개의 '탈'(脫), 탈성장[空]·탈성직[公]·탈성별[共] 개념과 상호 엮어져 보완될 수 있다.[98] 앞서 말했듯 반공주의를 벗는 '탈이념'도 개벽 신학 속에 담길 새로운 주제가 되었으나 다룰 여백이 크지 않다.

1. 무위이화와 '공'(空)

개벽 신학의 첫 토대인 '공'(空)은 서구 기독교에 낯선 문화적 요인의 산물이나 생태 붕괴 및 문명 위기에 처한 인류세를 치유할 화두이다. '있음'(존재)을 강조하는 서구와 달리 동학의 '무위이화', 다석의 '빈탕'(없이 있음)은 내부적 차이에도 불구하고 다른 세상을 상상할 수 있는 열쇠인 까닭이다. 주지하듯 '공'은 본래 유무(있없)상 통의 개념이다. 어떤 존재도 홀로 자족할 수 없는바 실체로서는

---

97 이은주, 『나는 신들의 요양 보호사입니다』 (헤르츠 나인, 2020) 참조
98 이정배, 『두 번째 종교개혁과 '작은교회' 운동』 (동연, 2017); 생명평화마당 엮음, 『한국적 작은 교회론』 (대한기독교서회, 2017) 이 책 서문을 쓴 이은선 교수의 글 참조

없으나 관계로서만 존재하기 때문이다. 성리학에서는 이를 '태극이 무극(無極)', 곧 있음이 없음이란 말로 표현했고, 동학에서는 생성 및 변화에 역점을 두고 '무위이화'라 고쳐 불렀으며,[99] 다석은 없음이 곧 있음의 근거이자 토대라는 차원에서 빈탕, 곧 없이 있는 '허공'을 중시했다. 이은선은 여기서 수운의 마지막 글, '불연기연'(不然其然) 을 떠올렸던바 의미상으로 일리가 없지 않다.[100] 육신(몸)과 역사, 만물을 떠나서는 불연(不然)도 없기 때문이다. 이는 모두 자연은 물론 신까지도 실체화시키는 서구 사조에 경종을 울릴 만큼 '다시 개벽'의 맹아를 담았다. 물론 무위이화와 '빈탕'은 중첩되기 어려운 부분도 있다. 전자는 생성 및 변화에 방점을 두었고 후자는 없음을 있음의 존재 근거라고 본 탓이다. 다석의 경우 '없음'의 우선성을 중시한 발상이었다. 후자의 경우 '빈탕'의 존재처를 인간 '바탈'에서 찾았던 반면 전자는 인간 '몸'을 강조한 측면 또한 부정할 수 없다. 성리학적 용어로 말하자면 '리'적 측면을 강조한 다석과 달리 동학의 경우 '기'적 차원에 무게를 실었기 때문이다. 시베리아 수렵 문명권에 서 발생한 삼재론에서 '없이 있는' 세계(영혼)를 본 다석에게 그를 향한 인간의 자기 초월은 대단히 중요했다. '무위이화'가 사회 및 우주 변화에 역점을 두었다면 빈탕은 인간 속에서 내재적 초월을 목적했기에 양자의 일치는 어려울 수 있다. 하지만 어느 경우든 이기묘합(理氣妙合)의 진리는 유효하고 없음과 생성은 곧 있음[有],

---

99 "吾道는 無爲而化矣,"「論學問」. "造化者 無爲而化也,"「논학문」.
100 이은선, "참된 인류세 시대를 위한 이신의 영의 신학 — N. 베르댜예프와 한국 信學과 仁學과의 대화 속에서,"『이신의 묵시의식과 토착화의 새 차원』, 161.

실체의 세계관과 짝할 수 없으며 또한 함께 각자위심의 종교성(욕망)을 철저히 무화, 탈각시켰기에[101] 개벽 신학은 이들 간 차이보다 일치를 추구한다. 도올이 삶의 의지에 근거한 A. 슈바이처의 생명 외경론을 '무위이화'의 서구적 레퍼런스로 인용한 것에 주목해도 좋다.[102] 슈바이처 역시 서구 문명의 몰락을 예견하고 생명 외경론으로 다른 세상, 개벽을 꿈꾼 존재였으니 말이다. 그는 니체 이후 몰락한 기독교 및 서구 형이상학을 의지로 재구축하려던 사상가였다. 하지만 슈바이처는 살려는 의지를 지녔으나 그 의지의 분열상에 재차 절망했다.[103] 살려는 의지 속에 몸의 요구[氣]와 마음의 지향성[理]이 함께 작동했기 때문이다.

이렇듯 기독교는 '공' 개념을 수용할 때 개벽 종교로서 재탄생이 가능하다. 지금껏 서구 기독교는 '있음'[有]을 신을 이해하는 절대 범주로 여겨 왔다. 숨어 계신 하느님(*Deus Absconditus*)을 말한 신비주의 사조도 있었으나 그것을 항시 계시된 하느님(*Deus Revelatus*), 곧 예수의 십자가와 부활로 환원, 축소시켰고 하느님 영의 활동을 그리스도 사건에 종속시켜 자신만의 아성을 구축했다. 앞서 말했듯 존재자의 존재(M. Heidegger), 과정으로서의 신(A. Whitehead) 사유를 배웠으나 전자는 존재 신비주의에 빠져 역사를 간과했고 후자는 신을 미래적 '목적' 개념으로 치환했다. 불[火]이 불이 아닐 때 불이고

---

101 여기서 무위이화는 不仁, 어질지 않은 하느님으로 언표된다. 한마디로 탈인격적 존재란 뜻이다.

102 도올, 『동경대전』 2권, 63.

103 A. 슈바이처, *Kultur und Ethik* (Bern, 1924), 232; 이정배, "A. 슈바이처의 '생명 외경론'의 자연 신학적 의미," 『종교와 과학의 대화에 근거한 기독교 자연신학』 (대한기독교서회, 2005), 139-155 특히 142 참조.

물[水]이 물이 아닐 때 물이듯이[104] 신(神)은 신이 아닐 때 신이라는 배중률(A=NonA)의 논리가 애당초 부재했기 때문이다. 여기서 수운의 '오심즉여심', 네 마음이 곧 그 마음이라는 종교체험은 서구 기독교로서는 대단히 낯설고 불가능하며 불편할 것이다. '무위이화'의 하느님이 여기서 '오심즉여심'의 존재로 일컬어지는 것에 주목한다. 비(非)실체성으로서의 신이 인간 속에 내주하며 함께 다른 세상을 만들고자 하는 까닭이다. 이는 '빈탕'인 허공이 인간의 '바탈'로 주어져 있다는 다석의 사유 틀과 중첩된다. 『천부경』 등 고문서에서 비롯한 '천인무간'(天人無間)의 경지를 소환했다 볼 수 있다. 결국 시천주는 사인여천(事人如天)으로 귀결되어 서구적 폭력과 전통의 억압으로부터 백성을 구했고 '향아설위'를 통해 신/인간의 틈을 벌린 기성종교와 갈등, 투쟁했으며 결국 인습화된 '향벽설위'의 종교를 허물었다. 계시된 신(예수)에게로 집중된 기독교의 대상성, 배타성, 표층성 역시 부정되었다. 신/인간의 직접성을 강조한 향아설위로 인해 대속 교리에 목맬 이유가 사라졌으며, 안식일 또한 사람을 위한 날로 역전시켜 인간을 해방할 수 있었다.

다시 무위이화(無爲而化)의 개념이 중요하다. 이것은 변화의 항상성(常然)을 뜻한다.[105] 이로부터 일체 존재가 생겨나는 것은 당연지사다. 마찬가지로 허공 없이는 어떤 존재도 있을 수 없는 것 또한

---

104 불은 자신을 태울 수 없어야 모두를 태울 수 있고 물은 자기를 적실 수 없어야 흐를 수 있다. 불 속에 불 아닌 속성이 있어야 불이고 물에 물 아닌 속성이 깃들어야 물일 수 있다는 것이다. 교토학과 소속 선불교 철학자 케이지 니시다니/정병조 역, 『종교란 무엇인가?』 (*Religion and Nothingness*) (대원정사, 1993), 1장 논문 참조.
105 도올, 『동경대전』 2권, 67.

옳다. 앞의 말이 동학의 언어라면 나중 말은 다석의 생각이다. 변화와 허공은 동일한 존재 사건의 동적 또는 정적 표현일 뿐이다. 오히려 생성과 변화조차 허공에서의 일로 볼 수도 있겠다. 이런 허공은 지기로 가득 찼고 그것이 인간 속에 바탈(靈)로 주어진 것이다. 이 경우 지기와 바탈은 허공의 양면으로서 영의 다른 표현들이다. 자신 속의 영(內有神靈)과 우주에서 활동하는 기운(外有氣化)이 다르지 않다는 것이 시천주 풀이였다. 이는 서구의 범재신론 개념으로도 충족히 설명될 수 없다. '있/없', 그 자체를 초월하는 개념인 까닭이다. 앞서 말했듯이 수운은 기독교 서구는 인간(內有神靈)만 알았고 우주(外有氣化)를 몰랐으며 성리학은 나중 것만 생각했기에 인간의 신적 측면을 놓쳤다고 비판했다. 따라서 서구는 허공을 잃었고 성리학은 영적 주체성과 그에 따른 평등한 개인을 상실했다는 말은 옳다. 잃어버린 민족 고유의 신을 동학에서 다시 찾았다고 말하는 이유가 그래서 중요하다.

이렇듯 허공을 잃은 서구는 홀로세 말기를 인류세, 나아가 자본세로 변질시켰다. 없음을 지웠기에 견물생심(見物生心)의 자본주의적 소비문화를 추동한 결과이다. 개신교 신학이 자본주의를 잉태했으나 자본에 자신의 영혼을 저당 잡혔다는 말까지 회자되고 있다. 인간뿐 아니라 우주 자연을 '있음'[有]의 차원으로 소급, 환원시킨 결과가 기후 붕괴를 초래한 것이다. 과학기술의 발전으로 재생에너지 사용 비율을 높인다 한들 GDP 위주의 경제체제는 달라지기 어렵다.[106] 여전히 '있음'[有]의 세계에 마음을 빼앗긴 탓이다. 모심의

---

106 재생에너지 사용 비율이 다소 높아지고 있으나 기후 붕괴는 조금도 경감되지 않고 있다.

주체, 곧 시천주의 인간 역시도 '그것'(It)의 존재로 환원될 수밖에 없다. 포스트 휴먼 시대의 긍정성을 염원하나 오히려 인간 몸을 확장시킨 기계적 인간 탄생을 부추길 여지 또한 많아졌다. '몸'을 강조하는 도올의 취지에 전적으로 공감하기 어려운 이유이다. 시천주의 정신과 뜻은 잃고 기계와의 공존으로 영생불사하는 신이 된 인간(Homo Deus)의 출현을 걱정해야 할 시점이다. 이 점에서 자신 속에서 활동하는 신, 영, 기화의 자각이 더없이 요구된다. '없이 있는 하느님' 앞에서 자신의 '덜' 없음을 거듭 성찰할 때 '견물생심'의 인간이 '견물불가생'(見物不可生)의 존재가 되어 노이무공(勞而無功)한 하느님을 도울 수 있다. '미정고'인 예수 삶을 '완전고'로 마무리할 수 있는 우리가 되어야 한다. 다석의 '꽃구경'(1967. 5. 3.)이란 시를 소개하고 풀어내는 것으로[107] 개벽 신학의 첫 토대인 '공'(空)을 마감하겠다.

<잇>끗 작되 <업> 않이건 <업>등ㄱ이크냐
<잇> 않임
남이 닭보다 밝고 츩이 풀닒만큼 공을가
꽃공ㄴ데 네곬을 건 뭣 잠고대는 멈출일

GDP 위주의 경제체제 탓이다. 매년 2~3%씩 GDP를 늘려 가면 23년 이내에 국민총생산량이 지금의 배가되는 현실을 살펴야 한다. 나오미 클라인/이순희 역, 『이것이 모든 것을 바꾼다: 자본주의 대 기후』(열린책들, 2021); 이정배, "자본세 속의 기독교에서 회복력(탈성장) 시대를 위한 기독교로 — 자본주의와 기후 위기, 그 상극성에 관한 소론," (미간행 논문, 2023. 5.), 9.
107 이하의 시 풀이는 김흥호의 『다석일지 공부』 5권, 334-335를 자의적으로 풀어 참조했다.

"있음의 끄트머리가 아무리 작고 작아도 없음이라 말할 수 없고 없음의 원대함이 아무리 커도 있음은 결코 아니다. 세상의 만물은 있음과 없음 사이에 존재한다. 아무리 곱고 고운 꽃일지라도 그 자체를 있다고 말하지 말라. 꽃만 보는(꽃구경) 있음의 문화는 온전할 수 없다. 허공 없이 꽃이 있을 리 없다. 자연은 그대로 아름답다. 기성불(旣成佛)이다. 고운 꽃 보고 꺾고자 하는 자들은 아직 미성불(未成佛)에 불과하다. 공을 잃은 자본주의 문화의 실상이 바로 그와 같다. 더욱 갖고자 하는 잠꼬대와 같은 일은 이제는 그만 멈춰야 옳다."

2. 이천식천(以天食天)과 공(公)

개벽 신학의 두 번째 토대로서 '공'(公)을 언급할 차례다. 공(公)적인 것 일체를 사사화한 서구 자본주의 체제 비판이 핵심 주제이다. 사실 모든 종교 속에 담긴 인류의 미래를 위한 석과불식(碩果不食), 곧 끝까지 존속해야 할 희망의 씨앗이 있다면 바로 두 번째 '공'(公)이 아닐까 싶다. 하지만 홀로세를 망가뜨린 인류는 지표권 정치학[108]을 통해 공적 영역을 거듭 축소시켰다. 하늘과 바다는 물론 전자파, 종자에 이르는 지구 공유지를 소유하고 파괴한 것이다. 제1세계 국가들의 값싼 식탁(쇠고기)을 위해 아마존 밀림이 망가졌고, 재생에너지 개발이란 미명으로 남미와 아프리카의 공유지가 지금도 거듭 약탈 중이다. 코비드-19를 겪으면서 "자본주의는 당연하지 않다"는

---

108 제레미 리프킨/이정배 역, 『생명권 정치학』(대화 출판사, 1996). 여기서 지구의 공유지를 점령했던 지표권 정치학에 반해 리프킨은 공유지의 확장과 회복을 통한 생명권 정치학을 주장했다. 가이 스탠딩/안효상 역, 『공유지의 약탈』(창비, 2021), 2장 참조.

주장이 급부상하고 있다. 탈성장, 기본소득, 공유경제, 돌봄 가치 등 자본주의에 반하는 개념들이 우후죽순처럼 발아하여 토론되고 있다. 우리는 자본의 공유지 약탈을 근원적으로 '공'(空)의 부재 혹은 망각의 결과로 인식했다. 첫 번째 공(空)을 잊은 결과가 두 번째 공(公)의 상실을 초래했기 때문이다. 따라서 없음이 있음의 존재 근거라는 사실을 놓치면 자본주의 이후의 세상은 앞으로도 요원할 수밖에 없다. 이렇듯 첫 번째 공(空)의 전제 속에서 두 번째 공(公) 역시 뜻을 얻을 수 있을 뿐이다.

앞에서 유(있음)로부터 무(없음) 혹은 허공으로의 전회를 말했다면 여기서는 사(私)로부터 공(公)으로의 전환을 논한다. 앞서 보았듯이 우주가 지기로 가득 찼고 없음이 있음의 근거였으며 인간 개체 또한 허공(하늘)을 품었기에 애초에 사적인 어떤 것도 존재하지 않는다. 이 점에서 필자는 두 번째 공(公)을 첫 번째 공(空)의 육화로 이해한다. 처음 것이 體라면 나중 것은 그의 相이란 말이다. 일체를 품는 허공, 존재 아닌 변화가 바로 없이 계신 이였고 무위이화의 도였기 때문이다. 시편 기자가 세상 것 모두가 하느님의 것이라 말한 것(시편 24장 1절) 역시도 이와 잇댄 사유이다. 창조 신화 속 선악과 이야기는 하느님의 것, 즉 공적인 것을 사적으로 취한 행위를 문제 삼았다. 사사화한 것을 공적으로 되돌리는 일을 구원이라 했고 이는 희년(禧年) 개념에서 절정에 이른다. 기존의 종교, 자본주의라는 경제체제가 틈을 만든 것일 뿐 태초에 허공만이 존재했고 세상이 그 속에 있는 한, 모든 것이 하늘의 것인 까닭에 전체로부터의 분리란 없다. 여기서 필자는 개벽 신학의 두 번째 토대로서의 공(公)을 시천주의 '시'(侍), 그 마지막 풀이인 '각지불이'(各知不移)와 이천식천(以天食天)의 시각에서 살피려 한다.

앞선 언급도 있었으나 각지불이는 하늘이 곧 나이고, 우주가 곧 개체 속에 있기에 이런 관계를 파괴하고 빼앗는 일을 그치라는 뜻을 담았다. 개체에서 전체를 보고 전체에서 개체를 보라는 생태 영성 혹은 양자 간 일치에 주목하는 씨알사상과도 흡사하다. 우주의 기운과 내 속의 영이 다르지 않기 때문이다. 따라서 사람은 누구든지 자신의 위치와 자리를 자각해야 옳다. 스스로든 강요에 의해서든 잊지도 잃지도 빼앗겨서도 아니 될 일이다. 만물은 모두 터—사이(공간), 때— 사이(시간)에 있고 사람 또한 사이 존재이기에 누구도, 무엇도 사이[間]를 독점할 수 없다. 사이 없이는 터도, 때도, 사람도 존재할 수 없다. 여기서 사이는 첫 번째 공(空)의 다른 말이겠다. 허공을 독점할 수 없기에 첫 번째 공(空)은 반드시 공(公)일 수밖에 없다. 앞서 두 번째 공(公)을 첫 번째 공(空)의 육화라 말했으나 여기서는 역으로 첫 번째 공(空)이 두 번째 공(公)의 존재 근거라 말해도 좋겠다. 이 공(公)을 지켜 내는 일이 하늘을 공경하는 것이자 사람을 하늘처럼 대하는 것이고 우주 속의 영을 살리는 일인 까닭이다. 후술할 주제나 동학의 삼경 사상, 경천, 경인, 경물은 두 번째 공(公)을 첫 번째 공(空)의 육화라 생각할 때 가능한 발상이다.

아울러 이천식천(以天食天), "하늘로서 하늘을 먹는다"는 말도 공(公) 없이는 생각할 수 없다. 우리 삶 전체가 하늘로서 하늘을 먹는 일인 까닭이다. 이를 다석이 강조한 대속 사상으로 설명할 수 있다.[109] 주지하듯 다석은 기독교의 대속을 일상(상대)적 경험

---

109 다석학회 편, 『다석 강의』 (현암사, 2006), 25강 내용.

차원에서 설명했다. 남의 생명 없이 자기 생명을 지킬 수 없기에 사람이 사는 상대적 일상에서 대속을 말한 것이다. 이천식천은 바로 대속의 일상성을 의미한다. 여기서 핵심은 생명이고 이 생명은 나뉠 수 없는 전체(至氣)로서 공(公)의 다른 말이다. 공(公)을 나누는 일이 생명과 평화의 삶인 까닭이다. 생명 외경 사상가 A. 슈바이처는 밖의 생명을 취해야 사는 대속, 곧 이천식천을 의지 분열로서 비극으로 여겼으나 개벽사상가들은 오히려 은혜라 여겼다. 원불교의 사은 (四恩) 개념이 이 점을 분명히 적시했다. '공'(公)을 나누는 것이 허공이자 변화인 하느님을 사랑하는 길이고 은혜라는 것이다. 그럴수록 공(公)의 사사화, 독점은 철저히 부정되어야 마땅하다. 이에 대한 각성이 각지불이의 뜻이자 이천식천의 본질이다. 첫 공(空)의 육화로서 나중 공(公)을 위해 슈바이처는 희생의 최소(단순)성을 말했고 다석은 자속(自贖)의 길, 곧 몸(욕망)을 줄이는 십자가를 역설했다. 수심정기에 근거한 동학의 삼경 사상 역시 이런 방책의 일환이다. 공생을 위한 공빈의 삶이 요구되는 현실에서 이들의 의미와 가치는 대단히 중하다. 하지만 자본주의가 거듭 공유지를 약탈했고 기후 붕괴를 추동했으며 90%의 약자들을 더욱 곤경에 빠뜨렸으니 앞선 지혜가 목하 현실에서 공허하다. 개벽적 사유가 더욱 절실히 요구되는 이유이다. 각지불이의 자각을 통해 진리이자 권리인 '이천식천'의 일상을 회복해야 마땅하다. 서구에서 논의 중인 신유물론 철학과 포스트 휴먼 이론 그리고 공유경제 사상이 일정 부분 도움이 될 수 있다.

　주지하듯 자본주의는 전 지구를 자본축적을 위한 최적의 공간으로 만들었다. 한마디로 공(公)을 폐기 처분했고 이천식천의 일상을 차단했으며 공유지에서 사람을 내몰았다. 당연히 자연의 권리를 배제했고 소수를 제외한 나머지 인간마저 축출했다. 이에 신유물론 철학이 등장했고 공유경제에 대한 논의가 활발하다. 이들은 두 번째 '공'(公)의 논의를 위해 필요한 주제들이다. 주지하듯 경물은 사근취원(捨近取遠)하지 말라는 차원에서 가장 소중한 가치다. 일상에서 사물(자연) 없이는 한순간도 살 수 없기 때문이다. 따라서 '경물'에는 삶에 소중한 자연 및 사물도 하늘처럼, 사람처럼 공경하라는 뜻이 담겼다. 그 역시 내 안의 영과 같은 지기의 활동 장인 까닭이다. 성리학의 인식론, 대상인 물(物)과 하나 되는 길을 추구한 격물과도 달랐다. 애당초 물을 인간과 맞선 대상(객체)이라 생각하지 않은 까닭이다. 생물/무생물 간 존재의 동등성을 강조한 신유물론과의 대화가 비롯할 수 있는 지점이다.[110] 인/물 간의 종 차(差) 없는 연계성에 사회적, 종교적 의미를 부여하기 시작한 것이다. 인간의 책임보다 사물 간의 상호 '응답' 능력에 우선성을 부여했고, 이를 '객체 지향적' 혹은 '사변적' 은혜라 불렀다.[111] 최근 기독교가 적색을 넘어 녹색 은총의 감각을 강조한 것도 맥락이 다르지 않다. 신유물론자들에게 은혜는 이미 충분하며 조건 없이 주어진—수동적인—어떤 것으로 설명되었다.[112] 여기서 공(公)의 존재 근거인 첫 번째 공(空)을 일체 생성을 낳는 '변화'로 볼 때 경물은 '은혜'를 말하는

---

110 사실 신유물론 가이아 학설에 근거한 것으로서 인간과 자연의 이분법을 폐기할 목적에서 생겼다. 사이보그 현실에 대한 적극적 이해의 산물이기도 하다. 브뤼노 라트르, 『라트르의 과학, 인문학 편지: 인간과 자연, 과학과 정치에 관한 가장 도발적인 생각』 (사월의 책, 2012) 참조.

111 애덤 S. 밀러/안호성 역, 『사변적 은혜 — 브뤼노 라트르와 객체지향 신학』 (갈무리, 2024).

112 앞의 책, 38-39.

이들의 생각과 흡사하다. 하지만 이들과 달리 종 차 부정을 능사로 여길 이유가 없다. 오히려 공감력, 상상력을 지닌 인간의 능력이 소중하다. '노이무공'(勞而無功)한 하느님이 인간과의 동행(협력)을 요구하기 때문이다. 체험의 주체인 인간이 자연과의 소통과 응답에 더 예민하며 은혜에 쉽게 감응할 수 있다. 따라서 경물은 퇴계의 '물격'(物格)이나 다석의 진물성(盡物性) 개념으로 이해하는 것이 더 좋다. 물(物)의 본성이 내게로 향해 자기 자신을 물과 하나된 상태로 변화시킬 것이기 때문이다.[113] 예컨대 닭의 본성과 내 본성이 응답, 소통하면 우리 존재 양식을 닭처럼 근면하게 바꿀 수 있다고 믿었다. 물론 인식 주체로서의 인간의 노력과 책임—이에 더해 민중의 자각—이 앞서 요구되겠지만 말이다. 물론 신유물론 철학은 '공유지 약탈'을 목적한 자본주의 철학 사조와 맞설 이론적 힘을 주기에 '공'(公)의 회복 차원에서 공조할 수 있다. 신유물론 철학에서 첫 번째 '공'(空)의 사유와 잇댈 여지를 찾는 일이 우리 몫이다. 그렇지만 여기서 첫 번째 공(空)과 두 번째 공(公)의 관계—육화 혹은 존재 근거로서—가 성립될 여지는 없을 듯하다. 양자 모두 유신론에서 빗겨 있다는 점에서 같으나 신유물론으로 동학의 삼경 사상을 환원시킬 수도 없고 시켜서도 아니 될 것이기 때문이다.

공유지 회복에 따른 공유경제 역시 '공'(公)의 회복을 위해 역할이 크나 '外有氣化'의 차원을 결핍한 듯 보인다. 첫 번째 '공'(空)의 감각 없이 정치, 경제적 차원만으로서 '공'(公)을 강조할 때 개벽적 차원은 실종될 수밖에 없다. 신유물론의 경우 '은혜'를 논하고 사람/

---

113 이정배, "기독교의 개벽적 전회," 「창비」 202호 (2023 겨울): 291-292.

자연 간의 감응 및 응답력을 통해 정치적 입장을 표현하는 일에 더 귀 기울여야 한다. 후기 마르크스 역시 자연의 생산력만이 아니라 그 생명력에 관심을 가졌기 때문에[114] 두 '공' 간의 관계는 거듭 살필 주제이다. 그렇지만 지구 공유지를 함께 돌보고 이익도 함께 나누자는 제안에 세계가 당장 공조할 필요가 있다.[115] 인류 모두에게 속한 지구 차원의 자연적 공유 자산의 수익, 지식 그리고 빅데이터, 네트워크 등과 같은 인공적 공유 자산의 수익이 옳게 배분되지 않고 소수 자본가에게 귀속되는 악순환의 고리를 끊어 낼 목적에서다. 지구 공유지가 파괴될수록 자본은 더욱 축적되고 자연과 약자들의 생존은 거듭 열악해지는 까닭이다. 특정 주체의 성과로 귀속시킬 수 없는 수익, 특정 주체의 몫으로 돌릴 수 없는 부를 총칭하여 '공유부'라 하는바 자본주의 체제에서 각지불이(各知不移)와 이천식천(以天食天)을 가능케 하는 토대가 될 것이다. 여기서 비롯한 기본소득은 이천식천의 최소한의 실상이라 말해도 좋다. 공유부를 통해 사회에 공공재(公共財)가 많아지면 소득에 대한 압력이 줄 것이며 자연 파괴의 감소 또한 기대할 수 있다. 기후 붕괴 시기에 코비드-19를 겪으면서 시작된 커먼스 운동을 이 시대가 요구하는 '다시 개벽' 차원에서 더욱 살필 일이다. 성장주의 대신 탈성장 혹은 선택적 역성장의 가치를 추동하는 까닭이다.[116]

---

114 J. 포스터/김민정 외 역, 『마르크스주의의 생태학-유물론과 자연』(인간사랑, 2016). 이 책의 내용에 관해서는 다음을 참조하라. 이정배, 『세상 밖에서 세상을 걱정하다 — 이정배의 수도원 독서』(신앙과 지성사, 2016), 390 이하.

115 가이 스탠딩, 『공유지의 약탈』 참조 책의 부제가 "새로운 공유시대를 위한 선언"인 것을 기억하라.

116 제이슨 히켈/김현우 역, 『적을수록 풍요롭다 — 지구를 구하는 탈성장』(창비, 2021), 31.

이렇듯 공유경제는 사회주의와 유사한 점이 많다. 자본주의 이후를 위한 석과불식 차원에서 남겨진 씨앗이 사회주의이고 그 핵심에 '공'(公)이 있다. 성장주의 대신 분배의 정치학에 초점을 맞춘 경제체제를 일컫는다. 커먼스 이론에 근거하여 공유경제로 변형된 사회주의는 지금도 유효하다. 이런 사회주의는 지구의 미래를 위해 '예외(비상) 상태'[117]를 요구받는 현실에서 수용해야 옳다. 물론 여기에 공생을 위해 공빈의 삶이 전제되어야 할 것이다. 불평등 지수가 더 높아지면 사회가 요동칠 수밖에 없는 탓이다. 개벽이 아닌 파괴적 혁명의 시대가 오히려 눈앞에 있다.[118] 그럴수록 GDP 위주의 성장이 아닌 공유지 회복에 따른 공유부의 분배가 필요하다. 이때 비로소 대속의 일상성, 즉 '이천식천'의 현실이 가시화된다. 동시에 북쪽의 사회주의 체제를 이해할 여지도 생겨날 수 있다. 남북 간의 하나 되는 길은 이런 물적, 정신적 토대에서 비롯할 것이다. 동학의 경우 여타 종교에 견주어 해방 전후 공간에서 사회주의에 개방적이었다.[119] 따라서 '개벽 신학'의 두 번째 토대로서 '공'(公)은 자본주의뿐 아니라 반공주의와의 결별을 선언할 수 있다. 민족 과제를 부여잡고 통일신학의 길을 선포해야 마땅하다. 최근 평화공존을 이유로 갑작스레 두 국가론이 부상하는 현실에 우려를 표한다. 동학의 경우 잃어버린 민족의 신을 재발견했기에 남북 간 일치에 필요한 공통감

---

117 철학자 지젝은 기후 붕괴 및 바이러스 시대에 인류가 비상 상태, 예외 상태로 살 것을 호소했다.
118 피케티는 프랑스 대혁명 시기보다 지금의 불평등 지수가 훨씬 높다고 분석했다. 김동진, 『피케트 패닉』(글항아리, 2014), 1장.
119 강경석 외, 『개벽의 사상사』(창비, 2022), 이 책 5장(115-142)에 실린 정혜정의 논문 "김형준의 동학 사회주의와 네오 휴머니즘"을 보라.

을 갖고 있는바, 이념화된 기독교에 대한 개벽 신학의 역할이 없지
않다.

3. 노이무공(勞而無功)의 하늘님과 '공'(功)

앞서 서구는 '공'(空)을 몰랐고 자본주의는 '공'(公)을 약탈했음을
말했다. 첫 번째 공(空)이 종교와 두 번째 공(公)이 경제와 연관된다면,
본 장의 주제인 마지막 '공'(共)은 정치, 즉 서구 민주제의 한계는
물론 교회 공동체의 본질과 잇대어 있다. 한마디로 대의제를 명분
삼았으나 서구 정치가 '공'(共), 곧 함께함을 망각한 것과 교회의
사사화에 대한 비판이 중심 내용이 되겠다. 주지하듯 서구 정치사가
공유지 약탈사와 궤적을 함께했고 교회 역시 공공성을 잃었기에
'공'(公)의 정치가 성/속을 막론하고 부정당했다. 생명권 정치학을
넘어 신유물론 사조가 등장한 것도 인간과 인간은 물론 인간과
자연의 공생을 위한 서구적 처방이라 할 것이다. 하지만 동학의
경우 신(神)/인(人)의 관계 역시 상호 의존성으로 파악했다. 신을
탈각시켜 자연(物)에 귀속시켰으며 '약한 인간중심주의'조차 부정한
신유물론과 달리 동학에서는 경천, 하늘 섬기는 일을 사람 간의
상호성, 物(자연) 간의 감응성과 동전의 양면처럼 생각한 것이다.
수운의 '노이무공'(勞而無功)의 하느님을 주목해야 할 이유가 여기에
있다. "한울님 하신 말씀 개벽 후 5만 년에 네가 또한 첨이로다.
나도 또한 개벽 이후 노이무공(勞而無功) 하다 가서 너를 만나 성공하
니 나도 성공, 너도 득의(得意) 너희 집안 운수로다."[120] 5만 년 동안
세상을 위해 애썼으나 하느님은 자신의 적공(積功)이 부족했음을

수운에게 솔직히 토로했다. 이후로 네가 필요하다는, 너를 통해 내 뜻을 펼치겠다는 놀라운 말씀을 전한 것이다. 필자가 보기에 이는 다석의 예수 이해와도 정확히 일치한다. 예수를 미정고(未定稿)의 존재로 보았기에 이후 우리가 그보다 큰일을 할 수 있을 것이란 선포였다. 수운이 성리학과 달리 수심정기(守心正氣)를 강조했고 성경신(誠敬信)의 기존 순서를 바꿔 신(信)을 강조한 것[121]과 다석이 '바탈'에 역점을 둔 사실도 이런 선상에서 이해할 수 있다. 앞서 본 대로 수운의 하느님은 무위이화(無爲而化)의 존재였고 이 존재가 한 말이 바로 '노이무공'이다. 주지하듯 하느님은 인간을 통해 일하고 사물과의 감응을 통해서 우주에 자신을 펼치는 존재다. 하지만 그가 인간의 일(노동)과 떠날 수 없는 오롯한 존재인 것 또한 명백하다. 세계 초월자가 아니라 세상 안에서 일하는 하늘님이란 뜻이다. 따라서 무위이화의 신, 노이무공한 존재를 신/인/자연 속 공(共)의 실상이라 보아도 좋을 것이다.

주지하듯 근대는 사적 개인이 출현한 시기였다. 정치와 종교, 정치와 경제가 분리되면서 인간은 홀로 선 섬 같은 존재가 된 것이다. 개신교는 개인의 믿음을 강조했고 그 토양에서 자란 경제는 사적

---

120 『동경대전』, 「용담유사」; 윤노빈, 『신생 철학』 (학민사, 1989), 243.

121 동학 연구자 표영삼은 종래의 성경신(誠敬信) 순서를 바꿔 信의 우선성을 강조했다. 하지만 여기서 신을 믿을 신이 아니라 판단의 뜻이라 봤다. "신자를 믿을 신으로 해석하지 않는다. 바른길이 무엇인지 따지는 신우로 해석한다. 살아가는데 바른길이 무엇이고 참된 길이 무엇인지 거듭 묻고 따져 보며 판단에 판단을 거듭하라는 뜻이다. 일단 판단을 내리면 다른 것을 '信'하지 않는 것이 바로 '信'이요, 이 信의 마음을 지키는 것이 '敬'이고, 그 결과로 말을 이룰 때 '誠'이 된다. 그때 인간의 말이 天語가 된다." 표영삼, 『동학』 1 (통나무, 2004); 김용옥, 『동경대전』 2권, 187-188 참조

재산을 추동하여 자본주의 체제를 견고히 했다. 급기야 공(公)을 빼앗은 자본주의 체제가 '사적 개인'을 정치의 주체로 여기며 대의민주제를 출현시켰다. 신앙유비에 근거하여, 믿음을 중보자에 대한 신앙으로 이해한 기독교와 대의 민주주의가 동체를 이룬 것이다. 민의를 대변하는 의회 제도가 마치 중보자 역할과 유사했다. 마치 오직 믿음의 종교와 자본주의의 핵심인 사유재산제도가 한 쌍으로 결합되었듯 말이다. 이는 세 유일신 종교 중에서 기독교만의 고유한 경우다. 기독교가 지닌 절대적 중보자 개념 때문이다. 앞서 보았듯이 동학은 서구적 근대로부터 탈주를 시도했다. 토착적 근대란 말조차 거부하며 동학을 근대 이후 차원에서 조망, 수용하고자 한 것이다. 과거처럼 '근대'가 열등감의 근원 처일 수 없었다. 특히 마지막 '공'(共)이 정치와 관계된 차원인바 다수를 대변한다는 명목하에 오히려 '함께'를 내쳤고 편을 갈랐으며 소수 이익을 대변했다. 동서를 막론하고 정치가 결과적으로 '공'(公)을 약탈하는 자본에 힘을 싣고 있다. 그럴수록 시민 사회주의의 등장, 직접적 민주제에 대한 열망이 더욱 커져만 간다. 촛불혁명 이후 우리 전통 속에서의 '두레'[122]와 같은 —개인보다 공동체를 앞세운— 민회(民會)의 출현을 기다리고 있다. 필자는 이런 정치 전환을 마지막 세 번째 '공'(共)의 개벽적 차원이라 생각한다.

사실 에클레시아로 불리는 교회도 발생 초기 두레, 민회와 같은

---

122 두레는 단순한 노동조직만이 아니라 놀이문화를 비롯하여 생활 전반에 걸쳐 협력하는 마을 공동체였다. 일제 강점기 이전까지 마을 단위의 조직으로서 활성화되어 있었다. 혹자는 그리스 시대 직접 민주제를 시도한 아고라 공동체와 비유하기도 한다.

형태를 지녔다는 것이 성서학자들의 공통된 견해이다. 직면한 정치 현안을 놓고 해결 과정에 모두가 참여하는 직접민주주의가 실현되는 장이었다. 오늘날처럼 예배에 국한하지 않았고 계급제도 없었으며 민주적 토론 과정을 중시한 공론의 장이 교회의 처음 모습이었다. 이런 교회 상은 개벽 종교로 시작한 원불교 삼동윤리[123]의 중 하나인 동척사업(同拓事業)과도 뜻이 통한다. 분리된 세상을 하나로 만들기 위해 밖이 아닌 세상 속으로의 출가를 말했던 까닭이다. 주지하듯 바울은 당시로서 세계를 뜻하는 유대인과 이방인, 기독교인과 유대교 나아가 유대적 배경의 기독교인과 이방적 기독교인들 간의 일치를 꿈꾼 사람이었다. 그리스도 안의 존재(Sein in Christo)란 본래 이를 위해 불렸다는 뜻이었다. 일의 효(성)과를 위해 각기 다른 역할이 있었을 뿐 오늘처럼 위계 구조가 있었던 것은 아니었다. 다석이 내적 歸一과 외적 大同을 동전의 양면처럼 함께 본 것도 결국 취지가 다를 수 없다. 성/속의 구별을 철폐하고 세상 자체를 달리 만들고자 했던 동척사업과 민회 형태의 초기 교회의 사명은 이처럼 변별되지 않는다. 원불교 창시자 소태산 대종사가 도를 깨친 후 세상으로 나올 때 삭발했다는 사실은 대단히 의미가 깊다. 세상을 위해 종교가 있다는 말인바, 안식일이 사람을 위해 있다는 예수 정신과 그대로 중첩된다. 앞서 동학은 해월의 입을 통해 이를 향아설위(向我設位)라 일컬었다. 이렇듯 동척사업을 위해 종교가 할 일은 힘을 합쳐[共] 하나[公]를 회복하는 데 있다.[124] 이것이 실현되지 못하

---

123 동원도리, 동기연계, 동척사업을 일컬어 삼동 윤리라 한다. 원불교 2대 교주 정산이 주장했다.
124 이정배, "기독교의 개벽적 전회," 297-299.

는 한 기독교 구원(정신)은 아직 실현되지 않았다고 보아야 옳다. 하지만 지금껏 기독교회는 사(私)의 영역에 머물러 제국, 자본, 특정 이념, 계층에 편드는 역할에 자족했다. 원불교는 이를 사은(四恩)[125]에 대한 배은(背恩)이라 부를 것이다.

이처럼 종교는 다른 세상을 위해 함께 할(共) 책임과 사명이 있다. 다석의 말처럼 귀일의 종교가 되어 대동의 주체가 되어야 할 것이다. 여기서 귀일은 마지막 共이 첫 空과 관계됨을 적시한다. 그래야 空 없이 共은 불가능하다. 하지만 편 만드는 정치, 사적 욕망을 키우는 경제 체제하에 종교가 편승하고 있으니 미래가 없다. 종차(宗差)를 넘어 종교가 개벽할 이유이다. 앞선 언급대로 두레 및 민회 차원에서 새로운 정치가 실험되고 있다. 마을(지역) 단위로 지역 살리기 운동이 이곳저곳에서 확산 중이다.[126] 저출산, 고독사, 지역 소멸의 위기를 극복하기 위해 읍, 면, 동 최소 단위에서 거대 이념에 휘둘리지 않는 직접 민주제를 소환하고 있다. 공(共)의 공간인 마을의 실종을 아프게 자각한 결과였다. 상술한 난제들은 개인이 감당할 수 없는 사안이다. 출생과 더불어 부모 손을 떠나야 하는 아이들이 가엾다. 부모와 자식이 집에서 최소 관계를 맺을 수 있는 재정적 행정적 여건을 마련해야 한다. 아이를 낳고 키우는 사회적

---

125 필자 보기에 사은은 불교 연기론에 인격적 의미를 부과한 것이자 동학의 '시'(侍) 개념—세상에 관계 아닌 것이 없다—에 대한 나름의 해석이라 생각한다. 천지, 부모, 동포, 법의 은혜를 뜻한다. 자신의 출생에 앞서 존재하는 일체를 적시한다고 봐도 좋을 것이다.

126 이하 내용은 임진철이 시민언론지「민들레」(2024. 4. 21.)에 기고한 글에서 자유롭게 인용한 것이다. 이 외에도 주요섭의 "만물 공동회 제안,"「민들레」(2024. 8. 4.)도 풍부한 상상력을 제공한다. 하지만 신유물론자 라트르에 의거한 이론이기에 앞서 필자가 밝힌 이유로 여기서는 논외로 하겠다.

자궁으로서의 마을 역할도 소생시켜야 옳다. 이는 노인들과도 직결된 사안이다. 효용성(?)을 잃은 노인들이 의지와 상관없이 요양 시설로 내몰리고 있는 현실에서 말이다. 마을 공동체가 회복되면 아이와 노인 모두가 함께 살 수 있다. 관계를 잃고 처리의 대상이 된 인간을 구원하는 길이 여기에 있다. 성숙한 문명은 관계, 곧 돌봄의 문화를 추동한다. 실패한 역사를 구원하는 일이 역사의 진정한 발전이란 말과 뜻이 같다. 마을 공동체는 가족수당, 기본소득, 무상교육, 지역(농어광산촌) 일자리 확충 등 제 여건이 갖추어질 때 제대로 기능할 수 있다. 하지만 관계가 깨진 상황에 대한 인식, 곧 '돌봄'의 가치가 인간 의식 속에서 우선되어야 한다. 그것이 정치의 존재 이유이겠다. 돌봄이 모심이자 나아가 정치적 권리라는[127] 생각에 이르도록 종교는 현실을 견인해야만 한다. 숱한 외국 서적을 번역할 만큼 좋은 교육을 받은 한 여성이 요양 시설에서 일한 자기 경험을 묶어 책으로 펴냈다.[128] 그녀는 시설로 내몰린 뭇형태의 노인들을 '신'이라—여자 노인을 뮤즈로, 남자 노인을 제우스로— 칭하며 성심껏 돌보고 섬겼다. 자신과 그들이 다르지 않음을 보았고 그들이 행복할 때 자신도 행복을 느꼈다고 고백했다.[129] 이런 돌봄이 있을 때 시천주, 인내천이란 말에 힘과 뜻이 실릴 수 있다. 세상을 돌보고, 인간을 살피며 민족을 구하라고, 한마디로 관계를 맺으라고 노이무공(勞而無功)의 하느님이 인간을 찾고 있다. 인간이 곧 하느님

---

127 백영경, "돌봄이 정치적 기획이 되려면," 「창비」 204 (2024 여름): 305-318 참조.

128 헤르츠 나인, 『나는 신들의 요양 보호사입니다』, 2020.

129 돌봄 노동의 외주화에 익숙한 우리를 부끄럽게 하는 말이다. 돌봄 노동이 결코 가치 없지 않음을 깨닫게 했다. 백영경, 앞의 책, 315-318 참조.

이고 인간의 일과 하느님의 일이 다르지 않은 까닭이다. 개벽 신학은 사람이 하늘이고 하늘이 다시 사람임을 의심 없이 믿고 가르칠 것이다. 모심이 곧 돌봄이다.

VI. 짧은 마무리: 개벽 기독교를 선언하며

계획보다 긴 글이 되었다. 그간 생각한 모든 관점과 내용을 함께 엮고자 했으니, 처음부터 길게 생각했어야 했다. 동학을 이해하는 과정에서 위로는 고운 최치원과 『천부경』, 단군신화까지 소환했고 동학 연구자들의 다양한 관점을 상호 비판적으로 수용하여 나름 판단하여 단점은 버리고 장점을 취해 연구했다. 동학을 성리학의 연장선상에서 본 김용옥의 방법론을 따른 이유는 평소 지론인 가종 (Adversion)론과 원시 기독교를 긍정적 차원에서 종교 혼합주의적인 현상으로 본 성서학자 R. 불트만 시각을 선호했기 때문이다. 하지만 앞의 말대로 필자는 성리학 지평에 머물지 않았고 단군신화로까지 소급했다. 이런 과정을 소중히 여긴 것은 결국 동학과 다석 간의 교집합을 이룰 목적에서였다. 동시에 동학에 대한 다석의 견해가 상대적으로 빈곤한 이유를 밝혔으며 양자 간의 구조적, 내용적 일치 점을 가능한 한 많이 찾아 서술하고자 했다. 본 글에서 다석이 중요한 이유는 동학의 개벽사상을 기독교적으로 수용할 수 있는 토대였던 까닭이다. 다석은 비정통적 기독교로 자기 생각을 칭했고 그의 제자 김흥호는 선생의 입장을 '동양적 기독교'라 했으며 필자는 '비(非)케리그마화'의 기독교라 언급했다. '비(非)케리그마화'란 기독교의 절대성을 벗긴 신학 방법론으로서 다른 문화권에서도 유사한 케리그마가 발생할 수 있다는 이론이다. 본 논문에서 새로운 것은 신학자 이신에서 비롯된 '역사유비'의 신학 원리에서 동학의 개벽사상을 논한 데 있다. 기독교의 모체인 묵시 의식과 개벽사상을 잉태한 수운의 시천주 종교체험을 판단 중지된 순수 의식 차원에서 동일시한 이신의 슐리얼리즘(Surrealism) 신학, 곧 영의 신학의 절대적 공헌이다. 영의 활동에 따른 '역사유비'는 가톨릭을 낳은 존재유비와 개신교 신학의 토대인 신앙유비와 변별된 새로운 기독교, 종교 다원주의 시대를 넘을 수 있는 다른 기독교의 길을 제시했다. 동학의 토발성은 물론 그와 기독교의 관계성을 강조한 까닭이다. 필자는 역사유비로서의 동학을 개벽 신학, 나아가 '개벽 기독교'라 칭했고 기독교 이후의 기독교라 칭했다. 마치 불교와 원불교의 관계처럼 그렇게 말이다. 개벽 기독교는 크게 다음 세 쌍의 개념으로 서술되었다. 무위이화와 공(空), 이천식천과 공(公) 그리고 노이무공과 공(共)이 그것이다. 기독교적으로는 성부, 성자, 성령에 해당할 것이며 동양적으로는 체상용(體相用)으로 언표될 수 있다. 空은 公의 존재 근거이고, 公은 空의 실현태이며, 共은 公을 위한 空의 활동 양식이란 뜻이다. 이들 각각이 종교, 경제 그리고 정치 영역에 해당한다는 것이 필자의 생각이다.

주지하듯 본 논문은 수운 탄생 200주년을 맞아 쓴 글이다. 이 글의 의미를 다음처럼 정리해 본다. 동학을 통해서 우리는 잃어버린 신을 다시 발견했다. 주체성의 상실과 더불어 잊힌 신이 개벽 신학을 통해 역사의 전면에 나설 수 있게 되었다. '무위이화'의 하느님, 곧 없이 계신 하느님은 세상 안에서 세상을 통해서 일하기에 인간의 바탈을 떠날 수 없고 일하는 하늘님으로 현존한다. 그럴수록 인간에게 요구되는 것은 수심정기(守心正氣)이다. 하늘이 주신 것을 잘지켜 만인은 물론 만물과 소통하는 인간이 되라는 것이다. 세상속에 있되 필시 세상 이상의 힘이 요구되는바, 마음(守心) 속에 이기(理氣)의 양면이 함께하기에 가능하다. 이를 일컬어 만민과 만물이아우르는 탈(脫)인본주의 정치라 한다면 거부할 이유가 없다.[130]하지만 시천주의 깨침과 인내천의 자각이 새 세상을 열 수 있다.수운은 서구가 초래한 종교·경제·정치의 파국, 곧 자본세와 맞섬으로 인류세의 위기를 극복할 희망을 선사했다. 그가 선포한 종교해방이 정치, 경제를 비롯한 여타 모든 것을 해방시킬 것이라 확신한다. 예수의 하느님 나라 운동이 그랬듯이 지금 이 땅에서 '개벽기독교'를 말하는 이유이다.

---

130 각주 126에 언급한 주요섭의 "만물 공동회 제안" 참조.

K-신학 방법론 수립을 위한 화쟁사상의 의미*

윤철호

(장로회신학대학교 명예교수)

I. 서론

오늘날 한국교회가 직면하고 있는 위기 현상의 원인 가운데 하나는 교회의 극심한 분열이다. 교회의 분열에는 여러 가지 요인들이 있지만, 그 가운데 중요한 요인이 교리적, 신학적 차이로 인한 갈등과 불화이다. 오늘날 한국교회 안에는 이른바 보수주의, 자유주의, 진보주의가 대립하며, 전근대, 근대, 탈근대가 서로 갈등하며 혼재한다. 한국교회와 신학의 특징은 서로 배타적이라는 데 있다. 보수주의는 보수주의대로 배타적이며, 자유주의는 자유주의대로 배타적이며, 진보주의는 진보주의대로 배타적이다. 자신이 전공한 한 신학자의 사상이나 자신이 속해 있는 교회 전통에 매몰되어

---

* 이 글은 윤철호, 『예루살렘과 아테네: 신학 방법론』(서울: 장로회신학대학교 출판부, 2020)에 실린 "통전적 (온) 신학 방법론 수립을 위한 화쟁사상의 의미"를 수정·보완한 것이다.

그것을 절대화하고 그 신학자 또는 전통의 아바타처럼 그것을 앵무새처럼 반복하는 사람들이 한국교회에는 너무도 많이 있다. 이와 같은 상황에서 서로 다른 교파와 교단과 신학 전통들 사이의 진정한 대화는 찾아보기 어렵다.

오늘날 한국교회의 극심한 대립과 갈등의 상황 속에서 서로의 다름을 인정하고, 열린 마음으로 대화함으로써 온전한 진리의 전체성을 향해 함께 나아가고자 하는 에큐메니칼적 화해와 일치의 영성이 무엇보다 요청된다. 이런 의미에서 한국교회에 요구되는 K-신학은 '통전적'(統全的) 신학이라고 할 수 있다. '통전적' 신학을 처음 주창한 한국의 신학자는 이종성이다. 통전적 신학은 좌로나 우로나 한쪽으로 치우치지 않으면서 동시에 다양한 입장들을 비판적으로 통전하는 신학을 의미한다.[1] 이종성에 의하면 통전적 신학은 삼위일체 하나님, 인간의 총체적 실존, 창조세계 전체, 신학의 모든 분과, 역사 속에서의 하나님의 통치를 통전적으로 이해한다.[2]

이 글은 K-신학으로서 통전적 신학을 위한 방법론적 틀을 한국의 종교사상 전통으로부터 발견하고자 하는 하나의 시도이다. 우리 민족의 종교 역사 속에서 다양한 종교 교리와 이론들 사이의 쟁론으로 인해서 혼란을 겪던 시기에 그 다양한 교리와 이론을 조화시키고 쟁론을 치유하기 위해 노력했던 대표적인 학자가 원효(617~686)다.

---

1 '통전'의 의미에 대해서는 김명용, "통전적 신학이란 무엇인가?," 윤철호 외, 『통전적 신학』 (서울: 장로회신학대학교 출판부, 2004), 53-54를 참고하라.

2 이종성, 『신학서론』 춘계 이종성 저작전집 I (서울: 한국기독교학술원, 2001), 77-87. 이러한 이종성의 '통전적 신학'을 김명용은 '온신학'으로 명명한다. '온신학'은 '통전적 신학'의 순수한 한국어 표현으로 '통전적 신학과 동의어이지만, 필자에게는 한국적인 고유한 사유의 틀을 가지고 신학을 한다는 의미를 내포한다.

원효는 우리 민족의 모든 종교를 통틀어 역사적으로 가장 큰 국제적 영향력을 미쳤던, 한민족이 낳은 세계적인 종교학자였다. 특히 그가 당시의 다양한 불교 이론들 사이의 배타적 쟁론들을 조화시키고 통합하기 위해 저술한 『십문화쟁론』(十門和諍論)은 종교적, 시대적 경계를 넘어 오늘날 백가쟁명으로 난립하고 갈등하고 있는 한국교회의 신학적 상황 속에서 통전적인 온신학의 수립을 위한 방법론적 가이드를 제공해 줄 수 있을 것으로 기대된다.

따라서 이글에서는 원효의 『십문화쟁론』을 중심으로 K-신학으로서 통전적 신학 방법론 수립을 위한 화쟁사상의 의미를 고찰해 보고자 한다. 먼저 『십문화쟁론』의 내용을 해의와 해설을 통해 살펴본 후에, 배타적 견해의 쟁론을 조화시키는 화쟁의 논법을 『십문화쟁론』과 아울러 그 외의 다른 원효의 저술들에 나타난 내용을 통해 고찰할 것이다. 이 글은 종교 간의 대화를 위한 글이라기보다는 K-신학의 정립을 위한 방법론적 틀과 자원을 우리 민족의 전통 종교 안에서 발견해 내고 더욱 발전시켜 오늘날의 한국교회의 상황에 적용하기 위한 글이다. 방법론적 측면에 집중하기 위해서 원효가 『십문화쟁론』에서 다루는 사상의 종교적, 교리적 의미보다(이것과 분리될 수는 없지만) 그 사상을 전개하는 논리 형식에 초점을 맞출 것이다.

II. 『십문화쟁론』이란?

『십문화쟁론』(十門和諍論)은 『대승기신론소』(大乘起信論疏)와 더불어 원효의 사상을 대표하는 가장 유명한 저술이다. 이 두 책은 모두 당대의 여러 아시아 국가의 언어로 번역되거나 널리 소개되고 인용되었다. 그런데 『십문화쟁론』은 『대승기신론소』와 달리 주어진 경전에 대한 주석서가 아니라 원효 자신이 수립한 주제를 독자적인 체계로 전개하는 단독 저술서이다. 『십문화쟁론』의 원본인 경판은 해인사 사간장경전(寺刊藏經殿)에 봉안되어 있는데, 상권 가운데 오직 2판 4장(9, 10, 15, 16항)만이 비교적 온전한 형태로 현존한다. 이 『십문화쟁론』 잔간(殘簡)에는 두 가지 내용의 화쟁이론이 나타난다. 4장 가운데 제9, 제10항의 2면에는 '공'(空)과 '유'(有) 개념에 관한 쟁론에 대한 화쟁이 전개되고 있고, 제15, 16항의 2면에는 불성의 보편성 주장("모든 중생은 불성[佛性]을 지니고 있다")과 차별성 주장("불성이 없는 중생도 있다") 사이의 쟁론에 대한 화쟁이 전개되고 있다.

　『십문화쟁론』이란 제목은 일반적으로 '열 가지 유형의 쟁론(諍論, 견해의 배타적 주장)을 화쟁하는 이론'을 의미하는 것으로 알려져 있다. 현재 남아있는 『십문화쟁론』 두 문(門)의 내용이 각각 공/유(空/有)와 불성(佛性)에 관한 이견(異見)들을 화쟁의 대상으로 삼고 있음을 볼 때, 『십문화쟁론』은 화쟁의 대상을 열 가지 주제로 종합하고 있는 저술로 보는 것이 일반적인 견해이다.[3] 원효는 불교 이론의 이해를 둘러싼 특정한 쟁론들을 겨냥하여 그들을 대상으로 화쟁론을 구성했으며, 그 과정에서 인간사 모든 쟁론의 보편적 구조와 그 해법에 대한 통찰을 불교적 시각에서 수립한 것으로 추정된다.[4]

　그러나 박태원은 '십문'(十門)을 '열 가지 주제에 관한 쟁론들'이

---

3 박태원, 『원효: 하나로 만나는 길을 열다』 (서울: 한길사, 2012), 176-177.
4 앞의 책, 177.

아니라 '관점을 성립시키는 조건들의 열 가지 연기(緣起)[5]적 인과계열'로 보고, 따라서 『십문화쟁론』은 '열 가지 주제에 관한 쟁론을 화쟁하는 이론'이 아니라 '관점을 성립시키는 조건들의 열 가지 연기적 인과계열에 관한 화쟁이론' 혹은 '관점을 성립시키는 조건들의 열 가지 연기적 인과계열로써 화쟁하는 이론'으로 이해하는 것이 가능하다고 주장한다.[6] 박태원의 말이 옳다면, '십문'의 '문'(門)은 화쟁의 소재나 대상이 아니라 화쟁의 방식이다. 다시 말하면, 『십문화쟁론』은 "상이한 관점들을 각기 성립시키는 열 가지 견해 계열의 의미 맥락을 식별하여 불교사상에 대한 해석학적 관점들의 불화와 충돌을 치유하는 논서"[7]라고 할 수 있다.

원효는 당시에 그가 경험했던 불교 이론에 관한 다양한 견해들의 배타적 대립과 불통을 극복하고 그것들을 통전적으로 통합(統合) 또는 통섭(通攝: 서로를 향해 열려 서로를 받아들임)하기 위하여 『십문화쟁론』을 집필하였던 것으로 보인다.[8] 박태원에 따르면, 화쟁은 단순

---

5 연기(緣起)는 'paticcasamuppada'를 번역한 말로, 의지하여(paticca), 함께(sam), 나타남 (uppada)의 의미이다. 초기 경전인 『잡아함경』에서는 "이것이 있기 때문에 저것이 있고, 이것이 생기기 때문에 저것이 생기며, 이것이 없기 때문에 저것이 없고, 이것이 사라지기 때문에 저것이 사라진다"는 뜻으로 모든 존재의 생(生)과 멸(滅)에 관한 원리를 설명하고 있다. 이러한 원리를 관계성의 법칙, 상의성의 법칙이라고 한다. 이 원리에 의하면 모든 존재는 우연히 생겨났거나 아무런 조건 없이 혼자 존재하지 않고, 반드시 그 존재를 성립시키는 여러 가지 원인과 조건의 관계성·상의성에 의해 생겨난 것이라는 것을 의미한다. 한국기독자교수협의회·한국교수불자연합회, 『생명과 화쟁』(서울: 동연, 2010), 143.

6 박태원, 『원효의 십문화쟁론』(서울: 세창출판사, 2013), 21-22.

7 앞의 책, 23.

8 원효가 화쟁의 대상으로 삼았던 대상이 구체적으로 동아시아에서의 신(新), 구(舊) 유식(唯識)의 갈등 그리고 중관(中觀)과 유식(唯識)의 공유(空有)논쟁이라고 보는 견해가 있다. 남동신, "동아시아불교와 원효의 화쟁사상," 「원효학연구」 10권 (2005).

한 "'차이의 모음'이 아니라 '차이들로 하여금 서로를 향해 열려 만나게 하고 상호 지지하게 하는 상호 포섭'"이다. 그는 "차이들이 서로를 향해 열리고, 상호 지지하며 포섭되어, 차이를 안으면서도 더 높고 온전한 지평을 열어 간다"는 의미에서 화생사상은 "통섭(通攝)이론으로서의 화회(和會)주의"라고 표현한다.9 이와 같은 원효의 화쟁사상은 원효가 7세기에 대면했던 불교 이론에 대한 배타적 쟁론들의 갈등과 불화를 해소하기 위한 이론이지만 단지 당시의 불교 이론에만 국한되지 않고 오늘날의 학문적 논쟁 일반 그리고 신학적 논쟁에까지 적용 가능한 보편적인 방법론적 통찰을 담고 있다.

III. 『십문화쟁론』의 내용

이제 원효의 『십문화쟁론』의 내용을 살펴보자. 원효의 화쟁론은 십문(十門) 가운데 삼문(三門)이 단편으로 현존한다. 삼문 가운데에서도 『십문화쟁론』 잔간(殘簡) 상권 가운데 2판 4장 제9, 10항에 나타나는 공유이집화쟁문(空有異執和諍門), 즉 '공'(空)과 '유'(有) 개념에 관한 쟁론에 대한 화쟁 그리고 같은 2판 4장 제15, 16항에 나타나는 불성유무화쟁문(佛性有無和諍門), 즉 불성의 보편성 주장("모든 중생은 불성[佛性]을 지니고 있다")과 차별성 주장("불성이 없는 중생도 있다")에 대한 화쟁은 비교적 온전한 상태로 보전되어 있는 반면, 제31항에

---

9 박태원, 『원효의 십문화쟁론』, 40.

나타나는 인법이집화쟁문(人法異執和諍門), 즉 '주체(人)와 객체(法)의 유(有)'와 '주공객유'(主空客有)에 대한 화쟁의 원문은 대부분 마멸되었다.

그런데 몇몇 불교학자들은 현존하는 원효의 다른 저술들과 다른 불교학자들의 저술들에서 화쟁론을 인용한 귀절들로부터 다른 문(門)들을 복원하는 것이 가능하다는 전제 아래 나머지 문들에 대한 복원을 시도하였다.[10] 이들이 복원한『십문화쟁론』의 십문은 다음과 같다. ① 공유이집화쟁문(空有異執和諍門) ② 불성유무화쟁문(佛性有無和諍門) ③ 인법이집화쟁문(人法異執和諍門) ④ 열반이집화쟁문(涅槃異執和諍門) ⑤ 불신이의화쟁문(佛身異義和諍門) ⑥ 불성이의화쟁문(佛性異義和諍門) ⑦ 삼성이의화쟁문(三性異義和諍門) ⑧ 이장이의화쟁문(二障異義和諍門) ⑨ 진속이의화쟁문(眞俗異義和諍門) ⑩ 삼승일승화쟁문(三乘一乘和諍門).[11]

그러나 이 글에서는 복원된 문들이 아닌 비교적 양호한 형태로 보존되어 있는 잔간에 나타나는 두 개의 문, 즉『십문화쟁론』상권 2판 4장 제9, 10항에 나타나는 공유이집화쟁문(空有異執和諍門), 즉 '공'(空)과 '유'(有) 개념에 관한 쟁론에 대한 화쟁과 제15, 16항에 나타나는 불성유무화쟁문(佛性有無和諍門), 즉 불성의 보편성 주장("모든 중생은 불성[佛性]을 지니고 있다")과 차별성 주장("불성이 없는 중생도 있다")에 대한 화쟁을 중심으로 원효의 화쟁사상을 고찰하고자

---

10 예를 들면 이종익, "원효의 십문화쟁론 연구,"『동방사상개인논문집』제1집 (서울: 동방사상연구원, 1977); 이만용,『원효의 사상』(서울: 전망사, 1983); 오법안,『원효의 화쟁사상연구』(서울: 홍법원, 1992).

11 이 문들의 의미에 대한 자세한 설명은 이종익, "원효의 십문화쟁론 연구," 21-56; 이만용,『원효의 사상』, 105-125; 오법안,『원효의 화쟁사상연구』, 86-108을 참고하라.

한다. 이 글의 목적이 원효의 사상 전반을 이해하는 데 있는 것이 아니라 그의 불교학 방법론으로서의 화쟁사상을 고찰하는 것이기 때문에, 이 두 문을 살펴보는 것만으로도 충분한 방법론적 고찰이 될 것이다. 박태원은 자신의 『원효의 십문화쟁론』에서 『십문화쟁론』에 대한 번역을 직역(直譯), 의역(意譯), 해의(解義) 세 부분으로 진행하였다. 이글에서는 한문으로 쓰인 어려운 불교 용어와 개념에 친숙하지 않은 독자의 이해를 돕기 위해 그의 해의를 중심으로 소개한다.

1. 공유이집화쟁문(空有異執和諍門): 공(空)과 유(有)에 관한 쟁론에 대한 화쟁

공과 유에 관한 쟁론에 대한 원효의 화쟁의 주요 내용은 다음과 같다.

1) 해의(解義)

불변의 본질을 독자적으로 간직하는 존재, 이른바 실체는 세계의 그 어디에도 존재하지 않는다. 실체를 설정하는 일반적인 실체적 언어 용법에서 '있음'(有)은 '불변의 본질을 독자적으로 지닌 실체의 존재'를 의미하고, '비었음'(空) 혹은 '없음'(無)은 그러한 실체의 부재를 의미한다. 그러나 불교의 무실체적 언어 용법에서, '있음'(有)은 '가변적으로 조건에 따라 발생한 실체 없는 현상의 발생'을, '비었음'(空) 혹은 '없음'(無)은 '실체의 부재' 혹은 '가변적으로 조건에 따라 발생한 실체 없는 현상의 소멸'을 의미한다. 따라서 여기서는 '있음'

(有)과 '비었음'(空) 혹은 '없음'(無)이란 말이 공통점과 차이점을 동시에 지닌다. 모두가 '실체의 부재'를 전제한다는 점에서, '있음'(有)과 '비었음'(空) 혹은 '없음'(無)이 다르지 않다. 그러나 양태의 차이를 반영한다는 점에서는 '있음'(有)과 '비었음'(空) 혹은 '없음'(無)은 같지 않다. 실체적 언어 용법에서는 '있음'(有)과 '비었음'(空) 혹은 '없음'(無)은 상호 부정적이다. 그러나 무실체적 언어 용법에서는 '있음'(有)과 '비었음'(空) 혹은 '없음'(無)은 모두 '실체의 부재'를 담고 있다는 점에서 상호 개방적, 상호 포섭적이다.[12]

공(空)은 아무것도 없다는 것이 아니라 단지 불변의 본질을 지닌 무조건적 실체(自性)가 없다는 것이다. 무실체의 공성(空性)이라는 점에서 삶과 죽음, 중생과 부처, 세속과 열반은 다르지 않다. 이러한 공성의 지평이 마음의 차원에서 열릴 때 삶/죽음, 중생/부처, 세속/열반이 '둘 아니게'(不二) 만나고 통한다. 공성의 도리는 허무로 이끄는 것이 아니라 오직 근거 없는 실체라는 환각을 제거해 주고 진실이 충만한 지고의 행복을 구현시켜 준다.[13]

실체라는 허구를 생성하고 강화하는 결정적 매체가 실체적 언어 용법이다. 따라서 실체적 언어 용법으로 인한 언어 환각에서 벗어나야 한다. 언어 환각에 의한 망상 분별에 대한 집착을 놓으면, 참된 세상이 드러나게 된다. 언어 환각을 붙들고 있는 실체적 언어 용법을, 언어 환각을 놓아버린 무실체적 언어 용법으로 전환시켜 주는 언어가 부처의 언어이다.[14]

---

12 박태원, 『원효의 십문화쟁론』, 93-94.
13 앞의 책, 100.

2) 해설

역사적으로 타자들과 동떨어져서 불변의 속성(본질)을 소유하는 독자적 존재가 실재한다는 실체론이나 본질주의적 존재론의 전통이 철학과 종교의 세계관을 지배해 왔다. 불변적 본질이나 실체의 부재에 관한 붓다의 통찰은 초기 불교의 연기(緣起, 緣하여 함께 일어남 起, 조건적 생성) 및 무아(無我, 실체의 부재) 이론에 잘 나타나며, 대승불교는 이 통찰을 중관(中觀)의 공(空) 이론 및 유식(唯識)의 마음 이론으로 계승한다.

박태원의 해설에 따르면, '연기/무아/공' 등으로 드러내는 통찰의 핵심은 '조건적 발생'이다. 어떤 존재나 현상도 독자적/무조건적/불변의 것이 아니라 조건적/가변적으로 생성/유지/변화/소멸한다는 것이 연기적 통찰이다. '조건적'이란 말은 조건들의 인과적 관계와 작용을 지시하며, 존재와 현상의 조건적/인과적 발생과 상호적 의존/연루/개방/작용의 면모를 밝혀준다. 또한 무상(無常)이라는 '가변성'이 모든 조건적 발생을 관통한다. 따라서 모든 존재와 현상은 조건적 관계/작용의 무단(無斷)한 흐름/과정이다.[15]

모든 존재와 현상이 조건적으로 발생하기 때문에, '있다'고 지칭하는 것도 '불변의 무조건적 있음'이 아니라 '가변적인 조건적 있음'이고, '없다'고 하는 것도 '불변의 무조건적 실체나 본질의 실종'이 아니라 '가변적인 조건적 없음'이다. '있음'이나 '없음' 모두 가변적

---

14 앞의 책, 95-103.
15 앞의 책, 109.

조건에 따른 현상을 지칭한다. 이처럼 '있음'과 '없음'은 '조건적 발생'의 두 양상이라는 점에서, 양자 모두 연기적 현상이고 공성(空性, 실체의 부재)이다. 따라서 '있음'과 '없음'은 서로 배타적이거나 대립적이지 않다. 즉, '있음'(有)과 '없음'(無)을 동일한 연기성(緣起性)의 두 양상으로 보는 연기론적 관점에서 '있음'(有)과 '없음'(無)은 상호 포섭, 등가적 상호 치환의 관계로 파악된다. '있음'과 '없음'은 '연기적' 측면에서는 같다고 할 수 있고, '발생'의 측면에서는 서로 다르다고 할 수 있다.[16]

원효는 견해의 배타적 다툼이 실체론적 언어 환각에 의한 망상 분별에서 비롯된다고 본다. 언어는 단지 사고와 인식을 전달하는 도구적 매체가 아니라 사고와 인식을 선행하며 그것을 형성한다. 허구적 자아 관념, '불변의 실체'라는 존재 환각 그리고 이에 의거한 허구적 통념의 관습은 언어에 의해 생성, 유지, 강화, 발전된다. 그러나 실체 관념을 내용으로 하는 언어는 세속적 관행에 따른 용법일 뿐 그에 해당하는 불변의 자아는 존재하지 않는다.[17] 따라서 실체론적 언어 환각의 치유가 화쟁의 핵심 관건이다. 공(空)과 유(有)라는 언어를 서로 섞일 수 없는 이질적 본질을 지닌 실체의 표현이라고 간주하는 마음이 '공과 유를 서로 다른 것이라고 주장하는 잘못된 집착'의 토대이다. 따라서 이 잘못된 집착에서 풀려나려면 '언어적 환각'에서 깨어나야 한다는 것이 화쟁이론의 핵심이다.

---

16 앞의 책, 110-112.
17 전재성 역주, 『디가니까야』 「뽓다빠다의 경」 (한국빠알리성전협회, 2011), 447-448.

2. 불성유무화쟁문(佛性有無和諍門): 불성의 보편성 주장("모든 중생은 불성[佛性]을 지니고 있다")과 차별성 주장("불성이 없는 중생도 있다")에 대한 화쟁

1) 해의

모든 중생은 부처 성품(佛性)을 똑같이 지녔다. "어떤 중생들은 부처 성품이 없다"고 하는 주장은 '존재의 평등한 면모'(平等法性)와 '한 몸으로 여기는 위대한 동정심(同體大悲)은 바다와 같이 한 맛(一味)'이라는 대승의 진리에 어긋난다. 즉, 모든 존재는 근본적으로 평등하며 모든 중생을 내 몸으로 여기는 자비심은 어느 중생에 대해서도 바닷물처럼 한 맛이다.[18] 그러나 "부처 성품이 없는 중생은 없다"는 주장과 "부처 성품이 없는 중생이 있다"는 주장이 비록 상반된 것이지만, 이 둘 사이에는 서로 동의하는 내용이 있다. "중생은 모두 마음을 지니고 있다"라는 것과 "마음이 있는 자는 깨달음을 얻는다"라는 것이 그것이다.

"부처 성품이 없는 중생은 없다"라는 주장을 지지하는 입장에서는, 모든 중생은 예외 없이 '마음을 지니고 있으며', '마음이 있는 자는 반드시 깨달음을 얻는 것'이므로, 결국 "모든 중생은 부처 성품을 지니고 있다"라는 뜻과 같은 것이다. 여기서 마음과 부처 성품은 동일시된다. 반면 "부처 성품이 없는 중생이 있다"라는 주장을 지지하는 입장에서는, 중생은 모두 마음을 지니고 있지만 이 중생은

---

18 박태원, 『원효의 십문화쟁론』, 146.

부처 성품이 있는 중생과 없는 중생 모두를 지칭하는 것이므로, 결국 "부처 성품이 없는 중생이 있다"라는 뜻이 된다. 여기서 마음과 부처 성품은 다른 것으로 이해된다.

이 두 주장 각각의 언어의 의미 맥락을 정확하게 포착하면 쟁론은 해소된다. 예컨대 "중생은 모두 마음을 지니고 있다"라는 말을 "마음을 지닌 모든 중생이 반드시 모두 깨달음을 증득한다"는 뜻으로 이해하는 것은 잘못된 독해이다. 또 경전에서 "마치 허공처럼 일체중생이 모두 부처 성품을 지닌다"라고 말하는 것은, 진리의 측면에서 말한 것이지 행위의 측면에서 말한 것이 아니다. 이 말을 성립시킨 조건을 포착하여 조건적으로 이해해야지 무조건적으로 읽어버리면 그 말의 원래 취지를 놓치고 엉뚱한 견해를 세우게 된다.

또 "부처가 되는 각각의 원인과 그 결과는 하나같이 감로(甘露)와 같은 것이어서, 모든 중생이 마땅히 부처 경지의 평온(常)과 행복(樂)과 완전한 존재감(我)과 완벽한 진실성(淨)을 성취한다"라는 말에서 '모든 중생'은 일정한 제한된 사람들을 '모두'라는 말로 지칭하는 것이지 말 그대로 전부를 '모두'라고 하는 것은 아니다. 이처럼 언어를 성립시킨 조건들을 식별하여 그 의미 맥락을 정확하게 포착한다면, 상반된 해석들이 대립하고 있는 경전의 문구들이 사실은 아무 혼란이나 모순이 없는 것임을 알게 된다.[19]

화쟁의 대상이 될 수 있는 주장은 나름대로 타당한 인과적 조건들에 기초해서 수립된 것이어야 한다. 부분적 타당성조차 지니지 못한 주장들로 인한 무의미한 쟁론은 화쟁의 대상이 될 수 있는 자격의

19 앞의 책, 148.

검토를 통해 제거해야 한다. "본래 그러하기 때문에 부처 성품이 없는 자가 없다"라는 주장과 "본래 그러하기 때문에 부처 성품이 없는 자가 있다"라는 주장은 모두 부분적 타당성마저 지니기 어려운 것이기 때문에 화쟁의 대상이 될 수 없다.[20]

"부처 성품이 없는 중생이 있다"는 주장을 무조건적으로 내세우는 것은 부분적 타당성마저 확보할 수 없지만, 조건적으로 주장한다면 의미 맥락에 따라 일리를 지닐 수 있다. 현재 부처를 이룰 자질과 가능성이 풍부한 중생도 남은 생애 동안 부처를 이룰 자질과 가능성을 훼손하는 행위에 몰두한다면 그가 내생에 해탈로 나아가는 삶을 펼칠 가능성은 줄어든다. 이런 경우에 해당하는 사람을 일컬어 '열반의 부류가 아닌 사람'이라든가 '부처 성품이 없는 사람'이라고 말할 수 있다. "부처 성품이 없는 중생이 있다"는 말을 성립시킨 조건이나 맥락이 이러한 것이라며, 그 말에도 타당성을 부여할 수 있다.[21]

"부처 성품이 없는 중생은 없다"라는 타당한 말을 "일체 중생이 반드시 모두 부처를 이룬다"라는 의미로 이해한다면 타당하지 않다. 이러한 이해의 난점을 벗어나기 위해 "중생은 끝내 다함이 없다"라고 말한다면 그것은 또 다른 모순에 빠진다. 왜냐하면 "중생은 끝내 다함이 없다"라는 말은 열반에 드는 중생이 없다는 말인데, 실제로는 열반에 드는 중생이 있기 때문이다.[22]

---

20 앞의 책, 149.
21 앞의 책, 150-151.
22 앞의 책, 153.

2) 해설

부처의 설법들은 모든 인간의 해탈 가능성을 전제한다. 이러한 관점을 계승하는 대승불교의 『열반경』은 "모든 중생은 불성을 지니고 있다"(一切衆生 悉有佛性)라고 공언한다. 이런 점에서 "부처 성품이 없는 중생이 있다"라는 주장은 경전적 근거에 부합하지 않는다. 그러나 현장(玄奘)에 의해 성립된 신유식학(新唯識學)에서는 '부처 성품이 없는 중생'이 설정된다. 이것은 깨달음과는 무관하거나 상반된 삶을 사는 인간들을 반성케 하여 깨달음의 삶으로 이끌려고 하는 현실적 고려의 반영이다.

원효의 『원효의 십문화쟁론』에 나타나는, "모든 중생은 불성을 지닌다"라는 견해와 "불성이 없는 중생도 있다"라는 견해의 화쟁은 당시의 중국과 한반도 불교계에서의 중요한 교학적 논쟁에 대한 원효의 대응을 보여준다. 원효는 기본적으로 "모든 중생은 불성을 지니고 있다"라는 전통적 관점을 지지한다. 그러나 그는 "모든 중생은 불성을 지니고 있다"라는 관점을 무조건적으로 지지하는 것도 아니고, 또한 "불성이 없는 중생도 있다"라는 관점을 무조건적으로 거부하는 것도 아니다. 만약 "부처 성품이 없는 중생이 있다"라는 말을 성립시킨 조건이나 맥락이 사람으로 하여금 현재와 금생의 삶을 반성케 하여 '부처 성품에 어울리는 삶'을 가꾸어 가게 하고자 하는 것이라면, 그 말에 타당성을 부여할 수 있다. 원효는 언어를 성립시킨 조건들을 식별하여 그 의미 맥락을 정확하게 포착한다면, 상반된 해석들이 대립하고 있는 경전의 문구들이 사실은 아무 혼란이나 모순이 없는 것임을 알게 되며, 따라서 배타적 쟁론이 해소된다고 본다.

화쟁의 핵심은 각 견해가 지닐 수 있는 제한적 타당성(一理)을 식별하여 포섭하는 것이다. 따라서 화쟁을 위해서는 각 주장이 부분적 타당성을 지닐 수 있을 가능성 여부를 검토하는 일이 우선적으로 선행되어야 한다.[23]

IV. 배타적 견해의 쟁론을 조화시키는 화쟁의 논법

원효가 전개하는 화쟁의 논법은 그 사상의 내용과 의미와 불가분리의 관계에 있다. 그럼에도 불구하고 이 글의 주된 관심은 원효가 다루는 불교 사상의 내용과 의미에 있지 않고 화쟁의 논리 형식에 있다. 원효가 전개하는 화쟁사상은 모든 인간의 쟁론 상황에 적용될 수 있는 높은 수준의 보편 원리들을 포함한다. 박태원은 이 원리를 세 가지로 정리한다. 첫째는 "각 주장의 부분적 타당성(一理)을 변별하여 수용한다"라는 것이고, 둘째는 "모든 쟁론의 인식적 토대를 초탈할 수 있는 마음의 경지(一心)에 올라야 한다"라는 것이며, 셋째는 "언어를 제대로 이해해야 한다"라는 것이다.[24]

이 세 가지 원리 가운데 무엇보다 먼저 주목되는 것은 '각 주장의 부분적 타당성(一理)을 변별하여 수용하기'다. 이 원리는 쟁론의 일반 상황에 적용 가능한 보편 원리가 될 수 있다. 그런데 문제는

---

23 앞의 책, 166.
24 앞의 책, 177.

"'부분적 타당성'을 어떻게 식별할 수 있는가" 하는 것이다. 각 견해에 내재한 부분적 타당성, 즉 일리를 식별해 내려면 각 견해의 서로 다른 의미 맥락을 잘 분별해야 한다. 원효의 화쟁 논법에서는 이러한 의미 맥락의 분별이 중요시된다. 원효는 『금강삼매경론』에서 '진리대로 닦는다'(眞修)라는 주장과 '새로 닦는다'(新修)라는 주장을 그 각자의 의미 맥락들을 변별함으로써 각자의 일리들을 수용하여 포섭적으로 화해시킨다.

> 또한 이 '하나가 된 깨달음'(一覺)은 '본래적 깨달음'(本覺)과 '비로소 깨달아감'(始覺)의 면모를 (모두) 가지고 있으니, 본각의 '드러내어 이루는 면모'(本覺顯成義)가 있기 때문에 '진리대로 닦느냐'(眞修)는 말도 도리에 맞고, 시각의 '닦아서 이루는 면모'(始覺修成義)가 있기 때문에 '새로 닦는다'(新修)는 말도 도리에 맞다. 만약 한쪽에 치우쳐 고집한다면 곧 미진함이 있게 된다.25

각 견해의 서로 다른 의미 맥락을 제대로 분별하기 위해서는 한 문제를 다양한 각도와 맥락에서 파악할 수 있는 종합적 식견과 부분적 일리에 집착하지 않을 수 있는 마음의 능력이 필요하다. 이와 같은 식견과 능력은 '모든 쟁론의 인식적 토대를 초탈할 수 있는 마음의 경지(一心)'와 '언어에 대한 올바른 이해'를 동시에 요구한다. 배타적인 쟁론은 부분적 진리를 전체적 진리로 주장하는 데서 비롯된다. 특정한 일리에 집착해서 그것을 완전한 전체적 진리로

---

25 『금강삼매경론』, 1-612상. 박태원, 『원효: 하나로 만나는 길을 열다』, 184에서 재인용.

주장하는 태도는 다른 일리들과 다른 의미 맥락을 외면하거나 배척하고 상호 통섭적 담론을 통한 진리로의 접근을 저해한다.

> 묻는다. 이와 같은 두 분의 주장 가운데, 어느 것이 맞지 않고 어느 것이 맞는가? 답한다. 혹 어떤 주장을 하는 사람이 오로지 한쪽(一邊)만을 취하면, 두 주장이 모두 맞지 않는다. 그러나 만일 자기주장만을 맞는다고 고집하지 않으면 두 주장이 모두 맞는다.[26]

> 집착을 떠나 말하면 합당하지 않음이 없는 것이니, 집착하는 자는 말대로만 받아들여 모든 것을 망가뜨린다.[27]

화쟁 원리의 핵심 논법은 자신의 견해의 부분적 진리에 안주하여 집착하지 말고 다른 견해들의 의미 맥락과 그 맥락 안에서의 부분적 진리들을 인지함으로써 상호 통섭적 담론으로 나아가야 한다는 것이다. 쟁론의 주체들이 자기 견해에 집착하지 않으면 않을수록 자기주장의 부분적 타당성과 의미 맥락을 온전히 직시할 수 있는 동시에 다른 견해의 일리와 의미 맥락을 사실대로 인지하고 수용할 수 있는 가능성이 커진다. 따라서 집착을 버리는 것이 일리를 식별하기 위한 관건이다. 붓다의 가르침은 어떻게 해야 무집착의 능력을 확보할 수 있는가에 집중된다. 원효의 화쟁 논법의 원리도 '집착하지 않을 수 있는 방법'에 관한 것이라고 볼 수 있다.

---

26 『열반종요』, 1-532하~533상. 박태원, 『원효: 하나로 만나는 길을 열다』, 187에서 재인용.
27 『대혜도경종요』, 1-481상. 박태원, 『원효: 하나로 만나는 길을 열다』, 205에서 재인용.

원효에게 있어서 어떤 견해의 부분적 타당성(一理)을 식별하기 위한 의미 맥락은 바로 '관점을 성립시키는 조건들의 연기적(緣起的) 인과계열', 즉 '문'(門)이다. 현존 잔간에는 빠져 있으나 다른 사람들의 저술에 인용되어있는 『십문화쟁론』의 구절들은 모두 '문'(門)에 의한 화쟁'을 전하고 있다. 고려 균여(均如)의 『석화엄교분기원통초』(石華嚴敎分記圓通抄)가 인용하고 있는 『십문화쟁론』 구절들은 모두 불성의 유무(有無) 논란에 관한 화쟁인데, 하나같이 '문'(門) 구별에 의한 화쟁'이다.

진리다움(眞)과 속됨(俗)의 상호 관계(相望)에는 두 가지 계열(門)이 있다. '(차이들이) 의존적 관계로 수립되는 계열(依持門)'과 '연기의 통찰에 의해 (하나로 보는) 계열(緣起門)'이 그것이다. '(차이들이) 의존적 관계로 수립되는 계열(依持門)'에 나아가면, 진리다움(眞)과 속됨(俗)이 같지 않아(非一) 중생과 진리의 본래 그러함(本來法爾)이 차별된다. 그러므로 무시 이래로 생사에 즐겨 달라붙어 구제해 낼 수가 없는 중생이 있다…. 그러므로 이 계열에 의거하여 '불성이 없는 중생'(無性有情)을 주장하는 것이다. '연기의 통찰에 의해 (하나로 보는) 계열(緣起門)'에 의한다면, 진리다움(眞)과 망령스러움(妄)이 별개의 것이 아니며 일체의 것이 모두 '하나가 된(하나로 보는) 마음(一心)'을 바탕(體)으로 삼는다. 그러므로 모든 중생이 무시 이래로 이 진리세계의 흐름(法界流轉)과 같지 않음이 없다…. 그러므로 이 계열(門)에 의거하여 "모든 중생에게 불성이 있다"고 주장하는 것이다. 이와 같은 두 계열(二門)은 본래 서로 방해함이 없다.[28]

원효의 화쟁 논법은 단지 "너도 맞고 나도 맞다", "모두 맞기도 하고 모두 틀리기도 하다"라는 식으로 쟁론을 화해시키려고 하는 것이 아니다. '견해 계열(門)'에 대한 분별에 기초한 원효의 화쟁 논법은 어떤 견해나 이론도 '조건적으로 수립된 것'으로 파악하는 사유, 다시 말하면 붓다의 '연기적(緣起的) 통찰력'을 재현하는 것이다. 연기(緣起)는 '조건 의존적 발생'을 지시한다. 즉, 연기법은 일체의 현상과 존재, 그 생성과 소멸을 '조건에 의지하는 것'으로 파악하는 '조건적 독해'의 사고방식을 핵심으로 한다. 연기적 사유는 화쟁적 사유이다. '부분적 타당성(一理)의 변별과 수용'이라는 화쟁 원리는 연기적 사유의 원효적 계승이라고 할 수 있다.

박태원은 "연기적 사유가 배타적 견해 주장의 불통과 불화를 치유할 수 있고, 원효의 화쟁 논법이 그러한 연기적 사유의 재현이라면, 원효의 화쟁사상은 '견해의 배타적 주장'에 수반되는 병리 현상들을 치유해 주는 보편적 쟁론 치유력을 지닌다"라고 평가한다.[29] 다시 말하면, 화쟁사상은 불교 내부의 배타적인 해석학적 분열과 혼란을 수습할 뿐 아니라 세간의 쟁론적 상황 일반에도 보편적으로 기여할 수 있다는 것이다. 그는 연기적 사유에 의한 진리 접근과 쟁론 치유의 길을 서양철학의 변증법적 사유에 의한 길과 차별화하면서, 일체를 조건 의존적으로 파악하는 연기법의 통찰이 근원적 쟁론 치유력을 지닌다고 다음과 같이 주장한다.[30]

---

28 均如, 『석화엄교분기원통초(石華嚴教分記圓通抄)』 한불전 4, 325b-c. 박태원, 『원효의 십문화쟁론』, 183-184에서 재인용.

29 『원효의 십문화쟁론』, 198.

30 앞의 책, 201.

각 교설과 이론을 성립하는 의미 맥락을 조건적으로 파악한다면, 그 이론의 유효성은 조건적이고 그 타당성은 조건적으로 제한된다는 점을 알게 된다. 그리고 이렇게 포착한 '복수의 조건적 타당성을 모아(和會)' '포섭적으로 수렴하면(會通)', 비로소 온전한 의미 지평이 열리게 된다. '차이가 불통으로 격리(諍)'되지 않고, '만나서 서로를 향해 열리고 상호작용하여(和)' 온전함으로 상향되어 가는 것. 이것이 열림(通)과 상호포섭(攝)의 화쟁이다.[31]

V. 결론

원효의 화쟁은 단지 논쟁의 회피나 무마 또는 어중간한 타협이 아니라 진리 추구를 방해하는 불필요하고 소모적인 쟁론을 지양하고 부분적 타당성(一理)을 지닌 다양한 견해들을 통섭하여 온전한 진리를 향해 나아가고자 하는 노력이라고 할 수 있다. 어떤 견해의 부분적 타당성(一理)을 식별하기 위한 의미 맥락, 또는 '관점을 성립시키는 조건들의 연기적(緣起的) 인과계열' 즉 '문'(門)의 분별에 기초한 원효의 화쟁 논법은 다음 몇 가지로 요약될 수 있다.

1. 어떤 견해나 주장을 무조건적으로 타당하다고 생각하지 말라. 모든 견해와 이론들은 특정한 조건에 의존한다. 따라서 그 특정한 조건이 무엇인지, 그 조건과 주장의 인과관계가 타당한 것인지 파악하라.

---

31 앞의 책, 204.

2. 만약 그 조건과 주장의 인과관계의 타당성이 인정된다면, 그러한 조건적 타당성을 인정하여 수용하라. 서로 다른 조건적 타당성(一理)을 포섭함으로써 더욱 온전하고 높은 이해와 진리로 나아갈 수 있다.

3. 이렇게 모든 주장을 '조건 의존적인 것'으로 보고 그 '조건적 타당성'을 식별하고 그것들을 인정하고 포섭하고자 노력한다면, 견해의 배타적 주장으로 인한 불화와 불통을 극복할 수 있다. 그리하여 각각의 조건적 타당성을 지닌 견해들이 상호 작용함으로써 보다 더욱 온전한 진리로 수렴되는 길로 함께 나아갈 수 있다.

이를 위해서는 특정 견해의 부분적 타당성에 집착하지 않는 무집착의 능력을 키워야 한다. 그리고 일상의 실체론적 사유와 언어 환각을 극복하고 연기적 사유와 언어 능력을 배양해야 한다.

쟁론을 치유하는 화쟁은 완전한 답을 제시하고 상이한 관점과 주장을 통일시킴으로써 이루어지는 것이 아니다. 화쟁은 수용 가능한 조건과 계열을 제시하고 무조건적, 전면적 타당성을 주장하는 쟁론 주체들의 배타적 태도를 치유함으로써 성취되는 것이다. 따라서 화쟁의 목표는 쟁론을 대체하는 또 다른 견해나 이론을 세우는 것이 아니라 주장의 타당성을 전면적, 무조건적으로 관철하려는 태도를 바꾸는 데 있다. 다시 말하면, 쟁론을 대체하는 모범답안을 제시하는 것이 아니라 쟁론을 풀어가는 방법론을 제공함으로써 완전한 모범답안에 접근할 가능성을 높이는 것이 화쟁의 역할이다. 그리고 이 화쟁의 방법론적 논법은 무조건적, 전면적 사고방식을 조건적, 연기적 사고방식으로 바꾸는 것이다.

오늘 한국교회 특히 개신교가 사회로부터 부정적으로 비추어지고 있는 이유 가운데 하나는 개신교가 자신의 믿음만이 옳다고 믿는 배타성과 독선이 심한 종교로 인식되고 있기 때문이다. 배타적인 것은 보수적인 교파나 신학자만이 아니라 진보적인 교파나 신학자도 마찬가지다. 배타적이고 독선적인 영성과 신학이 한국교회의 분열과 갈등의 가장 큰 원인이다. 한국교회의 분열과 갈등을 치유하기 위해서는 통전적인 영성이 요청된다. 원효의 화쟁사상은 오늘의 한국교회가 필요로 하는 통전적인 영성을 보여준다. 즉, 그의 화쟁사상은 서로 쟁론하는 다양한 견해들이 각각의 고유한 의미 맥락, 즉 연기적 인과계열(門) 안에서 부분적 타당성(一理)을 지니고 있음을 인정하고 그것들을 '함께 모아 조화시키고(和會)', '상호적인 열림 안에서 포섭'(通攝)하고자 하는 화회(和會)와 통섭(通攝)의 영성을 보여주고 있다.

이와 같은 화회와 통섭의 영성에 기초한 원효의 화쟁 논법은 기독교 안의 여러 대립적인 신학적 견해들 사이의 쟁론에도 적용 가능하다. 예를 들면, 하나님의 초월성을 강조하는 전통적 신학과 하나님의 내재성을 강조하는 오늘날의 신학, 위(계시)로부터의 연역적 방법론과 아래(경험)로부터의 귀납적 방법론, 인간을 전적으로 타락한 죄인으로 간주하는 개혁교회의 관점과 인간을 하나님의 동역자 또는 공동 창조자(co-creator)로 보는 정치 해방신학의 관점, 인간은 오직 믿음으로 구원을 얻는다는 개신교회 입장과 구원을 위해 믿음만이 아니라 인간의 행위도 중요하다고 보는 가톨릭교회 입장, 하나님의 절대주권과 예정, 미래의 결정성을 강조하는 칼빈주의 신학과 인간의 자유와 책임, 미래의 개방성을 강조하는 근대 이후 신학 사이의 불필요한 배타적인 쟁론을 치유, 화해, 통섭할 수 있는 길을 제시해 준다고 할 수 있다. 왜냐하면 이처럼 대립되어 보이는 여러 신학적 견해들 또는 입장들은 그것들의 정당성의 조건으로서 각기 고유한 의미 맥락을 전제하기 때문이다.

K-신학이 화회와 통섭의 영성에 기초한 원효의 화쟁 논법을 전유하여 통전적 신학을 발전시킨다면 서로 다른 견해와 입장들 사이의 배타적 쟁론을 통섭함으로써 한국교회의 화해와 일치를 가져오는 데 크게 기여할 수 있을 것이다. 물론 이미 살펴본 것처럼, 화쟁이 단지 너도 옳고 나도 옳다는 식의 적당주의적인 타협이나 절충을 의미하지 않는다는 것은 다시 반복해서 강조할 필요가 없다.

AD 7세기에 살았던 원효의 논법이 인간의 철저한 역사성에 대한 인식에 기초한 오늘날의 탈근대적인 해석학적 사고를 보여주지 못하는 것은 흠이 되거나 이상한 일이 아니다. 오늘날의 탈근대주의적 해석학에 따르면, 원효가 말하는 의미 맥락, 즉 '관점을 성립시키는 조건들의 연기적(緣起的) 인과계열'은 단지 개인적인 주관적 관점이나 시각에 기인하는 것이 아니라 근본적으로 각 개인이 속해있는 다양한 삶의 세계(Lebens-welt)와 다양한 전통의 영향사(影響史)로부터 주어지는 것이다. 오늘날의 탈근대적 시대에 인간 실존과 이해의 철저한 역사성과 그로 인한 해석의 갈등 문제는 원효의 화쟁 논법이 전제하는 것보다 훨씬 복잡하고 미묘하다.

그럼에도 불구하고 원효가 다원적 견해들을 하나의 일원적 관점 안에 획일적으로 통합하려고 하지 않고 의미 맥락, 즉 연기적 인과계열(門) 안에서의 그것들 각각의 '부분적 타당성'(一理)을 인정하면서 보다 온전한 진리를 향해 함께 나아가고자 한 것은, 그의 화쟁사상이 오늘날의 탈근대적 시대의 통전적인 해석학적 사고와 공명한다고 할 수 있다. 예를 들면, 조건 의존적 발생에 관한 연기적 사고에 기초한 원효의 화쟁사상은 오늘날의 해석의 다원성과 모호성의 상황 속에서 상호 비판적 대화를 통해 '유비적 상상력'(analogical imagination) 안에서 '상대적 적절성'(relative adequacy)과 '상이성 안의 유사성'(similarity in difference)을 추구하는 데이비드 트레이시 (David Tracy)의 탈근대적 해석학[32]과 일맥상통하는 바가 있다고 할 수 있다.

그러나 한 가지 기억할 것은 그 어떤 탁월한 방법론이라고 하더라도 그것이 진리로 가는 길을 보장할 수는 없다는 사실이다. 원효의 화쟁 논법은 모든 쟁론 상황에 적용하기만 하면 화쟁이 되는 논리 형식이나 방법론이 아니다. 그것은 고착화된 긍정과 부정의 경계선 안에 갇혀있는 방법론이 아니라 오히려 그 둘을 자유자재로 오가는 방법론이라고 할 수 있다.

주지하는 바와 같이 가다머는 『진리와 방법』[33]에서 '진리'와 '방법'을 양자택일의 관계로 설명하고, 인간을 진리로 인도하는 방법론이란 존재하지 않는다고 주장했다. 물론 진리와 방법은 서로 대립적이거나 상호 배타적인 관계에 있지 않다. 방법은 진리를 향해 나아가는데 유용한 도구가 될 수 있다. 리쾨르의 말을 빌리면, 이해(진리파악)는 설명(방법)의 우회로를 요청한다. "이해는 설명을 선행하며, 동반하며, 종결지으며, 포괄(envelop)한다. 반면, 설명은 이해를 분

---

32 David Tracy, *The Analogical Imagination: Christian Theology and the Culture of Pluralism* (New York: The Crossroad Publishing Company, 1987).

33 Hans-Georg Gadamer, *Truth and Method*, trans. & rev. by Joel Weinsheimer and Donald G. Marshall (New York/London: Continuum, 1989).

석적으로 전개(develop)한다."³⁴ 진리와 방법, 이해와 설명을 양자택일의 관계로 설정하는 것은 분명히 지나친 것이다.

그러나 그 어떤 탁월한 설명 방법도 진리에 대한 올바른 이해를 보장하지는 못한다. 기독교 신학의 관점에서 말하자면, 우리는 성령의 인도하심을 받아야 한다. 성령의 역사는 바람같이 자유로워서 그 어떤 방법론적 틀 안에 갇혀있거나 방법론적 도구에 의해 온전히 파악되지 않는다. "바람이 임의로 불매 네가 그 소리는 들어도 어디서 와서 어디로 가는지 알지 못하나니 성령으로 난 사람도 다 그러하니라"(요 3:8). 자신의 견해의 일리, 즉 부분적 타당성에 대한 확신과 아울러 그것에 사로잡히지 않는 무집착의 영성 없이 우리를 온전한 진리의 전체성으로 인도하는 길을 보장해 주는 방법론이란 존재하지 않는다. 그러므로 통전적인 해석학적 과업에는 무집착의 영성과 성령의 감동과 인도하심을 간구하는 기도가 꼭 필요하다.

---

34 Paul Ricoeur, "Explanation and Understanding," *The Philosophy of Paul Ricoeur: An Anthology of His Work*, ed. by Charles Reagan and David Stewart (Boston: Beacon Press, 1978), 165.

도의 신학 인식론

— 탈식민지화 시대의 글로벌 K-신학을 향하여

김흡영

(한국과학생명포럼 대표)

I. 서론: 한국의 신학적 식민주의와 도의 신학(Theodao)

1. 신학적 식민주의와 한국 기독교의 부상

현대 한국의 기독교 풍경은 서구 개신교 신학에 의해 주로 형성된 신학적 식민주의의 깊은 사례를 보여준다. 이 신학은 유럽 전통에 깊이 뿌리를 두고, 미국 선교사들의 노력으로 전파되어 한국 신학교에 심각한 영향을 미쳤으며, 토착 종교 및 문화적 맥락을 무시하고 더 보수적인 서구 신학적 틀을 지지한다. 서구에서는 전통적인 신학적 교리에 대한 신념이 약화되고 있는 가운데, 한국에서는 이러한 영향이 단지 지속될 뿐만 아니라 더욱 강화되었다. 예컨대, 정작 유럽의 본국에서는 잊히는 신학들이 한국에서는 카이퍼(Abraham

Kuyper) 연구 센터 설립 등을 통해 오히려 부활하고 있다.

1945년 이후 한국에서의 기독교 확산, 특히 복음주의적 근본주의의 급증은 외부 영향에 대한 적응과 저항의 복잡한 예이다. 일본 식민 통치로부터 해방된 직후인 이 시기는 냉전 시대 동안의 지정학적 변화로 인해 한국에서 서구 영향의 강화를 초래했다. 서구의 헤게모니는 단순히 문화적 강요의 지속이 아니라 한국 사회가 서구 종교 형태를 자신의 목적에 맞게 적응시킨 미묘한 형태의 이념적 교환으로 진화했다.

보수적 서구 가치관의 보루로 여겨지는 복음주의적 근본주의는 한국 사회에서 역설적인 역할을 했다. 한편으로는 일본 식민주의 이후 새로운 형태의 문화적 지배를 강화하며 서구 종교 헤게모니의 수용을 나타냈다. 다른 한편으로는 영적 및 문화적 저항의 도구를 제공했다. 한국 복음주의 운동은 근본주의의 구조와 열정을 활용하여 독특한 한국 기독교 정체성을 형성했을 뿐만 아니라 일본의 억압적인 식민 정책의 잔재에 저항하는 틀로 사용했다. 한국 기독교가 이러한 요소를 받아들이는 데 있어 활력은 수입된 신앙을 변형하여 민족적 복원력과 자율성의 강력한 상징으로 만드는 의도적인 행위를 강조했다.

2. 인식론적 학살(epistemicide)과 식민지화 이후 (post-colonization)의 정체성 형성

수용과 저항 사이의 이러한 복잡한 상호작용은 한국의 탈식민주의 인식론을 형성하는 데, 기독교의 역할을 이해하는 데 중추적인 역할을 한다. 복음주의 기독교의 열광적인 수용은 역설적이게도 다양한 형태의 헤게모니에 대한 복종의 행위이자 저항의 행위였다. 이처럼 1945년 이후 한국의 기독교화는 식민지화와 해방이라는 한국의 역사적 경험에 대응하여 일어난 광범위한 인식론적 변화를 상징한다.

일본 식민지화 이후의 기독교화를 통한 정체성 형성은 '인식론적 학살'(epistemicide)에 대한 담론에서 중요한 역할을 한다.[1] 이는 수입된 종교 이데올로기가 어떻게 국가 정체성을 재구성하는 데 이용되면서 한국의 토착적 인식론적 전통이 어떻게 외면되었는지를 보여준다. 그 결과 기존의 다원적 지적 전통이 일신론적 세계관의 압도적인 영향 아래 억압되는 일종의 인식론적 학살이 발생했다. 이러한 역동성을 이해하는 것은 한국의 토착적이고 소외된 지식 체계를 재통합하고 재평가함으로써 이러한 상처를 치유하고자 하는 도의 신학 인식론(Theodaoian Epistemology)의 더 넓은 서사 (Narrative)에 대한 필수적인 통찰력을 제공한다. 이 인식론은 인식론적 억압의 역사적이고 지속적인 영향을 인식하고 바로잡으면서 동시에 보다 총체적이고 상호 연결된 세계관을 복원하는 것을 옹호한다.

예를 들어, 이러한 형태의 인식론적 학살은 한국인의 정신적, 종교적, 지적 생활의 핵심 요소들, 이를테면 도(道), 기(氣), 태극(太極) 등을 체계적으로 해체하는 결과를 낳았다. 오늘날, 100년이

---

1 Boaventura de Sousa Santos, *Epistemologies of the South: Justice Against Epistemicide* (New York, 2014) 참조.

넘는 기간 동안 한국 신학교 내에서 서구 인식론을 위주로 한 억압적인 교육이 지속되면서, 대부분 다양한 전통적 지적, 영적 유산과 단절된 기독교 지도자의 세대가 등장했다. 아이러니하게도 이들은 이러한 신학적 식민지화를 영적 르네상스의 한 형태로 간주한다.

3. 도의 신학(Theodao): 토착 지식 체계의 재통합

본 논문은 도(道)의 신학이라는 관점에서 한국 신학을 근본적으로 재고할 것을 제안한다. 도의 신학은 동아시아의 핵심 개념인 도를 중심에 두고 현대 신학적 담론에 한국과 동아시아의 종교 문화와 신학적 자원을 재통합하여 이 풍부한 전통들에 대한 정교하고 포괄적인 이해를 회복하는 것을 목표로 한다.[2]

동아시아, 특히 한국의 다종교적 맥락에 익숙하지 않은 독자들을 위해 본 논문은 한국 군사독재 시대에 저명한 가톨릭 저항 시인이 설명한 '우금치현상'의 탐구를 통하여 글로벌 시대의 요구에 부응하는 독특한 한국적 인식론, 즉 K-인식론을 육성하는 도의 신학의 변혁적 가능성을 제시할 것이다.

---

2 김흡영, 『도의 신학』 (서울: 다산글방, 2000); 『도의 신학 II』 (서울: 동연, 2012); 『기독교 신학의 새길: 도의 신학』 (서울: 동연, 2022); Heup Young Kim, *A Theology of Dao* (Maryknoll: Orbis, 2017).

II. 우금치현상: 도의 신학 인식론의 우화

1. 자연적 복원력(resilience)과 기(氣)

산업 공해로 오염된 전라남도의 한 개울에서 비가 올 때 작은 붕어들이 거슬러 올라가는 현상은 불가능한 조건 속에서 자연의 복원력과 저항을 보여주는 생생한 은유이다. 이 자연현상은 한국 군사독재 시대에 저명한 저항 시인이었던 김지하(1944~2022) 시인의 사상에 중요한 변화를 불러일으켰다.[3] 자신의 정치적 신념 때문에 장기간 투옥을 견딘 후, 시인은 전라도의 작은 도시에 정착하여 비로 인해 오염된 강물의 변화를 목격하였다. 작은 붕어들이 거센 흐름을 거슬러 올라가는 생동력을 보고 그는 철학적 관점을 크게 바꾸었다. 이 자연의 복원력을 기(氣) 개념과 연결지었다. 동아시아 사상에서 '기'는 종종 '에너지' 또는 '호흡'으로 번역되며, 삶의 물질적 측면과 비물질적 측면을 모두 포함하고, 우주를 형성하는 음(陰)과 양(陽)의 두 특성이 끊임없이 상호작용 하는 것으로 이해된다.[4]

---

3 김지하, "우금치현상," 『생명』 (서울; 솔출판사, 1992), 188-192; 김흡영, 『도의 신학』, 343-355; 또한 Heup Young Kim, *A Theology of Dao*, 18-23.

4 기(氣)는 음(陰)과 양(陽)의 두 가지 정반대의 형태로 움직임을 가지며, 태극(太極) 안에서 서로 정반대지만 상호 보완적인 통일성을 형성한다.

2. 역사적 공명: 우금치 전투

김지하의 붕어의 복원력에 대한 성찰은 1894년 12월 동학 농민 운동 중 우금치 전투를 떠올리게 했다. 이 전투에서 민중은 강력한 일본과 조선 연합군에 맞서 싸웠다.[5] 이 역사적 사건은 도의 신학 인식론에서 우주의 조화와 복원력의 구현으로 해석되며, 자연 세계 의 형평을 이루는 패턴을 반영한다. 이러한 역사적 및 자연적 현상은 우주의 힘을 이해하고 조화를 이루는 것이 억압적 구조에 도전할 수 있도록 가장 소외된 공동체에도 힘을 실어줄 수 있음을 보여준다.

이 이야기는 단순한 역사적 회고를 넘어 자연 세계와 조화를 이루며 살아가는 것의 중요성을 강조하는 도의 신학의 생태 신학인 도의 생태학(Ecodao)을 암시한다.[6] 이 생태신학은 '기'의 지혜에 기반한 환경 생태계와의 상호 관계를 제안하며, 생명력을 유지하고 복원시키는 동적인 복원력을 옹호한다. 도에 대한 이러한 생태학적 해석은 환경과의 상호작용을 재평가하도록 촉구하며, '기'에 대한 더 깊은 이해가 보다 지속 가능하고 조화로운 생태적 실천을 촉진할 수 있음을 시사한다.[7]

---

5 한국어로 민중은 문자 그대로 '다수의 사람'을 의미하지만, 민중신학에서는 억압받고 착취당 하고 소외된 집단과 밀접한 관련이 있다. 민중신학은 김지하의 초기 사상에 큰 영향을 받았다.

6 Heup Young Kim, "Eco-Dao: An Ecological Theology of Dao," in *The Bloomsbury Handbook of Religion and Nature: The Elements*, eds. by Laura Hobgood and Whitney Bauman (London: Bloomsbury Academic, 2018), 99-108.

7 Heup Young Kim, "Theo-dao: Integrating Ecological Consciousness in Daoism, Confucianism, and Christian Theology," in *The Wiley Blackwell Companion to Religion and Ecology*, ed. by John Hart (Oxford: Wiley Blackwell, 2017), 104-114.

3. 인식론적 학살과 토착 지식의 재각성

김지하는 서구와 일본 식민주의가 한국의 인식론에 미친 영향을 신랄하게 성찰한다. 이를 암묵적인 탈식민지적 용어로 인식론적 학살, 즉 한국인과 동아시아인의 인식론적 틀을 체계적으로 지우고 억압한 것으로 규정한다. 자연계 붕어의 귀소본능에서 관찰되는 생태적 복원력을 동학 농민들의 우금치 전투에서 보여준 영적 복원력과 연결시킴으로써, 억압된 지식 체계의 재각성을 주장한다.[8] 그는 이러한 재각성을 '우금치현상'이라고 명명하며, 이는 민중의 억압된 정신적, 인식론적 에너지를 되찾고 활성화하기 위한 광범위한 우주적 운동이다.

민중의 자각된 집단적 신기가 자기들을 향해 쏟아져 내려오는 역사적 악마의 물줄기 속에서마저 그 역사의 근원적 신기와 일치하는, 그 기(氣)의 음양운동과 일치하려는 엄청난 우주적 운동이었던 것이다. 나는 이것을 두고 '우금치현상'이라고 정의한다.

> 아, 아. 1894년의 절정을 맞이한 우리 민중의 정신적 '기'와 신기는 서구나 일본의 잘못된 외래 사상에 의해 쫓겨나고, 소외되고, 뿌리 뽑히고, 억압받고, 치욕되고, 분열되고, 투옥되고, 무시되고, 파괴되고, 노예화되어 왔다. 지금 이 순간에도 거리에는 죽음의 깃발이 나부끼고 있다. 민중의 진정한 주체성을 찾아보는 사람은 거의 없다.[9]

---

8 Santos, *Epistemologies of the South*.
9 김지하, "우금치현상".

우금치현상은 도의 신학 인식론을 위한 설득력 있는 우화이며, 근본적인 우주 에너지와의 복원력을 통한 생태학적 및 신학적 갱신의 잠재력을 예시한다. 이러한 통찰은 한국과 동아시아의 전통적인 인식론적 통찰을 재검토하고 통합하여 현대의 신학적, 생태학적, 철학적 담론을 다루고 변화시켜야 한다는 시급한 필요성을 강조한다.

III. 기(氣)-인식론: 자연의 전복적 지혜

1. 비가 내린 하천과 생태계 재생

비에 씻긴 시냇물과 위로 거슬러 올라가는 붕어에 대한 이러한 관찰은 지배적인 기술관료적이고 산업화된 세계관에 도전할 뿐만 아니라 도의 신학의 기본 요소로 작용한다. 도가와 유가의 지혜를 통합한 도의 신학은 기(氣)-인식론과 함께 생태학적, 영적 갱신을 위한 풍부한 경로를 제공하여 자연 세계와의 더 깊은 연결을 촉진하고 현대 환경 문제에 대한 전체론적 접근 방식을 촉진한다.

2. 김지하의 패러다임 전환: '한'에서 기(氣)로

김지하의 우화는 그의 지적 여정에서 중요한 변화를 나타낸다. 그의 초기 작업은 조직적 억압과 고통에 대한 한민족에게 독특한 집합적 심신 경험인 '한' 개념에 중심을 두었다.[10] 그는 한에 근거한 일종의 의심의 해석학(hermeneutics of suspicion)을 발전시켰고, 그것을 변화를 위한 변혁의 힘이라고 주장했다. 이러한 관념은 민중신학의 형성에 큰 영향을 주었다. 그러나 이 우화는 도의 지혜에 대한 재발견과 '기'에 기반한 회복의 해석학(hermeneutics of retrieval)을 향해 나아가는 패러다임 전환을 의미한다. 이러한 변화는 한의 이원론적 틀에서 벗어나 음양의 상호 보완적이고 포용적이며 조화로운 세계관으로의 전환을 의미한다. 그의 깨달음은 생명을 불어넣는 힘의 원천, 즉 불가능한 상황 속에서도 상류를 향해 솟아오르는 붕어와 민중의 저항 모두에게 활기를 불어넣는 '기'의 실체를 인식하는 데서 비롯되었다.

'기'는 '에너지' 또는 '숨'(호흡)으로도 번역되며, 서양 전통의 프뉴마 개념과 유사하다. '기'는 모든 존재에 스며들어 있는 원초적인 생명력을 의미하며, 이는 다른 생태적, 영적 전통에서 가이아(Gaia) 또는 아니마 문디(anima mundi)의 개념과 공명한다. '기'는 모든 존재의 상호 연결성과 음양 에너지의 역동적인 상호작용을 인식하는 태극과 같은 전체론적이고 포괄적인 현실 이해를 구현한다.

3. 도의 신학과 인식론적 전환

'기'를 향한 이러한 인식론적 전환은 선형적 역사적 관점을 넘어 우주와 인간의 경험을 모두 아우르는 도의 광활한 우주적 지평으로

---

10 '한' 개념은 한국의 민중신학자들을 통해 널리 알려지게 되었다. 제1세대 주요 민중신학자 서남동(1918~1984)을 비롯하여 여러 민중신학자의 영향을 받았다.

의 패러다임 전환을 의미한다. 김지하는 역사에 대한 일종의 도의
신학적 해석을 제시한다. '기'의 흐름을 개인의 삶과 전 지구적 사건의
근본적인 맥박임을 깨닫고, 사납게 흐르는 시냇물 속에서 음과 양의
흐름이 끊임없이 조화를 이루며 밀고 당기는 이 우주적 춤의 축소판
을 보았다.

이 재발견의 여정에서 우금치현상은 전복적인 춤을 추며 끊임없
이 변화하는 존재의 직조(Tapestry) 속에서 번성하기 위한 지침이
되는 강력한 은유가 된다. 강물의 흐름에서 김지하는 음과 양의
양방향으로 움직이는 '기'의 역동적인 운동을 파악한다. 물의 양
기운은 아래로 흐르지만, 동시에 음 기운은 위로 흐른다. 이처럼
상반되면서도 상호 보완적인 힘, 즉 급류의 힘찬 하강과 붕어가
위쪽으로 솟아오르는 역류의 힘을 관찰하면서, '기'의 흐름과 역사에
관한 새로운 각성을 하게 된다.

김지하는 순전히 선형적인 역사관을 거부하고 '들어오고 나가는'
그리고 '질과 양의 수렴 · 발산 운동을 통해 '기'가 동시에 움직인다고
강조한다. 물고기가 흐름을 거스르는 것처럼 역사는 단순히 앞으로
나아가는 것보다 밀물과 썰물처럼 율동적으로 끊임없이 근원으로
돌아가는 운동이라고 본다. 그는 서구적 경향인 분류와 구분을 거부
하고 발전과 퇴보, 수렴과 발산의 역설적 통일을 받아들일 것을
촉구한다.

'기'에 대한 김지하의 혁신적인 인식론은 서양의 이원론적이고
분석적인 접근법에 비해 참신하고 전체론적인 관점을 제공한다.
그는 '기'를 원초적 권능의 근원이자 매개체로 간주하며, 단순히
해석할 개념이 아니라 우리를 자연과 서로를 연결하는 활기찬 생명

력으로 인식한다. 이러한 이해는 성경의 프뉴마(성령)라는 개념과 공명하며, 민중의 저항과 붕어의 도전적인 상승 모두에서 나타나는 생명력의 근원을 밝힌다.

이러한 '기' 인식론은 혁신적인 도의 신학(Theodao)과 도의 생태학(Ecodao)을 위한 길을 열어준다. '기'의 지혜에 뿌리를 둔 이 접근법은 서양의 이원론과 역사주의의 함정을 초월하여 분열과 범주화가 아닌 '기'의 음양 흐름과 조화로운 자연의 춤을 포용함으로써 생태 · 사회경제적 불의를 해결할 길을 제시한다. 동시에 자연과의 관계를 존중하고, 상호 의존하며, '기'의 음양적 조화로운 흐름에 적합한 패러다임으로 재구성할 것을 촉구한다.

> 도의 신학은 이러한 '기'의 역동적인 현상학에 바탕을 두고 하늘과 인간과 우주, 즉 천지인(天地人)의 심오한 합일을 포괄하는 '기'-인간-우주적 사상으로 확장한다. 이 기-인간-우주적 인식론은 인간과 우주의 유기적 통합을 신봉하는 신유학 인식론과 깊이 공명한다. 도의 신학은 이 사상을 더욱 풍부하게 하여 '기'의 끊임없는 춤에 의해 조율된 인간과 우주 간의 영적 교제를 제안한다.[11]

이러한 패러다임은 음양의 상관관계, 『역경』(易經)의 우주관, 신유학적 세계관의 요소를 바탕으로 생태학적, 포스트모던적 도전과 씨름하는 신학과 종교 전통에 활력을 불어넣을 수 있는 엄청난 잠재력을 가지고 있다. 또한 '인류세'(Anthropocene)라고도 불리는

---

11 Kim, "Eco-dao," 104-105.

복잡한 혼돈의 시대에 직면하여 분열되고 파편화된 현대 기독교 신학을 치유하고 활력을 불어넣으며 보존할 수 있는 강력한 자원을 제공한다.

우금치현상은 '기'의 변혁적 시각에 대한 심오한 증거이다. 이는 '기'가 어떻게 계약적 사회(societas)나 교제 기반 공동체(communitas)의 한계를 뛰어넘어 생명 네트워크 내에서 깊은 공생을 촉진하는지를 보여준다. 그러나 도의 신학이 온전히 꽃을 피우기 위해서는 순진한 이상주의와 개인주의적 신비주의의 함정을 넘어서야 한다. 대신, 착취된 생명과 자연에 대한 생태적-사회적-우주적 서사의 풍부한 은유적 직조를 포용해야 한다. 이 서사는 우리로 하여금 상호 연결성의 복잡한 그물망 안에서 그들의 이야기를 표현하도록 촉구하며, 여기서 '기'의 영적 교감은 해방과 화해를 촉진하는 강력한 구원의 힘으로 등장한다.

우금치현상의 은유적 직조는 강물의 소용돌이에 맞서 싸우는 강인한 붕어와 전투에서 압도적인 역경에 맞서는 용감한 민중의 이야기를 엮어낸다. 이 은유적 직조는 '기'의 우주적 흐름에 맞추는 변화의 힘을 잘 보여준다. 이것은 모든 생명체의 심오한 상호 연결성과 집단적 권능 및 치유의 잠재력을 강조한다. 더욱이, 이것은 기존의 신학적, 생태학적 패러다임에 도전하며, 착취와 고통이 힘과 변혁의 원천으로 전환되는 우주에 대한 보다 포괄적이고 전체론적인 이해를 촉구한다.[12]

요컨대, '기' 인식론은 그 현상학에 의해 조명되며, 역경에 직면한

---

12 Kim, *A Theology of Dao*, 221.

삶의 복원력을 이해하기 위한 혁명적인 시각을 제공한다. 그것은 심오한 '기'-사회-우주적 서사를 강조하며, 우주 요소의 통일성과 생명 에너지의 조화로운 흐름과 깊이 연결된 변혁적 신학에 영감을 불어넣어 준다. 이 접근 방식은 생태-사회경제적 불의를 해결하고 우주에 대한 보다 총체적이고 상호 연결된 이해를 향한 길을 열어준다. 궁극적으로, 그것은 치유, 재생 그리고 '기'의 존재-우주적 맥박과 조화로운 춤으로의 참여를 초대한다.

IV. 태극(太極) 인식론과 존재
— 우주적 복원력 및 자연의 전복적인 춤

1. 태극의 개념

태극 개념은 도의 신학의 핵심 원리로, 우주 내에서 조화와 균형의 궁극적 상태를 상징한다. 도의 신학 인식론에서 제시되는 존재-우주 복원력은 단순한 생존을 넘어 존재의 역동적인 그물망 속에서 존재와 체계의 능동적이고 지속적인 적응을 의미한다. 이러한 복원력은 우주의 지속적인 변화 속에서 조화를 유지하는 데 필요하며, 생명 과정에서 균형과 유동성을 우선시하는 동아시아 지혜 전통을 구현한다.

2. 음양의 역동적 균형

도가와 신유학 사상에서 음(수용적, 여성적)과 양(활동적, 남성적)

에너지는 역동적 균형을 의미한다. 이 철학적 입장은 종종 이분법적으로 대립하는 서양의 이원론을 초월하여, 반대되는 요소들을 하나의 통합된 전체 내의 상호 보완적인 구성 요소로 본다. 이러한 통찰은 갈등과 이분법을 보다 깊은 조화와 균형을 위한 기회로 재해석하도록 격려한다.

신유학 사상가 주돈이(周敦頤, 1017~1073)는『태극도설』(太極圖說)에서 이 개념을 설득력 있게 설명한다. 주돈이는 음양의 지속적인 상호작용을 모든 존재의 근본적인 역동으로 설명한다:

태극은 활동을 통해 양(陽)을 생성한다. 활동(動)이 극에 이르면 고요(靜)해진다. 고요를 통해 태극은 음(陰)을 생성한다. 고요가 한계에 이르면 다시 활동이 시작된다. 그래서 움직임과 고요는 번갈아가며 서로의 근원이 되어 음과 양의 구별이 생기고, 두 양태가 이렇게 확립된다.[13]

이 설명은 우주 과정의 본질적으로 순환적인 성질을 강조한다. 각 단계는 그에 상응하는 단계를 낳아 시간이 지남에 따라 시스템의 인내와 적응에 필수적인 지속적인 변화와 균형 상태를 보장한다.

3. 존재론적 복원력과 우금치현상

우금치현상과 태극 원리에서 얻은 통찰은 전통적인 환경주의를 초월하여 생명의 기원과 존재의 본질로의 더 깊은 우주적 귀환을

---

13 필자 번역. Wing-tsit Chan, trans., *A Source Book in Chinese Philosophy* (Princeton University Press, 1963), 463 참조.

제안한다. 이러한 신학적/철학적 탐구는 생명이 끊임없이 재생되고 갱신되는 근본적인 과정과 재연결을 촉구한다. 이러한 재조정은 존재-우주적 차원에서 회복력과 창조성을 증진시키며, 음과 양의 조화로운 상호작용에 의해 추진된다. 『도덕경』(道德經)은 이러한 철학적 통찰을 더욱 반영한다. 노자(老子)는 도의 상호작용을 통해 우주 창조를 설명한다:

도는 하나를 낳고, 하나는 둘을 낳고, 둘은 셋을 낳고, 셋은 만물을 낳는다. 만물은 음을 지니고 양을 포용하며, 기의 혼합을 통해 조화를 이룬다.[14]

'기'의 상호작용에 의해 촉진된 창조의 연쇄는 자연 질서 내의 본질적인 회복력과 창조적 잠재력을 강조한다. 이는 자연현상과 인간 노력 모두에서 관찰되는 회복력을 반영하며, 동적 균형 상태를 강조한다. 이는 소용돌이치는 물살을 거슬러 오르는 물고기와 민중의 저항과 같은 우금치현상의 변혁적 힘을 보여준다.

태극의 존재-우주적 춤을 수용함으로써, 우리는 이분법적 사고를 초월하고 더욱 전체론적인 복원력 이해를 수용할 수 있다. 태극 인식론을 통해 우금치현상은 이러한 변혁적 탐구의 강력한 은유가 되며, 조화로운 우주적 질서의 흐름에 맞추어 균형을 유지하고 균형을 잡아가는 지혜를 제공해 준다.

---

14 필자 번역. Chan, *A Source Book*, 160 참조.

4. 철학적, 신학적 함의

태극 인식론은 단순한 철학적 추상을 넘어 우주적 친밀감의 풍부한 은유적 직조를 엮어낸다. 신유학 사상가 장재(張載, 1022~1077)와 왕양명(王陽明, 1472~1529)은 이러한 상호 연결성을 명확히 제시하며, 서양의 배타적 인문주의에 비해 동아시아의 포괄적 인문주의를 제시한다. 장재의 『서명』(西銘)에서 이러한 깊은 생태적 감성이 드러난다.

하늘은 나의 아버지, 땅은 나의 어머니 그리고 나 같은 작은 존재조차도 그들 가운데 친밀한 자리를 찾는다. 따라서 우주를 채우는 것은 나의 몸으로 여기고, 우주를 섬기는 것은 나의 본성으로 여긴다. 모든 사람은 나의 형제자매이고, 모든 것은 나의 동료이다.[15]

왕양명은 '만물일체설'을 통해 이 통찰을 확장한다. 그는 대인(大人)은 하늘, 땅, 모든 존재를 하나의 몸, 우주적 가족으로 인식한다고 주장한다.

대인은 하늘, 땅, 모든 만물을 하나의 몸으로 여긴다. 그는 세상을 하나의 가족으로, 나라를 한 사람으로 여긴다. 물건을 나누고 자신과 다른 사람을 구별하는 자는 소인이다. 대인은 하늘, 땅, 만물을 하나의 몸으로 여기는 것은 의도적으로 그렇게 하려는 것이 아니라 그 마음의 자연스러운 본성 때문이다.[16]

---

15 필자 번역. Chan, *A Source Book*, 497 참조.
16 필자 번역. Chan Wing-tsit, trans., *Instructions for Practical Living and Other Neo-Confucian Writings* (New York, 1963), 272 참조.

흥미롭게도, 프란치스코 교황의 회칙 "찬미받으소서"에서 언급된 '삼위일체의 열쇠'는 이 사상과 공명한다.[17] 중국계 미국인 유학자 쳉충잉(成中英)은 삼위일체에 대한 유교–기독교적 해석을 제안하며, 하늘의 창조적 정신으로서 성부, 이상적인 인간으로서 성자, 땅의 수용적 공동정신으로서 성령을 설명한다. 그는 다음과 같이 제안했다:

> 하늘이 끊임없는 창조와 생명의 진화의 정신을 구현한다면, 땅은 사랑의 영원한 수용과 일관성을 구현하며, 인간은 이 둘의 조화로운 융합을 구현하고, 이는 사상, 감정, 행동에서 적절한 비율로 적용되어야 한다. 하늘은 창조성 및 발전의 우주론의 상징이며, 땅은 두 가지의 결합의 생태학의 상징이다. 이는 통합의 윤리학을 생성하고, 유교 현자는 하늘, 땅, 인간(天地人)의 삼위일체를 통해 우주론, 생태학, 윤리학의 통일을 구현한다.[18]

상류로 힘차게 거슬러 오르는 물고기에 대한 우금치현상은 이 존재론적 복원력의 춤을 강력하게 암시한다. 그것은 우리에게 인간 중심주의를 넘어서서 우주와의 상호 연결성을 포용하도록 도전한다. 우금치현상은 '기'의 조화로운 흐름에 맞춘 집단적 행동이 생명 그물 내에서 회복력과 갱신을 촉진할 수 있음을 보여준다.

---

17 Pope Francis(Jorge Mario Bergoglio), *Laudato si of the Holy Father on Care for Our Common Home* (Vatican, Encyclical Letter, 2017), 239.

18 Chung-ying Cheng, "The Trinity of Cosmology, Ecology, and Ethics in the Confucian Personhood," in *Confucianism and Ecology*, ed. by Mary Evelyn Tucker & John Berthrong (Harvard University Press, 1998), 211-236.

태극 원리를 수용함으로써 우리는 이분법적 사고를 초월하고, 조화와 균형을 촉진하는 방식으로 세상과의 상호작용을 심화할 수 있다. 우금치현상은 이러한 우주적 질서와의 잠재적인 조화를 상징하며, 우주적 복원력을 통해 조화를 이루고 지속 가능한 균형 있는 삶을 촉진한다. 이러한 철학적-신학적 접근은 우리의 이해를 풍부하게 할 뿐만 아니라 지혜와 균형을 갖춘 현대 생활의 복잡성을 탐색할 수 있는 도구를 제공한다.

V. 도(道)의 음(여성) 인식론과 전복적 귀환의 힘

1. 『도덕경』의 여성적 은유

『도덕경』에서 노자는 도를 연상시키는 여성적 은유를 사용하여 도를 매력적으로 묘사하며, 도를 단순히 수동적인 존재가 아니라 모든 창조의 역동적 원천으로 제시한다. 도를 '신비한 여성', 만물의 어머니, 존재의 뿌리이자 기초로 묘사하며, 그 역동적이고 생성적인 힘을 강조한다. 노자는 수용성과 개방성이라는 여성적 특성이 깃든 원초적 자연을 상징하는 조각되지 않은 블록과 같은 은유를 통해 여성성을 성별의 제약을 넘어 끌어올려 우주의 질서 속에서 여성의 본질적, 근본적, 생성적 특성을 강조한다.

골짜기의 여신은 죽지 않는다. 그것을 신비한 여성(玄牝)이라 부른다. 신비한 여성의 문은 천지 만물의 근원이라고 부른다(『도덕경』 6장).

여기서 여성성은 영원하고 근원적이고 생성적이고, 우리를 자연의 양육되는 자궁과의 상호 연결됨을 상기시킨다.

2. 음(陰)과 귀환의 원리

그레이엄(A. C. Graham)의 노자 문헌 분석에 따르면, 도의 세계관에서는 공(空), 수동성, 지혜와 같은 측면을 강조하는 음의 요소를 선호한다는 것이 드러난다. 이러한 특성은 약점으로 제시되는 것이 아니라 강력한 힘과 변형의 원천으로 제시되며, 서양 사상의 공격적이고 양 중심의 지배적인 패러다임에 도전하는 철학적 접근을 강조한다. 음의 힘에 대한 이러한 재평가는 공격적이고 양이 지배하는 서구 사상의 패러다임에 도전하는 더 광범위하고 포괄적인 인식론을 강조한다. 그러나 이것은 양을 깎아내리기 위해서가 아니라 오히려 양의 상호작용에 내재된 힘과 균형을 인식하는 것이다. 그레이엄이 지적하듯이, "노자의 전략은 긍정적인 것을 배제하는 것이 아니라 그 효과성이 궁극적으로 부정적인 것에 대한 순응에 달려 있다는 것을 보여주는 것이다."[19]

귀환의 원리는 동아시아 사상에서 회복력과 갱신을 이해하는 중요한 주제이며, 『도덕경』은 완전한 비움을 달성하고 고요함(靜)을 유지하는 것으로 설명한다. 이 사상은 창조에 대한 빈탕(太虛)으로의 순환을 상기시키며, 각 끝(極)은 새로운 시작이며 도의 영원하고

---

19 A. C. Graham, *Disputers of the Tao: Philosophical Argument in Ancient China* (La Salle: Open Open Court, 1989), 223.

재생적인 본성을 드러낸다. 이 개념은 우금치현상에서 상승하는 붕어가 보여주는 자연스러운 복원력에 반영되어 있으며, 어려운 상황이 어떻게 근본적인 원칙으로의 회귀, 음과 양의 역동적인 춤으로 이어질 수 있는지를 보여준다. 노자는 나약함과 비움의 역설적인 힘을 다음과 같이 표출한다:

완전한 비움을 달성하고 고요함을 유지하라. 모든 것은 존재하게 되고, 그로부터 그들의 귀환을 본다. 모든 것은 번성하지만, 각자는 자신의 근원으로 돌아간다. 근원으로의 귀환은 고요함을 의미한다. 이는 운명으로의 귀환(復命)이라 불린다. 운명으로의 귀환은 영원한 도라 불린다(『도덕경』 16장).

도에 대한 노자의 여성적 시각과 반전과 귀환 원리는 존재론적 우주의 복원력과 균형을 이해하는 데 강력한 해석 틀을 제공한다. '신비로운 여성' 현빈(玄牝)을 받아들이고, 음의 길을 소중히 여기며, 우리의 본래 상태로 돌아가는 변화의 힘을 인식함으로써, 우리는 새로운 지혜와 자연의 순환 리듬의 미묘한 힘에 대한 깊은 존경심으로 우주의 도전을 헤쳐 나갈 수 있다. 이 전복적인 귀환은 온전함을 되찾고, 조화를 촉진하며, 모든 것의 어머니인 도의 흐름에 우리 자신을 맞추는 여정이 된다.

3. 무위(無爲)와 여성적 힘

『도덕경』의 핵심에는 무위라는 독특한 개념이 있다. 베네딕도회 신비주의자 그리피스(Bede Griffiths)가 '비행동적 행위'(not-action action)라고 의역한 이 역설적 용어는 단순한 해석을 거부한다. 그것은 역동적이고 창조적인 수동성의 상태, 여성성의 본성으로서 생명을 잉태하기 위한 수용성의 상태를 의미한다. 그리피스는 무위에서 서구 종교 내의 지배적인 남성적 경향에 대한 결정적인 대척점을 보았다. 그는 무위를 여성의 원리와 연관 지어 그 수용성의 당위성을 강조했다.

이 수동성은 능동적인 수동성이며, 역동적이고 창조적인 수용성이며, 그로부터 모든 생명과 열매, 모든 생명과 친교가 자라난다. 오늘날 세계는 남성성을 보완하는 이러한 여성적 힘에 대한 감각을 회복할 필요가 있으며, 이러한 힘이 없다면 남성은 지배적이고 비생산적이고 파괴적인 존재가 될 것이다.[20]

무위에서 비움은 단순한 공허가 아니라 강력한 가능성의 공간으로 변모한다. 그리피스는 이 도가적 지혜를 일상의 예시들을 통해 아름답게 설명한다:

우리는 진흙으로 도자기를 만들지만, 그 유용성은 그 그릇 안의 빈 공간에 있다. 우리는 많은 스포크가 허브에 연결된 바퀴를 만들지만, 그것을 움직이게 하는 것은 허브의 빈 공간이다. 우리는 벽돌과 나무로 집을 짓지만, 그것을 살기 좋은 공간으로 만드는 것은 문과 창문의 빈 공간이다.[21]

이것은 골짜기, 계곡, 비움 등의 생생한 이미지들과 메아리를 이루며, 유연함이 힘과 변형의 원천이 되는 것을 묘사한다. 이는

---

20 Bede Griffiths, *Universal Wisdom. A Journey Through the Sacred Wisdom of the World* (San Francisco: Harper, 1994), 27.

21 *Ibid.*

진정한 힘이 강제적 조작이 아니라 우주의 자연스러운 흐름과 조화를 이루는 것에 있음을 상기시킨다. 이는 음과 양의 역동적인 상호작용에 의해 이루어지는 흐름이다.

4. 존재-우주적 복원력을 위한 음의 수용

『도덕경』은 그 여성적 원리의 미묘한 묘사를 통해 현대의 크고 복잡한 문명사적 도전에 직면하여 존재-우주적 복원력을 구축하는 데 귀중한 통찰을 제공한다. 존재의 수용적이고, 유연하며, 과소평가되는 양상을 수용함으로써 우리는 우주와의 조화로운 관계를 형성할 수 있다. 이 조화는 복원력의 초석이 되어, 우리를 역동적인 생명의 그물 내에서 적응하고, 진화하고, 번영하게 할 수 있다.

신성의 여성적 측면을 인식하라는 그리피스의 요청은 이러한 해석학적 각성 안에서 깊은 울림을 준다. 여성성과 관련된 보살핌, 생명 주기, 상호 연결된 특성을 포용하는 것은 신성에 대한 보다 전체적인 이해로 이어질 수 있으며, 결과적으로 모든 존재와 더 지속 가능하고 평화로운 공존으로 이어질 수 있다.

무위는 이러한 여성적(음) 원리의 강조와 함께 문화적, 종교적 경계를 초월한다. 우리 세계의 복잡성을 헤쳐 나갈 수 있는 강력한 비전을 제시하며, 진정한 힘은 수용성, 상호 연결성, 비움의 생성력에 대한 깊은 존중에 있음을 상기시켜 준다. 『도덕경』의 지혜와 무위의 변혁적인 가르침을 수용함으로써, 우리는 음과 양, 남성과 여성, 자연과 정신의 조화로운 상호작용에 의해 존재-우주적 복원력이 번성하는 미래를 기대할 수 있다. 이 각성은 보다 포용적이고 균형 잡힌 조화로운 세계를 추구하는 도의 신학의 추구와 일치한다.

VI. 결론: 탈식민지화 시대의 글로벌 K-신학으로서 도의 신학 인식론

1. 무엇이 도의 신학 인식론인가?

도의 신학 인식론(Theodaoian Epistemology)은 '신'(Theo)과 '도'(Dao)의 합성어에서 유래한 신조어로, 특히 도가 사상과 신유학의 통찰을 통합하여 지식과 존재를 이해하는 독특한 신학적 및 윤리적 관점을 내포한다.[22] 이 인식론은 우주를 이해하는 데 있어 보다 총체적이고 상호 연결된 유동적인 접근 방식을 옹호함으로써 지배적인 서구 중심적 패러다임을 지양한다. 그것은 조화, 균형 및 반대되는 것들의 갈등을 넘어 지속적인 상호작용을 강조하며, 모든 것이 상호 연결되어 있고 끊임없이 유동적이라는 도의 근본적인 지혜를 반영한다.

2. 도의 신학 인식론의 핵심 의도

1. 전체론적 통합(Holistic Integration): 도의 신학의 인식론은 서구 사상에서 흔히 볼 수 있는 이분법적 대립을 포월하여 영적, 물질적

---

[22] Heup Young Kim, "Theodaoian Epistemology in a Global Age of Decolonization," *Intercultural Theology* (ZMiss, 2024), 67-84. 이 글의 영어 원문은 여기에 수록되어 있다.

측면을 아우르는 통합적 시각을 촉진한다.

2. 다양성 존중(Respect for Plurality): 다양한 지식 체계를 존중하며, 특히 토착 및 주변화된 관점을 포함한 인식론적 다원성을 옹호하여 글로벌 지식 시스템을 풍요롭게 하고자 한다.

3. 인식론적 학살 치유(Healing Epistemicide): 전래, 수입된 서양의 지배적인 신학 전통에 의해 소외되고 말살된 토착 종교문화 서사와 지식 체계를 회복하고 활성화하는 것을 목표로 한다.

3. 글로벌 K-신학 작업과 향후 과제

한국에서 도의 신학적 인식론은 지배적인 서구적 기독교 담론에 의해 과소 평가되고 말살되어 온 유가, 도가 사상 등과 같은 한국의 전통적인 종교 및 철학적 지혜를 복구하고 재평가를 통해 해석학적 공간과 패러다임을 창출하고자 한다. 도의 신학은 이러한 요소들을 통합함으로써 한국 고유 사상들에 대한 인식론적 말살의 상처를 치유하고, 한국의 정체성과 영성에 대한 보다 섬세하고 포괄적인 이해를 담은 K-신학 확립과 발전에 기여하고자 한다.

나아가서 도의 신학 인식론은 세계적으로 지역화된 종교 및 철학적 통찰이 더 넓은 신학 및 윤리적 논의에 기여할 수 있는지에 대한 한 모델을 제공하고자 한다. 또한 지구촌의 지역 신학, 윤리, 철학들로 이루어진 인식론적 전통의 다양성을 인정하고 활용하는 보다 포괄적이고 조화로운 접근 방식을 고려할 것을 촉구한다. 이 모형은 서로 다른 지식 체계가 공존하고 서로를 풍요롭게 할 수 있는지에 대한 더 깊은 이해와 인식을 촉진하여 보다 탄력적이고 적응력이 뛰어난 글로벌 지적 생태계를 촉진한다.

결론적으로, 도의 신학의 인식론은 단순한 학문적 구성물이 아니라 신학, 윤리, 철학에 대한 보다 포괄적이고 총체적이며 조화로운 접근 방식을 수용하기 위한 행동을 촉구한다. 연구하고 실천하는 모든 사람의 다양한 인식론과 지식 체계가 그 가치를 인정받고 통합되는 지혜로 발전하는 글로벌 여정의 필수 구성 요소로서 감사하게 받아들여지는 미래를 지향한다.

탈-신학 시대의 K-신학
— '자연주의 유신론'을 중심으로

장왕식

(감리교신학대학교 명예교수)

I. 들어가는 말

최근 우리는 K-신학의 가능성에 대해 거론하기 시작했다. K-pop
이나 K-drama 등 K-culture의 인기에 고무되었기 때문이라 생각된
다. 그러나 논자는 K-신학의 가능성에 대해 모호한 발언을 한 적이
있다. 일단 K-신학의 미래가 부정적이라 주장했었다. 하지만 곧바로
K-신학에 가능성이 전혀 없는 것은 아니라고 결론을 맺은 바 있다.[1]
이 글 전반부에서 논자는 K-신학의 불가능성을 일단 재차 강조하면
서 시작하고자 한다. 현재의 신학적 상황은 온갖 불가능성으로 가득

---

[1] 장왕식, "K-신학의 불가능성을 넘어서-방법론적 소고," 『K-신학(Theology), 한국 신학의
부활』 (서울, 도서출판 동연, 2025), 115-153.

차 있기 때문이다. 물론 이런 불가능성의 상황은 비단 한국의 신학계만이 직면하고 있는 현실이 아니다. 이는 범세계적인 현상이며, 우리의 시대 자체가 탈-신학적이다. 따라서 K-신학의 전망 또한 밝지 않다.

인류가 탈-신학 시대에 접어든 이유를 알아보기 위해, 논자는 먼저 오늘날 신학이 처한 현주소에 대해 살펴본다. 이를 위해 '자연주의 유신론'을 도구로 삼아 논의를 진행하려 한다. 이 개념을 사용하면 현재 한국을 비롯해, 전 세계가 부딪히고 있는 탈-신학적 현상과 그 핵심 배경이 된 세속화의 내용을 쉽게 분석할 수 있다고 보기 때문이다.

논자는 먼저 탈근대주의, 포스트모더니즘, 포스트-휴머니즘 등 현대의 주요 사조들을 '자연주의'라는 개념 아래 통합할 수 있다고 생각한다. 논자에게, '자연주의' 개념은 오늘날 세속 지성인의 정신을 지배하는 대표적인 이념인 셈이다. 이때 만일 '자연주의'가 세속 지성인이 취하는 대표적 생각이라면, 우리는 이를 피하기보다는 오히려 적극적으로 마주하는 것이 올바른 접근이라고 논자는 믿는다. 그렇지 않으면 신학은 세상과 대화하기 힘들 것이기 때문이다. 따라서 세속의 도전인 자연주의를 정면으로 마주하되, 취할 것은 취하고 버릴 것은 버리는 자세를 택할 때 신학에 미래가 있다고 주장하고자 한다. 그리고 이런 한계 내에서 K-신학도 가능하다고 말하고자 한다.[2]

---

2 나는 한반도의 문화적 맥락 속에서 태어난 신학적 사유를 한국적 신학으로 명명한다. K-신학은 한국적 신학 중에서 범-세계적으로 인용되고 토론된 신학을 의미한다. 이런 점에서 민중신

다음으로 논자는 탈-신학적 상황을 만들어 낸 세속적 주장의 구체적인 내용을 살펴보려 한다. 특히 오늘날의 인문학적 주장은 양자역학 이론과 같은 자연과학적 사실에 근거하여 우연성, 무질서, 불확정성, 상대주의 등을 강조한다. 그런데 이는 신의 설계 아래 질서를 따라 창조되었다고 가르치던 전통적 기독교의 가르침과 충돌하며, 반종교적이고 탈신학적인 주장으로 쉽게 이어진다. 따라서 어떻게 자연주의가 탈-신학적 상황을 만들어 냈는지 살펴보는 것이 2절과 3절의 과제이다.

그러나 이와 같은 세속적 주장에 대한 설명만으로 우리가 인간존재와 문명의 진화를 충분히 이해할 수 있을까? 이 글은 그렇지 않다는 전제하에 의문을 제기한다. 즉, 자연주의가 세계를 해명하는 데 중요한 공헌을 했지만, 인간의 삶을 의미 있게 설명하기에는 불충분하다는 것이다. 인간이 다가올 미래의 문명 속에서 진정한 행복과 공동체적 번영을 누리기 위해서는 여전히 종교적 차원이 요청된다. 이 글이 '자연주의 유신론'이라는 개념을 통해 세속적 자연주의의 한계를 인정하면서도 동시에 그것을 넘어서는 초월적 차원과 종교적 언어의 필요성을 강조하려는 배경이 바로 여기에 있다. 따라서 논자는 자연주의의 특징을 살펴본 후, 그와 더불어 어떻게 유신론이 가능한지를 4절에서 주로 탐색할 것이다.

마지막으로, 논자는 한국적 신학이 어떻게 동아시아 사유 전통과의 접목을 통해 독창적인 형태를 획득할 수 있는지 보여주고자

학을 제외하고 아직 K-신학의 범주에 들어가는 신학을 찾기가 쉽지 않다. 하지만 민중신학 역시 40여 년 전에 잠시 K-신학의 한 사례를 대표했고, 사실상 현재는 잠잠한 상태다.

한다. 이를 통해 한국적 신학이 미래의 K-신학으로 어떻게 발전할 수 있을지 그 가능성을 모색할 것이다. 이 과정에서 기존 한국적 신학들의 문제점은 물론, 그것이 동아시아 자연주의 유신론을 통할 때 어떻게 도약할 수 있을지의 과제가 자연스럽게 드러날 것이다.

II. 한국적 신학의 현주소: 유신 진화론 vs. 지동설

1. '유신 진화론'과 한국교회의 현주소

진화론과 지동설은 직접적인 비교 대상이 아니다. 같은 자연과학 이론이라도 하나는 생물학이고 다른 하나는 천체물리학이라서 직접적 비교가 쉽지 않다. 그러나 전혀 불가능한 것은 아니다.

예를 들어, 진화론이나 지동설이나 모두 명백한 사실로 입증된 과학이라 모든 사람이 상식으로 받아들인다. 하지만 유독 일부 보수적 기독교인만 이 두 이론을 거부해 온 전력이 있다는 점에서 둘은 유사하다. 물론 진화론은 견고한 과학 이론이지만, 부분적으로는 여전히 가설에 의존하고 있다. 핵심 주장 중 일부가 아직 입증되지 않았기 때문이다. 하지만 많은 사람이 그것을 상식으로 받아들이는 이유는 대부분의 핵심 가설이 실제로 입증되어 과학적 사실의 반열에 올랐기 때문이다. 우리가 잘 아는 자연선택, 돌연변이, 공동 조상설 등의 이론이 그것이다.

오늘날 진화론은 지동설처럼 상식이 되었다. 그러하다면, 진화론을 부정하는 것은 중세의 오류를 반복하는 행위나 마찬가지라는 것을 잘 아는 일부 기독교인들은 왜 그토록 진화론을 거부하는가? 우리는 그 답을 잘 알고 있다. 진화론의 핵심 이론인 '우연' 개념이 쉽게 무신론으로 이어지면서 자신들의 신앙을 송두리째 흔들기 때문이다. 여기까지는 충분히 이해할 수 있다. 신에 대한 신앙이 과학 이론보다 중요하다고 여기는 사람들은 그럴 수도 있기 때문이다.

하지만 확고한 과학적 상식으로서의 진화론을 수용하면서 동시에 신에 대한 자신의 신앙을 여전히 유지할 수 있는 이론이 있다면 어떨까? 두 마리 토끼를 동시에 잡는 문제가 해결되지 않겠는가? '유신론적 진화론'(이하, 유신 진화론)이 그런 해결책 중 하나이다. 진화론을 부분적으로 수용하면서도 신을 믿는 신앙을 유지하겠다는 이론이기 때문이다. 이처럼 더 나은 선택지가 있음에도 일부 보수적 기독교인들이 여전히 진화론에 알레르기 반응을 보이는 것은 안타까운 일이다. 중세 기독교가 갔던 최악의 길을 재현하는 듯해 답답하기 때문이다.

이것이 바로 한국 기독교의 현주소이다. 세상 사람들이 기독교를 비상식적 주장을 일삼는 집단으로 취급하며 고립시키고 있는 작금의 현실이 여기서 비롯된다. 한국 기독교 내에서 최근 벌어진 '유신 진화론'에 대한 정죄 사태는 바로 이런 답답한 한국 신학의 현 상황을 적나라하게 보여주는 아주 좋은 사례이다.[3]

---

3 국내의 한 신학대학에서는 올해, 박 모 교수가 '유신 진화론'을 가르쳤다는 죄목으로 교수직에서 해임된 바 있다. '유신 진화론'이란, 진화론이 주장하는 과학적 설명을 수용하면서 동시에 진화의 과정 내에서 활동하는 신의 창조적 개입을 인정하는 신학으로서, 서구 신학계에서는 이미 잘 알려진 이론이다. 하지만 단지 이런 학설을 가르쳤다는 이유로 그 교수는 학교에 의해 교수직에서 해임되었다. 그러나 교육부는 교수 해임을 취소한 채 해당 교수의 복직을 명령했으며, 그 신학교가 속한 성결교 교단 역시 "이 사안은 신학적 견해 차이일 뿐, 이단성을

논자가 K-신학이 취할 미래의 대안으로 '자연주의 유신론'을 제시하고, 그 토론을 '유신 진화론'으로 시작하는 이유가 여기에 있다. 이런 답답한 상황을 타개하지 못한다면, K-신학의 미래는 요원할 수밖에 없다.

왜 K-신학의 정립 가능성이 쉽지 않은가? 교회의 견고한 저항이 바뀔 것 같지 않기 때문이다. 신학자들이 세속화를 말한 지 수십 년이 지났고, 세속의 사상은 21세기에 접어든 후 빠른 속도로 변하고 있다. 하지만 21세기가 시작된 이래 사반세기가 지난 지금도 한국 신학도는 여전히 20세기의 신학자들을 논한다. 새로운 신학이 나타나지 않고 있기 때문이다. 2000년 이후 판넨베르크나 몰트만처럼 세계적인 신학자로 불릴 만한 새로운 인물이 보이지 않는 것이 바로 탈-신학 시대라는 표현이 과장이 아님을 증명한다. 이것이 한국은 물론 세계 신학의 현주소이다.

그렇다면 어떻게 할 것인가? 전통 신학을 고수하거나, 새로운 신학을 가르치거나 둘 중 하나를 선택해야 한다. 대부분의 보수적 기독교인은 전자를 택할 것이지만, 다음 세대의 주인공인 MZ와 알파 세대를 위해서는 후자를 열심히 가르쳐야 할 것이다. 즉, 새로운 세대가 필요로 하는 인문학적 맥락에 어울리는 신학을 연구하고, 교회가 이에 맞게 자기 변혁을 꾀하도록 이끌어야 한다. 그래야 신학의 전망이 밝을 수 있고, 미래의 기독교에도 희망이 있다.

판단할 문제는 아니다"라고 결론을 내리며 사태를 종결시킨 바 있다.

2. 유신 진화론 사태의 교훈

논자가 이 절을 시작하면서, 올해 국내에서 벌어진 '유신 진화론' 사태를 꼭 집어 거론하는 이유가 있다. 새로운 도전에 직면한 오늘의 한국교회가 어떻게 신학적으로 대응해야 할지 매우 유익한 교훈을 주기 때문이다. 특히 전통을 고수하려는 보수적 기독교인과 새로운 학문에 개방적 자세를 취하려는 신학도가 어떤 식으로 조화할 수 있을지에 대한 이상적 사례를 제공하기 때문이다.

각주에서 밝혔듯, 유신 진화론 사태를 마무리 지으면서 해당 교단은 "…사안은 신학적 견해 차이일 뿐, 이단성을 판단할 문제는 아니다"라고 결론을 내렸다. 논자의 생각에 이는 새로운 신학을 놓고 기존 교단이 어떻게 결정하는 것이 이상적일지를 보여준 아주 모범적인 대처였다고 믿는다.

물론 유신 진화론이 전혀 문제가 없는 완벽한 학설은 아니다. 하지만 그것이 현대 과학에서 이미 상식으로 굳어진 진화론의 핵심 전제들을 수용하면서도, 동시에 하나님 신앙을 보존할 수 있는 이상 적인 학설 중 하나라는 사실은 틀림없다.

잘 알다시피, 신학에는 두 가지 기능이 있다. 변증과 비판의 기능이 그것이다. 변증 기능은 교회가 신앙을 유지하는 성역이라는 것을 알고 그것을 변호해 주는 것이다. 이를 통해 교회를 살리고, 그것에 의지해 교회가 사회를 교정하는 힘을 유지하도록 한다. 유신 론적 진화론은 유신론이므로 바로 이런 변증 기능을 무시하지 않으 려는 시도이다. 하지만 신학의 기능에는 또 다른 것이 있다. 자기 변혁을 위한 비판 기능이 그것이다. 언제나 세상에서는 새로운 학설이 떠오르며 그것을 따르는 세대가 등장한다. 교회는 이런 세대를 위해 낡은 교리와 제도를 바꾸기 위한 변혁을 시도할 수밖에 없다. 소위 패러다임 전환을 꾀할 수밖에 없다. 이는 어쩌면 교회가 과거에 지동설을 거부하면서 저질렀던 오류를 다시 반복하지 않기 위해서다.

물론 아직 한국 기독교는 이런 문제를 다루는 데 서투르다. 아니 비단 한국 기독교뿐만 아니라 세계의 모든 종교인은 자기 변혁에 서투르다. 그러나 교회가 자신을 개혁하는 것에 서투르면 그것의 미래는 암울하다. 어떤 집단이든 변화에 적응하기 위해서는 타협이 불가피하다. 이는 비단 정치에서뿐만 아니라 종교에서도 마찬가지다.

이번 유신 진화론 사태에서 성결교 교단 측이, 교단이 지향하는 전통적 교리와 새로운 신학이 상충할 때 생겨나는 문제를 해결하는 데 있어 매우 모범적인 사례를 남겼다고 말한 이유는 바로 여기에 있다. 해당 교단 지도자들도 교단 내 많은 교인이 진화론에 대해 매우 배타적이라는 사실을 잘 알고 있었을 것이다. 그러나 그들은 미래의 세대들에게는 새로운 신학이 필요하다는 점도 어렵지 않게 인지하고 있었을 것이다.

신학의 경우라 할지라도 어떤 경우엔 정치의 경우처럼 타협과 조화가 필요하다고 말한 것도 이런 배경에서다. 물론 전통적으로 기독교인들은 '타협'에 대해서 비판적인 자세를 유지해 왔다. '타협' 이라는 단어는 매우 부정적인 뉘앙스를 지닌 것으로 인식되었다. 하지만 신학사의 맥락 속에서 타협은 종종 불가피했으며, 때로는 창조적 도약의 계기가 되었다. 바울은 예수의 복음을 그리스 철학과 접목함으로써 기독교를 세계 종교로 확장할 토대를 마련하였다. 종교개혁은 중세적 세계관이 무너지고 근대적 이성이 부상하는 상황 속에서, 신학이 새로운 문명과 타협한 사건이었다. 이러한 역사적 전환의 순간마다 신학은 단순히 거부하거나 수세적으로 방어하기보다는, 대화를 통해 새로운 신학적 정체성을 형성해 왔다.

한국적 신학은 새로운 학문에 대해 자신을 개방할 수 있어야 한다. 그래야 탈-신학 시대라는 상황을 벗어날 수 있을 것이다. 유신 진화론 사태는 단순한 논쟁적 사건이 아니라 기독교 신학이 미래를 위해 얼마든지 전환할 수 있음을 보여주는 긍정적 징후이다.

그렇다면 여기서 우리에게 다음과 같은 질문이 제기된다. 오늘날의 세속 사회를 움직이는 새로운 혁명적 이론, 즉 근대의 '지동설'과 같은 역할을 하는 주장이 있다면 그것은 무엇일까? 세상의 모든 지식인은 익히 알고 있으나, 교회만 모르는 새로운 세속의 문법이 있다면 그것은 무엇인가? 도대체 세속의 어떤 문법에 교회가 무지했기에 교회가 사회에서 고립되면서, 탈-기독교와 탈-종교 시대가 가속화되고 있는가? 이하에서는 이 물음을 탐구한다.

III. 철학적 논리의 세속화와 탈-종교 시대

오늘의 시대가 탈종교 시대라는 것을 말하는 방법은 여러 가지가 있지만, 이하에서 논자는 새로운 철학과 그 근간이 되는 새로운 과학적 사실 중에서 상식의 반열에 오른 것만을 추려서 지적하고자 한다. 이는 I장에서 살펴본 '신학의 현주소'를 넘어, III장에서 다루게 될 주제로 이어지는 다리 역할을 하게 된다.

논자의 생각에 가장 중요한 개념은 '하나'(the one) 혹은 일자(一者)

의 해체이다. 미시물리학이 발전하면서 더 이상 쪼갤 수 없는 원자가 존재한다는 생각은 무너졌다. 원자는 여러 하부 미립자로, 미립자는 계속 또 다른 무엇으로 쪼개진다. 원자라는 하나 혹은 일자는 없고 다자만 존재한다. 오늘날에는 쿼크의 수준까지 분해되었지만, 그것 역시 다자로 존재하는 것으로 밝혀졌으며, 이는 과학이 발전하면서 미래에도 끝없이 계속될 것이다.[4]

문제는 일자가 다자로 이루어져 있다는 생각이 기독교 창조론을 위협한다는 점이다. 창조론의 핵심은 전체를 하나로 묶는 것이다. 세계가 아무리 다자일지라도 그것은 신의 섭리라는 법칙 아래에 묶인다. 그런 한도 내에서 신의 능력으로서의 전능성이 수호되기 때문이다. 그러나 일자는 없고 다자만이 있다는 생각은 세상에 아무리 다자가 많아도 한 분이신 신이 통일한다는 생각에 위협을 가한다. 이는 형이상학의 붕괴를 가져오며, 신학이라는 학문을 위협에 빠뜨린다. 세계가 한 분 하나님에 의해 창조되고 다스려진다는 믿음은 심각하게 손상된다.

잘 알다시피 이런 생각은 철학적으로 여러 방식으로 표현되었다. 소위 포스트모더니즘의 핵심으로 알려진 해체라는 개념이 대표적이며, 이는 다시 동일성의 해체, 주체의 해체, 질서의 붕괴로 이어지면서 정치철학과 운동에 자주 적용된다. 이런 움직임들은 아예 철학의 논리 자체를 바꾸어 놓았다. 우선 그리스 철학에서 출발해 서구

---

4 일자(the one)가 존재하지 않고 단지 다수성뿐이며, 일자는 단지 그렇게 셈해질 뿐이라는 주장은 바디우가 가장 강조하는 것이다. 바디우의 철학에 대한 소개서는 여럿이 있다. 나는 특히 다음을 참조했다. 알랭 바디오/박성훈·박영진 역, 『반철학자 비트겐슈타인』 (일산: 사월의 책, 2023).

학문의 정신을 2,000년 동안 지배해 왔던 동일률이 깨진다. 동일률이 깨지므로 배중률이 깨지고 그것이 다시 모순율을 깨뜨리는 것은 자연스러운 순서가 된다. 오늘날 각종 상대주의가 만연하며, 개인주의의 발달과 함께 개별적 차이가 강조되고, 나아가 집단 사이의 다원주의를 부르짖는 것도 여기에서 기인한다. 모순, 아이러니, 역설 등과 같은 논리와 그것에 근거한 무정부주의적/반체제적 아나키즘이 득세하는 것도 바로 이런 철학적 추세가 반영된 결과이다.

현대 세속 학문이 제시하는 이런 새로운 세계관은 전통적 기독교의 세계 이해와 근본적으로 상충한다. 기독교 신학은 하나님을 세계의 근원적 일자로 전제하면서, 동일성과 일관성 위에서 우주와 인간의 의미를 설명해 왔다. 창조주 하나님이 질서와 목적을 부여했다는 확신은 기독교 신학의 출발점이자 핵심 전제였다. 그러나 이미 말했듯이 현대 사유의 특징은 동일성의 해체와 다자성의 긍정에 있다. 오늘날의 철학과 과학은 동일률, 배중률, 모순율이라는 서구 형식 논리의 기초적 원리를 더 이상 절대적 기준으로 삼지 않는다. 오히려 이 원리들이 특정 상황에서만 유효하다는 것을 전제하면서, 모순과 역설의 공존, 상대성과 다원성을 용인한다. 심지어 어떤 의미에서 세계는 존재하지 않는다고도 주장한다.[5]

이제 세계는 하나의 일자(the One)로 환원되지 않으며, 다양한 가능성과 차이가 공존하는 장으로 이해된다. 이렇게 해체의 강조는 곧 일자와 신 중심적 세계관의 약화로 이어지며, 그 자리를 다자,

---

5 마르쿠스 가브리엘의 최근 저서는 이를 매우 호소력 있게 설명한다. 다음을 참조하라. 『왜 세계는 존재하지 않는가』(파주: 열린책들, 2018).

상대, 카오스가 대신한다. 그 결과 전통적 신학의 핵심 명제는 현대인에게 점점 더 낯설고 멀게 다가온다.

한마디로 전통적 기독교가 주장한 핵심적 신학, 즉 "삼라만상이 한 분 하나님 안에서 하나로 통일된다"라는 생각은 현대인에게는 너무 낯선 이야기가 되고 만다. 신학이 신을 강조하면 할수록 그것은 단지 사회적 강자의 권력을 강화하는 갑질과 억압의 구호일 뿐으로 몰아붙인다. 이렇게 오늘날 신학의 언어는 세속의 언어와 계속 충돌하며 갈등에 빠진다.

여기서 신학도들은 질문한다. 아무리 일자보다 다자, 절대보다 상대, 구성보다 해체, 질서보다 무질서 등의 개념이 강조될지라도 그것만으로는 사회가 지탱되기 어려운 것이 분명하지 않은가? 일자를 비롯해 질서 등이 강조되어야 인간 사회가 통합되고, 그래야 진보가 가능하지 않겠는가? 맞다. 우리는 둘 다 이야기해야 한다. 왜냐하면 두 가지 방식 모두 세계를 설명하는 타당성을 지니고 있기 때문이다. 그렇기에 학문이 되었고 추종자도 생겨난 것이다. 결국 철학이든 신학이든, 세속적 주장이든 종교적 주장이든, 그것이 하나의 학문인 이상 주요 목적은 세계를 자신의 관점에서 설명하는 것이다.

문제는 그런 관점들이 국지적이고 자신만의 특수한 상황의 산물이기에 언제나 편향될 수밖에 없다는 것이다. 따라서 자신의 관점에만 치중하며 어느 한 입장의 편을 들면서 지나치게 강조하는 태도는 위험하다.

물론 각각의 주장은 나름의 진리를 갖기에 그것을 주장하는 것까지는 문제가 없다. 또한 우리는 이런 관점에서 왜 종교인들이 세속의 언어와 문법에 저항하는지 이해할 수 있다. 신학이 의존하는 세계관은 창조와 섭리, 질서와 목적 등을 강조해 왔기에, 이와 다른 우연, 무질서, 다자성 등을 긍정하는 입장을 받아들이기 어려우며, 둘은 양립 불가능한 것으로 여길 수 있다. 하지만 한 입장이 자신의 제한된 관점에 갇혀서 편향성을 띨 수밖에 없는 것이라면, 이런 운명적 한계에서 벗어나지 않는 한 자신만의 세계에 고립될 것이다.

이런 이유로 오늘의 기독교 신학은 새로운 시대가 말하는 세속적 이야기를 단순히 무시할 수 없다. 세속의 세계관과 그것의 언어를 이해하지 못한다면, 그런 신학은 세계에서 단절되고 고립될 것이며, 종국에는 자신의 존재마저 부정당하게 될 것이다. 물론 새로운 신학을 형성한다는 것은 쉬운 일이 아니며, 시간이 걸리는 작업이다. 신학의 형성은 일부 신학자의 주장만으로 가능한 것이 아니라 그것을 이해하고 받아들이는 신도들의 적극적 수용이 동반되어야 하기 때문이다. 그들이 수용할 때까지 가능한 한 그들의 동의를 얻어낼 수 있는 이상적인 해결책을 개발해야 한다. 이 지점에서 II장의 논의는 자연스럽게 III장의 주제인 '자연주의와 탈-신학 시대'로 연결된다.

따라서 이하에서는 이제 본격적으로 신학적 문제에 대해 다루어 보자. 왜 탈-신학 시대가 도래하였는지를 자연주의와 씨름시키며 알아보자. 그 과정에서 우리는 자연주의에 대한 문제점을 지적할 것이며, 그 후 하나의 대안으로서 유신론이 어떤 방식으로 소개될 수 있을지 힌트를 얻을 수 있게 될 것이다.

IV. 신 없는 자연주의: 탈-신학 시대의 도래

1. 신 없는 자연주의란 무엇인가?

대부분의 기독교인에게 '탈-신학 시대'라는 말은 거슬린다. 오해를 없애기 위해, 논자는 이 말의 의미를 밝히는 것으로 시작하겠다. '탈-신학 시대의 도래'라는 말은 '신학'이 필요 없는 시대가 왔다는 뜻이 아니다. 오히려 열심히 신학을 할 수 있는 시대가 왔다는 의도를 역설적으로 표현한 면이 있다. 이 단어가 정확히 의미하는 바는, 오늘날 일부 기독교인과 신학도가 신봉하는 낡은 '신' 개념은 수명을 다했으므로, 새로운 의미의 '신'을 말하지 않으면 안 된다는 뜻이다.

탈-신학 시대가 도래했다는 것은 일차적으로 진화론을 포함한 각종 '자연주의'에 무지하거나, 그것에 무조건적인 거부 반응을 보이는 사람들이 의존하는 신의 시대가 끝났고, 그런 신에 대해 말하는 신학의 시대도 수명을 다했다는 의미이다. 그러나 이를 거꾸로 보면, 자연주의의 도전에 지혜롭게 대응하며 자기 변혁을 이룬다면 기독교는 새로운 신학적 르네상스를 맞이할 수도 있다. 그런 한도 내에서라면, 이 좁은 한반도에서도 얼마든지 세계적으로 인정받을 수 있는 신학이 가능하다.

'자연주의'는 그 뜻이 너무 다양하므로 이 글에서 논의할 자연주의의 내용을 다음과 같이 요약할 수 있다. 서구와 동양 모두 '자연주의'의 기치 아래 철학적 사유를 시작했다고 해도 과언이 아니다. 고대 그리스 철학에서 철학은 '자연'(physis)에 대한 탐구와 더불어 진행되었는데, 이는 '스스로 생산하고 생성한다'는 의미를 지녔다. 동아시아에서 '자연'(自然)은 '스스로(自) 그렇게 있음(然)'을 의미했다. 서양과 동양의 어휘 모두 현대 과학과 철학이 말하는 첨단의 세계관을 그대로 담고 있다. 즉, 우리의 우주는 '스스로 생성하고 스스로 질서를 형성'하는 세계로 존재하며, 그 안에서 발생하는 모든 사건은 자율적으로 생성된다는 것이다.

이런 세계관 속에서는 '자연스러움'이 우연과 우발성의 차원에서 이해된다. 그 어떤 외부에서 부여된 목적도 없이 스스로 조직되는 사건들로 가득 차 있다는 것이다. 한마디로, 무목적적인 우연 속에서 스스로 발생하는 사건들의 세계가 오늘날의 포스트모던, 포스트-휴머니즘적 세계의 모습이다. 따라서 자연주의가 강조하는 무목적성과 우발성은 유신론의 기본 구조와 정면으로 충돌한다. 자연주의자들은 우연과 우발성을 긍정적으로 받아들이며, 니체가 강조한 '아모르 파티'(amor fati), 즉 신 없이 무작위로 닥쳐오는 운명을 사랑하라고 외친다.[6] 이러한 자연주의의 무신론적 특징이 현대 지성인들의 생각을 지배하는 강력한 화두다.

'탈-신학 시대'라고 명명하는 것은 단순한 표현이 아니다. 그것은 유신론자가 마주하는 장벽이며, 이 때문에 신앙인들은 좌절하게 된다. 서구적 인간이 자신을 이해하며 발달해 온 역사는 자연주의적 견해를 강화하기 위한 역사였고, 인간은 자연주의라는 도구를 통해

---

6 들뢰즈의 철학이 우연, 우발, 운명 등에 대해 주장하는 것, 특히 니체의 영원회귀를 재해석하는 방식으로 설명하는 것은 김상범의 책에서 잘 서술되어 있다. 다음을 참고하라. 김상범, 『들뢰즈의 이념적 놀이』 (서울: 바른북스, 2023), 특히 처음 1장과 2장에서 이를 다룬다.

스스로 자연에서 기인한 인간임을 확인해 왔다. 결국 탈-신학 시대란, 인간이 더 이상 초월적 신에 의존하지 않고 자신의 자연적 기원을 스스로 직면해야만 하는 시대를 의미한다.

2. 탈인간 중심주의와 탈신학

자연주의가 역사적 배경 속에서 어떻게 지지받게 되었고, 인간이 자신을 전통과 다르게 이해하게 되었는지 살펴보고자 한다. 인간과 동물 그리고 인간과 기계 사이에 놓였던 건널 수 없는 다리가 무너지면서 자연주의가 강화되었고, 이는 최종적으로 탈인간 중심주의로 이어졌다는 것이 그 답이다.

자연주의에 대한 첫 번째 지원사격은 다윈의 진화론이 담당했다. 진화론은 인류에게 인간은 진정한 의미에서 자연의 연장이라는 '인간=자연'이라는 충격적인 깨달음을 선사했다. 진화론은 인간을 신의 특별한 창조물로 간주하지 않고, 자연적 진화 과정의 산물로 본다. 고대와 중세, 근대 초의 서구에서는 유신론적 기독교가 '하나님의 형상'(Imago Dei) 교리를 동원하여 인간만이 신적인 형상을 소유하며 동물과 질적으로 차이가 난다고 보았다. 동아시아에서도 유교의 군자나 불교의 불성 개념처럼 인간에게 다른 생명체와 구별되는 초월적 본질이 있다고 강조했다.

그러나 다윈의 진화론이 등장하면서 인간의 특권적 지위는 해체되었다. 인간은 본래 자연적 진화의 과정에서 생성되었으며, 따라서 본질상 동물과 다르지 않다. 현대 생물학은 인간과 침팬지의 염기서열이 98% 이상 일치한다는 사실을 지적하며, 이제 인간은 특별한 존재가

아니라 고도로 진화된 동물의 일종에 불과한 것으로 가르친다.[7]

이 논리를 철학적으로 심화시킨 인물이 질 들뢰즈(Gilles Deleuze)이다. 그는 전통 서구 형이상학의 '일자'(the One) 개념을 비판하며, 세상의 모든 존재자를 잠재적인 다수로 보았다. 그는 'n-1'이라는 개념을 종종 거론하는데, 그 개념은 다수로 이루어진 세계에서 통일자로서의 1(신적 일자)이 제거되었다는 뜻이다.[8] 세계와 자연은 더 이상 '하나에 귀속되는 다자'가 아니라 초월적 중심 없이 스스로 전개되는 다수가 펼쳐 내는 장이 되었다. 진화론이 인간과 자연의 단절을 해체했다면, 들뢰즈 철학은 일자와 다자의 위계를 무너뜨리며 인간 중심적 세계 이해를 붕괴시켰다. 결국 자연주의는 인간과 자연 사이의 단절을 해체하고, 모든 존재를 연속성과 다수성의 관점에서 재해석한다. 이것이 인간을 창조의 정점이자 구원의 중심으로 이해해 온 기독교 신학의 주장과 충돌하며, 종교적 언어의 설득력을 깎아내리는 것은 말할 것도 없다.

자연주의가 가져온 역사적 충격의 두 번째는 AI 기계론이다. 진화론이 인간과 자연의 생물학적 연속성을 강조했다면, AI 기계론은 인간과 기계의 기능적이고 연산적인 연속성을 강조한다. 즉, 진화론이 인간을 고등한 동물로 위치시켰듯이, AI는 인간을 고도화된 계산의 산물로서 동일한 선상에 두게 된다.[9]

---

7 진화론을 최근의 현대 철학과 접목해서 설명하는 가장 좋은 국내의 학자는 최종덕이다. 최종덕의 다음의 책을 보라.『생물철학』(파주: 생각의 힘, 2015), 비-목적론은 이 책의 2장에서, 자기-조직화와 발생론은 주로 4장에서 다룬다.

8 "리좀은 n차원에서, 주체도 대상도 없이 고른 판 위에서 펼쳐질 수 있는 선형적 다양체들을 구성하는데, 그 다양체로부터는 언제나 하나, the One이 빼내진다(n-1)." 이는 김재인이 번역한 질 들뢰즈의 다음의 책에서 직접 인용한 것이다.『천개의 고원』(서울: 새물결, 2001), 47.

기계론은 서구에서 오래전부터 존재했지만, 20세기 이후 나타난 뇌과학과 인지과학은 인간의 사고와 감정이 물리적인 연산 과정으로 환원될 수 있다고 주장한다. 오늘날의 생성형 AI는 인간의 고유 영역이라 여겨졌던 창조 활동이 기계에 의해서도 얼마든지 가능함을 드러내기 시작했다. 논자는 이런 원칙이 AI와 신학의 관계에도 적용될 수 있다고 본다. 이제 'AI 신학'이라는 표현까지 가능한 시대가 도래할지 모른다. AI가 우리에게 잊어버린 지식을 회복하게 해주고 덧붙여 새로운 정보를 제공하게 되면, 이는 결국 우리의 학문마저 AI에 의존된 기계적 계산의 부분적 산물이 되도록 만들 것이다.

어떤 학자들은 인간의 창의력과 상상력은 두뇌라는 '상자'를 초월하는 것이라 주장하지만, 이 구분은 유지되기 쉽지 않다. 왜냐하면 인간의 사고와 창의성조차 결국 상자 안에서 이루어지는 '복잡한 연산 과정'으로 이해될 수 있기 때문이다. AI 바둑 프로그램인 알파고가 인간 고수를 압도했듯, 최고 수준의 기사들조차 AI의 조언을 학습하지 않고는 실력을 유지하기 어려운 최근의 상황이 이를 잘 보여준다.

이처럼 인간의 신학적 발언조차 AI의 알고리즘이 토해내는 내용으로 대체될 수 있다면, 신학과 AI 사이에 질적 격차가 있다고 보기는 어렵다. 결국 양자의 차이는 전적으로 같지는 않지만, 매우 비슷해질 것이다. AI는 단순한 도구가 아니라 대리자, 나아가 '반려

---

9 대니얼 데닛에 따르면, 인간 의식을 뇌의 연산 과정으로 환원하는 것이 가능하다고 주장한다. 이로써 그는 인간과 AI의 본질적 차이를 부정했다. 유발 하라리는 국제적으로 명성을 얻은 그의 저서 『호모 데우스』에서 인간중심주의의 종말과 데이터 기반 세계관의 부상을 예견하고 있다. 특히 이 책의 449-450에는 인간과 알고리즘의 관계를 잘 요약하고 있다.

기계'로 기능하며 인간의 사유와 긴밀히 얽히게 될 것이다. 이전의 자연주의가 인간과 자연의 생물학적 연속성으로 인간의 특권을 무너뜨렸다면, 오늘의 자연주의는 인간과 기계의 기능적 연속성을 강조하고, 동시에 새로운 인간론을 제시하며 신학의 마지막 방어선을 부수고 있는 셈이다.

기독교를 비롯한 대부분의 종교는 인간의 특권적 지위를 전제로 발달해 왔다. 인간만이 신의 형상을 따라 창조되었고, 영혼을 지녔으며, 구원의 대상이라는 믿음이 그것이다. 그러나 이미 보았듯이, 자연주의는 자연과 인간 사이의 격차를 없애거나 역전시켰다. 만일 인간이 자연과 연속적이고, 기계와도 연속적이라면, 인간 중심의 구원론과 형이상학적인 영혼의 개념은 설득력을 잃게 된다. 나아가 신학이 인간의 특권을 더 이상 뒷받침하지 못하게 되면서, 세속의 눈으로 볼 때 신학은 자연과 우주에 대해 편협한 시각을 갖는 이론 체계로 보이게 된다.

여기서 중요한 물음이 제기된다. 만일 이런 이유와 배경 때문에 탈–신학 시대가 불가피하다면, 신학은 과연 어떤 식으로 자기 변신을 꾀해야 할까? 그것은 어떻게 새로운 방식으로 다시 태어나 여전히 종교적 영향력을 지닐 수 있을까?

V. 신 있는 자연주의: 세속적 자연주의를 넘어서

자연주의가 언제나 무신론적 결론에 도달하는 것은 아니다. 자연주의는 신 없는 세계관을 강화할 수도 있지만, 동시에 신 있는 자연주의로 전환될 수도 있다. 이하에서는 그 가능성을 탐구하고자 한다.

먼저, 어떤 측면에서 자연주의가 무신론으로 기울어지는지 정리하자. 이를 위해 논자는 스티븐 샤비로(Steven Shaviro)의 논문 "22 Theses on Nature"에 주목한다.[10] 이 글은 자연주의적 사고의 급진성과 정교함을 잘 보여주는 대표적 텍스트다. 지면의 한계로 모든 테제를 다 다룰 수는 없으나, 공통된 전제를 뽑아낼 수는 있다. 그것은 곧 "자연은 스스로 충분하다"라는 확신이다. 다시 말해, 우주를 설명하기 위해 더 이상 초월적 존재인 신을 호출할 필요가 없다는 것이다.

샤비로에 따르면 자연은 우연과 우발성의 연속이다. 우주는 필연적 목적에 의해 결정되지 않고, 언제나 개방되어 있으며, 따라서 예측 불가능하다. 이러한 불가능성은 단순히 인간 인식의 한계 때문이 아니라 자연 자체의 본성에 기초한다. 양자 요동, 불확정성 원리, 비선형 동역학 등 현대 물리학의 성과는 세계가 근본적으로 불확실성과 우발성 속에서 구성됨을 보여준다. 따라서 전통 유신론이 강조하던 궁극적 목적이나 최종 원인은 불필요하다.

이러한 이해에서 자연은 철저히 비-목적론적이다. 외부 설계자가 목적을 부여하는 것이 아니라 자연은 자기 내부의 에너지 흐름과 정보 교환을 통해 스스로 구조를 형성한다. 생물학적 단계에서도 세포 분화와 생태계의 균형은 외부 명령이 아니라 자기-조직화의

---

10 샤비로의 논문은 우리나라에서 최근 번역된 그의 저서에 부록으로 실려 있기도 하다. 안호성이 번역한, 『탈인지』의 부록을 보라.

결과다.[11]

여기서 자연은 유물론적으로 해석된다. 그러나 이는 단순히 '모든 것이 물질'이라는 유치한 유물론이 아니다.[12] 오히려 물질이 에너지와 정보의 흐름으로 이해되는 현대 과학의 관점에서, 자연은 자기-충족적이라는 의미에서 유물론적이다. 이 지점에서 창조주는 불필요한 가설로 전락한다. 따라서 샤비로의 자연은 신 없는 자연주의로 규정된다.

이제까지 우리는 자연주의가 어떻게 세속적 유물론과 만났는지 보았다. 하지만 이 지점에서 우리는 몇 가지 질문을 제기하지 않을 수 없다. 정말 우리의 세계는 이런 식의 자연주의적 해석으로만 설명되는가? 그것으로 충분한가? 무엇인가 부족한 것이 있지 않은가? 예를 들어, 다음과 같은 질문에 세속의 자연주의자는 어떻게 답변할 것인가?

즉, 만일 자연이 무한히 개방된 과정이라면, 어떻게 질서와 의미가 발생하는가? 엔트로피 증가 법칙이 지배하는 무질서한 세계에서

---

11 시몽동(Simondon)은 어떤 존재가 개체화될 때조차 저절로 그렇게 됨을 과학적으로 설명하고 있다. 따라서 그의 이론 역시 사물의 '자기-조직적' 성격을 강조하는 셈이다. 시몽동의 사상을 잘 요약한 국내의 저서는 황수영의 다음 책을 보라. 『시몽동의 개체화 이론의 이해』 (서울: 그린비, 2017).

12 이것이 바로 최근 신유물론이 인기를 끄는 이유다. 신유물론에 대해서는 주로 그레이엄 하먼, 퀭탱 메이야수 등이 '사변적 실재론'의 이름으로도 다루어 왔다. 국내에는 그들의 저서가 많이 나와 있다. 신유물론에 대해서는 스티븐 샤비로의 다른 책도 보라. 예를 들어, 이문교가 번역한 『기준 없이』와 김효진이 번역한 『사물들의 우주』을 보라. 여기서 샤비로는 화이트헤드와 들뢰즈 그리고 그레이엄 하먼 등의 실재론이 어떻게 신유물론적인지 보여주고 있다. 이 두 개의 저서 모두 갈무리에서 출판되었는데, '도서출판 갈무리'는 신유물론을 소개하는 사명을 가진 대표적인 국내 출판사 중 하나로서, 그 주제와 관련된 여러 저서를 발견할 수 있다.

어떻게 복잡성과 질서가 새로 탄생하는가? 샤비로는 이를 '자기-조직화'로 설명하지만, 이는 현상을 기술하는 것일 뿐, 왜 그런지에 대한 궁극적 이유를 제시하지 못한다. 따라서 '어떻게'라는 질문에는 답이 될 수 있지만, '왜'라는 질문에는 미흡하다.

또한 만일 가치와 의미를 사건들이 우연히 만들어 내는 것이라면, 왜 인간은 선과 악, 정의와 불의를 규범적이고 명령적인 차원에서 구분하며 살아가는가? 그저 우연적 사건이 지배하는 세상에서, 무슨 근거로 히틀러를 악하다 정죄할 수 있는가? 모든 일이 그저 사건의 결과물이라면 이러한 규범적 요구는 설명되기 어렵다. 사회는 단순한 우연의 축적만으로는 지속될 수 없으며, 공동체의 유지에는 언제나 절대적 규범의 요청이 뒤따른다. 따라서 자연주의는 현상 설명에는 능하지만, 실천적·윤리적 차원에서는 결핍을 드러낸다.

이 지점에서 자연주의는 유신론적 해석을 요청한다. 자연 속에서 차이와 새로움이 발생하는 현상을 보며 그것을 단순히 '자연'이라고 부를 수도 있지만, 동시에 그것을 신적 차원에서 이해할 수도 있다. 어떤 경우에는 후자가 더 설득력 있고 실천적으로 유용하다. 예컨대 인간이 경험하는 윤리적 의무와 궁극적 가치의 체험은 단순한 물리적 사건의 발생만으로는 설명되지 않는다. 그것은 초월적 근거를 요청하며, 이 초월성이 바로 신 있는 자연주의가 호소력을 가지는 지점이다.

이렇게 본다면, 샤비로의 테제도 이중적 해석이 가능하다. 한편으로는 신을 제거한 급진적 자연주의를 보여주지만, 다른 한편으로는 그 급진성이 지나치게 자기-충족적이어서 논리적 설명의 한계를 드러낸다. 바로 이때 그런 한계는 유신론적 해석의 필요성을 부각시킨다. 결국 신 없는 자연주의는 스스로를 완결된 설명 체계로 제시하지만, 그 체계 안에서조차 새로운 해석의 문을 열어젖히게 되는 것이다.

정리해 보자. 자연주의와 유신론은 무조건 대립하거나 배타적인 관계가 아니다. 자연주의는 신을 배제하려 하지만, 그 자체의 불충분성 때문에 오히려 새로운 신개념을 요청한다. 샤비로가 묘사하는 무한히 개방된 자연을 가치와 의미의 과정으로 이해하려는 순간, 우리는 필연적으로 유신론적 해석을 도입하게 된다. 따라서 자연주의와 유신론은 대립적이면서도 상보적이다. 자연주의가 우발성과 자기-조직화를 드러낸다면, 유신론은 그것이 단순한 무작위가 아니라 창조적 가치와 의미로 향하는 근거를 제시한다. 이제 다음 장에서는, '신 있는' 자연주의의 특징과 장점을 검토하고, 이를 토대로 한국적 신학이 K-신학으로 발전할 가능성을 논의하고자 한다.

VI. K-신학의 일리(一理) : 자연주의 유신론

1. 어떻게 한국적 신학이 K-신학이 될 수 있을까?

기독교 신학이 서구에서 수입된 이래, 한국의 신학계는 주로 서구 신학의 아류였다. 하지만 토착화신학, 민중신학이라는 이름으로 서구 신학의 지배에서 벗어나 한국 고유의 색깔을 띤 신학을 형성하려는 여러 시도가 있었다. 한국의 특수한 토양에 맞는 한국적 기독교가 한국인에게 더욱 큰 호소력을 지닐 수 있다는 생각에서다.

이제 우리는 K-신학을 꿈꾼다. 그 토대는 '신 있는 자연주의'이다. 그렇다면 이에 근거할 때, 과연 한국적 신학은 K-신학이 될 수 있을까? 한국적인 것이 세계적이라는 말이 신학에서도 통용될 수 있을까? 그러나 이 질문 앞에서 의심스러운 태도로 고개를 젓는 이가 많을 수 있다. 한국적 신학은 매우 국지적인 특수성의 산물인데, 그것이 전 세계적으로 인정받을 수 있을지가 관건이기 때문이다. 정말 신학도 한국의 드라마나 화장품처럼 'K'라는 레이블을 달고 범세계적 수준으로 도약할 수 있을까?

이제까지 많은 한국적 신학이 탄생했음에도 솔직히 세계적 보편성을 획득하는 데는 거의 실패했다. 여러 이유가 있겠지만, 가장 큰 이유는 한국적 신학이 아직 그럴 준비가 되지 못했기 때문이다. 서구 신학에 대한 의존성이 너무 컸기에 그저 수입하는 것에 집중했고, 우리만의 독특하면서도 범세계적인 참신한 신학을 생산하는 데는 부족했다. 이는 어쩌면 당연한 결과다. 여기서 말하는 격차는 단순한 '수준'만이 아니라 언어 및 개념 그리고 철학의 체계적 차원에서 나타나는 격차다. 신학 자체가 서구의 언어와 개념에 의지해 쓰인 것이라, 그것부터 익숙해지고 넘어서야 했다. 그렇지 않으면 세계인에게 이해되기 어렵고, 결과적으로 영향력도 없었을 것이다.

물론 한국은 동아시아라는 풍부한 지적 자산을 든든한 배경으로 하고 있다. 그러나 동아시아의 종교와 철학을 서구인이 소화할 수 있는 개념적 도구로 번역하고 정식화하는 데는 부족했다. 서구 신학은 철학에, 철학은 다시 자연과학에 의존하며 개념의 정밀함과 객관성을 계속 강화해 왔지만, 동아시아 종교학은 철학적 자원은 풍부해도 그것을 세련된 과학적 언어로 입증하는 데 서툴렀다. 따라서 한국적 신학이 세계화되기 어려운 핵심 원인 가운데 하나는 과학적 기반과 논리적 엄밀성의 결여에 있다.

말하자면, 서구 철학과 신학이 세계적 담론이 된 것은, 그들의 본질적 우월성 때문이 아니라 과학혁명에 따른 패러다임 전환 덕분이었다고 보는 것이 타당하다. 뉴턴과 아인슈타인은 자연과학에 근거한 새로운 세계관을 제시함으로써 대부분의 사람이 활용하는 보편적 사상의 지위를 얻었다. 반면 동양에는 그에 상응하는 과학적 성과가 드물었다. 따라서 한국적 신학이 세계로 뻗어 나가려면, 단순히 특수성을 강조하는 수준을 넘어, 보편성과 접속할 수 있는 통로를 스스로 열어야 한다.

이 지점에서 K-신학을 꿈꾸는 한국적 신학은 K-팝이나 K-문화가 세계적으로 자리 잡은 과정을 반추할 필요가 있다. K-문화는 한국적 특수성을 그대로 내세우기보다는, 그것을 세계적 보편성과 융합시킴으로써 새로운 문화적 상징으로 거듭났다. 다름을 고집하기보다, 다름과 같음을 역설적으로 융합함으로써 전 세계의 공감을 얻었다. 한국적 신학도 세계인이 주목하는 인문학 및 자연과학의 논의에 열린 태도로 참여해야 한다. 그렇지 않으면 토론에 끼기도, 매력적인 해법을 제시하기도 어렵다. 여기서 중요한 것은 단순한 수용이 아니라 세계와 대화하면서 한국적 사유가 가진 자원을 창조적으로 번역해 내는 것이다. 언어와 사고의 장벽을 넘어설 때, 비로소 한국적 신학은 'K-신학'으로 불릴 수 있다.

동시에 그것이 단순히 서구의 기술 과학 성과에 기반해 발달한 상업주의와 시장주의의 파도에 편승하는 것은 아닌지 하는 자기-비판적 질문을 늘 제기해야 한다. 서구의 인문학이나 과학이 반드시 모든 세계인에게 보편적으로 적용되어야 하는 무조건적 미덕의 학문은 아니기 때문이다. 잘 알다시피, 서구가 이룩한 대표적 문명 중 동아시아인에게 가장 부러움의 대상이었던 것은 근대의 기술 과학 문명이었다. 아마 이를 부정할 사람은 거의 없을 것이다. 하지만 그 문명마저 생태학적 위기의 주범일 수 있다는 것이 지적되면서 오늘날 많은 문제점을 지닌 것으로 판명되고 있지 않은가? 신학이 단순히 글로벌 자본주의 시장의 논리에 흡수될 때, 그것은 더 이상 신학일 수 없다. K-신학이 설득력을 가지려면 윤리적 비판성을 잃지 않아야 한다.

우리는 스스로에게 물어야 한다. 일부 유림이나 불교도처럼 한국 적 특수성을 절대화하며 자족하고 있지는 않은가? 다행히 최근에는 고유성을 보편적 목소리로 번역하려는 젊은 연구자들이 늘고 있다. 오늘날 한국의 유교와 불교 연구자의 흐름이 훈고학적 폐쇄성과 편향을 벗어나 세계와 소통하려는 움직임을 보이듯, K-신학 역시 같은 오류를 반복하지 말아야 한다. 한국적 신학은 좁은 국지성에 머물지 않고 자기-개방성을 유지할 때 보편성을 획득할 수 있다. 특수성에서 출발하되 보편성과의 역설적 결합을 통해 '특이한 신학' 으로 도약하는 것이다.

한국적 신학이 하나의 특수한 신학에서 보편성을 갖춘 특이한 신학이 되기 위해서는 한 가지가 더 추가되어야 한다. 사대주의적 태도에 근거한 자기-비하에서 벗어나는 것이다. 이미 밝혔듯이 하나 의 학문은, 그것이 비록 보편성을 인정받은 것이라 할지라도, 특수한 맥락의 산물이라는 필연적 한계를 벗어날 수 없다. 다시 말해, 이것은 뉴턴에게도 적용된다. 그는 근대 과학이라는 범세계적 보편과학을 만들어 냈지만, 그것 역시 국지적이고 제한된 진리라는 사실이 나중에 밝혀지지 않았는가? 이는 아인슈타인의 상대성이론에도 똑같이 적용된다. 훗날 어느 시점에는 그의 이론마저 더 나은 포괄적 이론에 의해 부분적으로 대체될 것이 틀림없다. 아무리 보편성을 인정받은 과학적 진리라 할지라도 그것은 그 당시 그 시대라는 국지적 맥락에 갇힌 진리일 뿐이기 때문이다.

물론 우리는 여기서 역발상을 통해 전혀 다른 주장을 펼칠 수도 있다. 하나의 진리가 맥락-의존적이고 국지적이라는 말은 그것이 그만큼 다른 것과 구별되고 특이하다는 말이기도 하다는 것이다.

다시 말해서, 한국적 신학은 비록 시공간의 특수성으로 인해 하나의 제한된 진리에 불과하지만, 역으로 이것은 타인들이 매력과 호소력을 느끼는 특이한 진리가 될 수도 있다. 맥락-의존성은 곧 특이성의 근거이기 때문이다. 물론 이는 먼저 자기 전통에 대한 자신감과 더불어 그에 맞는 일리 있는 바탕의 이론과 논리로 무장되어 있다는 전제하에서만 가능하다. 즉, 단지 하나의 진리에 불과하지만, 많은 이들이 매력과 호소력을 느끼는 특이한 진리 그리고 바로 이런 이유에서 꽤 일리 있다고 끄덕이게 할 수 있는 신학, 그것이 진정한 의미의 K-신학으로 도약할 수 있다.

2. 자연주의 유신론은 어떻게 가능한가?

자연주의 유신론은 동아시아가 가장 잘할 수 있으며, 많은 세계인이 일리 있고 특이하다고 평가할 만한 영역이다. 앞서 자연주의의 특징과 한계를 다루었으므로, 여기서는 그 한계를 보완하는 유신론적 접근이 왜 실천적으로도 유효하고 타당한지를 살펴본다.

자연주의의 핵심은 세계가 우연과 우발성의 원리에 따라 스스로 조직되고 끊임없이 창발한다는 주장이다. 외부 초월자의 의지와 목적에 의존하지 않고, 차이와 새로운 것이 목적 없이 산출된다. 논자는 이를 '세속적 자연주의' 혹은 신 없는 자연주의라 불렀다. 그리고 이 입장은 설명력은 높지만, 실천적이고 윤리적인 차원에서는 결핍을 드러낸다고 설명했다.

이를 가장 날카롭게 짚은 철학자가 임마누엘 칸트다. 예를 들어, "살인하지 말라"라는 명령이 있다고 하자. 이는 신학적으로는 신의 절대적 명령이고, 칸트의 표현으로는 정언명령이다. 상황에 좌우되지 않고, 무조건 예외 없이, 보편적으로 적용해 실천해야 하는 법칙이라는 뜻이다. 칸트가 이런 식으로 원칙주의자 발언을 하는 데에는 이유가 있다. 칸트가 볼 때, 우연과 우발의 법칙이 지배하고 질서보다 카오스가 더욱 우선적이라고 믿는 세계관에 기초한 자연주의는 결정적 순간에 혼란을 겪는 경우가 많다. 자연주의자에게 어떤 법칙은 필연적으로 옳거나 그르지 않다. 따라서 그들에게 "살인하지 말라"라는 법칙마저도 필연적으로 따라야 하는 명령이 아니며, 상황에 따라 선택할 수 있는 것이다. 한마디로 무분별하게 채택된 자연주의를 따르면, 인간은 얼마든지 사람을 살해할 수도 있다고 칸트는 생각한다.[13]

말하자면, 한 집단의 명예와 위신을 깎아내린 자를 처단하기 위해(명예살인) 혹은 신이나 황제의 권위 유지를 위해 아이를 바칠

---

13 칸트의 '정언명령'에 대한 토론은 무엇보다 그의 『실천이성 비판』에 나와 있다.

때(인신 공양), 인간은 타인을 죽일 수 있다. 전쟁에서 승리한 다음 적과 반대파의 싹을 미리 차단하는 차원에서도 무고한 인간을 죽인다(숙청). 그러므로 자연주의자에게 절대적이고 보편적인 명령이나 법칙은 있을 수 없다.

그렇다면 자연주의자는 절대적이고 보편적인 명령이 필요할 경우 어떻게 대응하는가? 그들은 어떤 외부의 힘에도 의존하지 않고, 구성원들 스스로가 합의해 문제를 해결해야 한다고 말한다. 특히 인간은 매우 이성적일 수 있으므로 얼마든지 토론을 통해 합의를 이끌 수 있다고 자연주의자는 믿는다. 합의라는 최종 목표를 지향하며 구성원들이 타협해 나가는 것이 최선의 대응일 뿐이라고 본다.

하지만 칸트는 이런 낙관적인 인간관에 제동을 건다. 칸트도 물론 구성원들이 이성에 의지해 타협과 합의를 이루어 내기도 한다는 것을 안다. 그러나 반드시 그렇게 결정될 필요도 없고 실제로 많은 경우 인간은 최선의 결과에 이르지 못한다. 모든 것이 우연, 우발 그리고 무질서라는 세계 속에서 이루어진다면, 모든 결정 역시 상황과 때에 좌우되어 무한정 유동적일 뿐이다.

따라서 칸트는 대안을 제시한다. "살인하지 말라"나 "자살하지 말라" 같은 도덕법칙이 반드시 지켜지기 위해서는 신이 요청된다. 신의 존재가 실천적 공준으로 가정되는 경우에만, 사람들은 "살인하지 말라"나 "자살하지 말라" 혹은 조금 더 나아가서 "고아와 과부를 돌보라"는 명령을 반드시 수행하려 할 것이다. 인간 공동체가 질서 있게 작동하기 위해서는 반드시 '신'이 공준으로 가정되어야 한다는 유신론적 입장이 칸트의 견해다.

칸트는 인간의 세계가 의견 갈등 속에서 헤매면서 합의를 이루지 못할 때도 자연주의보다 유신론을 대안으로 택하자고 말할 것이다. 우연과 우발의 원리에 지배되는 자연주의적 세계관을 따른다면, 인간은 어떤 중요한 결단을 내리면서 궁극적 합의를 도출할 때조차 카오스 속에서 갈등만 계속할 수 있다. 이런 일이 일어나는 것은 이상적인 목표가 무엇인지 모두가 잘 알고 있음에도 불구하고, 그것을 지향하도록 유도하는 잣대와 동기 부여자의 결여 때문이다. 이런 이유로 유신론적 입장이 요구된다는 것이 칸트의 주장이다.

여기서 논자의 주장은 칸트의 유신론이 무조건 옳다는 것이 아니며, 자연주의가 틀렸다는 것도 아니다. 어느 것이 되든 모두 유한한 인간들의 이론에 불과하며, 따라서 절대적으로 옳은 입장은 없다. 단지 자연주의가 '사실'을 설명하는 것에서 강하다면, 이와 대조적으로 유신론은 규범의 근거를 제공하는 것에서 강하다. 이렇게 두 입장은 대립만이 아니라 보완 관계에 놓일 수 있다. 이런 이유로 단순한 자연주의보다는 유신론이 동반된 자연주의가 더욱 실천적으로 설득력이 있을 수 있다.

다시 강조하지만, 누구의 입장이 '최종적으로' 옳다고 단정하기는 어렵다. 현대 철학의 유력한 결론 가운데 하나는, 모든 주장은 제한된 언어게임과 국지적 맥락의 산물이라는 통찰이다. 이것이 그 유명한 비트겐슈타인의 주장이며 리처드 로티의 결론이다.[14] 따라서 자연주

---

14 리처드 로티(Richard Rorty)는 미국판 해체주의 철학자다. 그는 비트겐슈타인의 언어게임 이론을 따라서 서구의 전통적 인식을 해체한 후, 모든 정당화란 국지적임을 강조한다. 나아가 철학은 더 이상 최종적 심급이 될 수 없으며 문화적 대화와 해석을 실천하는 일만 남는다고 주장한다. 앞의 주장은 그의 저서인 *Philsophy and the Mirror of Nature*의 6장에서 주로

의가 옳을 수 있고, 유신론이 옳을 수 있으며, 자연주의 유신론이 옳을 수도 있다. 관건은 어느 입장이 더 넓은 호소력과 실천적 유용성을 보여주는가에 있다.

자연주의 유신론을 택하는 자는, 우선 '자연주의'를 따라서 우연과 우발의 세계를 고스란히 받아들인다. 그러나 동시에 어떤 윤리적 결정이 요구되는 경우 '유신론'을 따라서 신을 요청한다. 아니, 보다 정확히 말해서, 자연주의적 유신론자는 다음과 같은 방식으로 입장을 표현하는 것을 즐긴다. 즉, 인간은 우연과 우발 그리고 무질서가 지배하는 자연 속에서 살아가지만, 인간이 자신을 초월하도록 이끄는 힘이 그런 자연 내에 있음을 믿는다. 어떤 면에서 그런 힘은 초월적이기에 신의 것이지만, 어떤 면에서는 그것이 자연 자체의 힘이기도 하다. 이런 식으로 자연주의의 주장들이 고스란히 수용되면서 동시에 신의 존재가 상정된다. 그래서 '자연주의'와 '유신론'이 함께 호명된다.

이러한 자연주의적 유신론을 사유하는 철학과 신학에는 여러 판본이 있다. 스피노자도 있고, 샤르댕도 있으며, 화이트헤드도 있다. 어떻게 보면 헤겔에게도 그런 면이 있다. 그렇기에 판넨베르크나 몰트만도 헤겔을 따라 비슷한 주장을 펼쳐왔다. 물론 이런 주장의 대표는 과정신학과 그것을 추종하는 과학 신학자들이다.[15]

다루고, 뒤의 것은 주로 9장에서 다룬다. Rorty, Richard, *Philsophy and the Mirror of Nature* (Prinston: Princeton Univ. Press, 1979).

15 자연주의와 유신론을 연결하는 주제는 과정 신학자들의 오래된 신학적 과제였다. 대표는 물론 존 캅과 데이빗 그리핀이다. 특히, 그리핀의 다음 책은 매우 심도 있는 토론을 펼친다. 『화이트헤드 철학과 자연주의적 종교론』을 보라. 과정신학의 관점에서 아주 개론적으로 토론한 것을 보려면 메슬의 책이 좋다. 『과정신학과 자연주의』를 보라. 과학자의 입장에

하지만 그들만 있는 것이 아니다. 동아시아 판본 역시 가능하다. 이하에서 동아시아 판본이 어떻게 위와 같은 서구의 대표적 자연주의 유신론을 능가하는 방식으로 특이하고도 일리 있는 자연주의 유신론을 펼치는지 그 얼개를 간단히 소개한다.

3. 동아시아판 자연주의 유신론은 무엇이 특이한가?

동아시아판 자연주의 유신론의 특징을 한마디로 규정하면, 지극히 자연주의적이면서 신을 배제하지 않는다는 것이다. 이것이 어떻게 가능한가?

동아시아에서 '자연'이라는 말은 문자 그대로 '스스로(自) 그러함(然)'이다. 스스로 그렇게 있는 것을 우주로 보면 그것이 자연이고, 그런 것을 '세계'라고 명명할지라도 그것 역시 자연일 것이며, 벌과 나비, 산과 강처럼 우리 앞에 스스로 있는 모든 것도 자연이다. 그런데 이는 명사적 용법에 국한된 것이다. 이를 '스스로 그러한'처럼 형용사나 부사 차원에서 말할 수도 있다.

이처럼 자연을 우주나 세계 같은 명사적인 것이 아니라 부사

서서 이를 다루는 대표적인 고전은 이언 바버의 책이 고전이다. 『과학이 종교를 만날 때』를 보라. 물론 최근에 나온 것 중 아주 가독성이 높은 가톨릭 과학자의 책도 있다. 존 호트의 책이 그것이다. 장재호가 번역한 『과학시대의 신앙』을 보라. 한국의 신학자들도 자연주의와 유신론의 대화에 최근 많이 참여해 왔다. 김흡영도 있고, 윤철호도 그중의 하나다. 특히 최근 윤철호가 펴내는 시리즈 중에서, '과학과 신학의 대화'를 다루는 것들을 보라. 예를 들어 『신학과 과학의 만남』(서울: 새물결플러스, 2021)이 있다. 만일 판넨베르크의 논문을 보려면, '창조신학과 자연과학'을 참조하라. 한스 페터 뒤르 등이 공저한 책인 『신 인간 과학』에 게재되어 있다.

차원에서 보는 것은 『도덕경』 25장이 유명하다.[16] 이 장은 오늘 우리가 논의하는 신학적 주제와 연결되므로 조금 더 자세히 분석해 보자. 원문은 "人法地 地法天 天法道 道法自然"이다. 이는 대개 다음과 같이 번역할 수 있다. "인간은 땅의 법칙을 따르고, 땅은 하늘의 법칙을 따르며, 하늘은 도의 법칙을 따르고, 도는 스스로 그러하다(道法自然)." 여기서 마지막 문장의 '자연'이라는 단어를 명사가 아니라 부사로 보아야 한다는 것이 정설이다. 이것이 전문가들의 최종 합의인데, 왜 그럴까? 그리고 이것이 우리의 논의에 어떻게 연결되는가?

인간이 땅을 본받는다는 말은 이해하기 어렵지 않다. 땅은 사물들로 이루어져 있거나, 그 땅 위에 있는 모든 사물이 일으키는 사건으로 구성되는 것이 세계이므로, 땅은 그저 우리 인간과 여타 사물의 세계를 지칭한다. 인간이 그런 세계의 법칙을 따른다는 것은 당연한 이치다. 이는 오늘날 현대 과학과 그대로 일치한다. 인간은 세계를 탐구하고 거기서 나온 법칙을 따라 세상을 살아간다.

다음으로, 세상은 하늘의 법칙을 따른다는 것인데, 이 역시 여러 방식으로 해석될 수 있지만 우리의 논의와 관련해서는 그리 해석이 어렵지 않다. 어떻게 보면, 지극히 신학적 의미를 내포한 문장이 되기 때문이다. 말할 것도 없이 여기서 '하늘'은 우리가 말하는 '신'과 연관된다. 실제로 동아시아에서는 하늘을 숭앙하고 예배했는데, 그것이 훗날 '하느님' 혹은 '하나님'으로 불리게 되었다는 것은 상식이다. 결국 이 구절의 뜻은 세상이 신의 법칙을 따르게 되어 있다는

---

16 진공응/김인태 외 역, 『진고응의 노자』 (서울: 예문서원, 2024), 216.

것으로 귀결된다.

마지막으로, 그다음에 따라 나오는 두 문장은 매우 형이상학적이다. 하늘은 도(道)를 따른다는 것인데, 잘 알다시피 '도'는 동아시아 종교와 철학에서 최고의 존재로서 서구 철학의 표현을 빌리면 '궁극적 실재'에 다름 아니다. 이는 『도덕경』 1장에서 "道可道非常道 名可名非常名"이라는 말로 기술되는데, '도'는 명칭도 없고 기술의 대상도 되지 않는 최고의 '궁극적 실재'로 해석된다.[17] 이 또한 상식이다. 이제까지의 해석에 대해 크게 문제 삼을 만한 것은 없을 것이다.

단지, 문제가 될 수 있는 표현은 마지막 문장이다. 도(道)가 자연의 법칙을 따른다는 말이다. 이것이 문제가 되는 이유는 사람들이 여기서 자연을 명사화하기 때문이다. 만일 자연을 명사로 본다면 궁극적 실재인 '도'가 따라야 하는 대상이 존재한다는 뜻인데, 본 텍스트에서는 자연이 그 대상이 되므로, 그렇다면 '도'보다 '자연'이 더욱 궁극적인 것이 되어 버린다. 이는 논리적 혼란을 일으킨다. 이미 도가 궁극적 실재라고 말했는데, 그 위에 또 다른 궁극자를 상정하고 있기 때문이다.

또 다른 문제는 그런 해석 자체가 문헌학적으로 맞지 않는다는 점이다. 즉, 자연이 명사로 사용되었다면 그것은 '만물' 혹은 '천지만물'이 되어야 25장의 문맥에 맞는다고 주석가들은 말한다.[18] 중국 철학 안에는 본래 물질의 총체를 자연이라 하지 않고 '만물'이라 한다. 자연을 물질 총체로 동일시하는 해석은 서구의 영향에서 기인

---

17 진고응, 『진고응의 노자』, 66.
18 이용주, 『노자 도덕경』 (서울: 이학사, 2024), 227.

한 것일 뿐이다.

이제까지의 논의를 정리해 보자. 우선 "人法地 地法天 天法道 道法自然"의 마지막 문장의 해석은 "도는 자연스럽다"가 되어야 한다. '자연'이 여기서는 명사가 아니라 부사적으로 쓰였기 때문이다. 이렇게 해석해야 논리적으로 맞게 된다. 오늘날의 철학을 적용해 텍스트를 재해석하면, 인간은 세계의 법칙을 따르고, 세계는 신의 법칙을 따르며, 신은 궁극적 실재로서의 도를 따르고, 그런 궁극적 실재는 스스로(自) 그렇게(然: 부사적 自然) 작동하고 있다는 뜻이다. 궁극적 실재 혹은 궁극적 원리로서의 도가 있고, 신이 그 원리를 따르고 있다는 것이다. 이렇게 도덕경 25장은 자연 안에서 신이 궁극적 원리인 도와 더불어 어떤 관계를 맺고 있는지 잘 설명하고 있다.

여기서 도덕경의 난해함과 해석상의 혼돈을 피하고 우리의 이해를 선명하게 만들기 위해 잠시 서양의 스피노자와 비교하면서 논의해 보자. 철학을 조금 아는 이들은 위와 같은 도덕경의 번역과 해석이 곧바로 스피노자를 연상하게 할 것이기 때문이다. 스피노자야말로 궁극적 실재인 신이 자연이라고 주장하면서 '신, 즉 자연'(神卽自然: Deus sive Natura) 혹은 '自然卽神'을 말했기 때문이다. 논자는 여기서 그 어려운 스피노자의 철학과 오묘한 『도덕경』을 직접 비교하려는 것이 아니다. 논자의 주요 목표는 자연주의적 유신론이 동아시아에서도 얼마든지 가능하며, 특히 그것이 한국적 신학이 일리 있는 범세계적 K-신학으로 발돋움할 수 있는 실마리로 작용할 수 있음을 보여주는 데 있다.

결국 논자가 말하려는 핵심은 다음과 같이 간단히 기술될 수 있다. 서구 철학의 역사는 자연과 신이 이분화되면서 계속 갈등을 빚어온 역사이기도 하다. 그러나 이와 달리 동아시아는 자연과 신이 구별되기는 하지만 둘로 나뉘지 않고 서로 양립하는 존재로 취급되었다. 이것이 동아시아 종교와 철학의 '특이성'이며, 이를 동아시아판 자연주의적 유신론이라 부를 수 있다. 그리고 만일 동아시아판 자연 이해와 그것에 근거한 '자연주의 유신론'을 잘 이해한다면, 우리는 서구에서 그동안 골치 아픈 것으로 취급되었던 문제가 어쩌면 문제 자체가 아닐 수도 있다는 결과로 이어질 수 있다.

서구에서 자연에 해당하는 말은 먼저 그리스 철학에서 *physis*로 불렸다. 그러던 것이 라틴어로 번역되면서 *natura*가 되었는데, '*physis*'이든 '*natura*'이든 그 어원은 *genesis*와 같은 뜻으로서 생산, 창조에 초점이 있다. 이것이 동아시아에서는 '자연'으로 번역된 것이다. 잘 알다시피, '*natura*'는 세속의 철학과 인문학이 자연을 지칭할 때 사용하는 대표 개념이다. 말하자면, 생산하고 창조하는 능력을 지닌 궁극적 실재 혹은 그것이 만들어 내는 사물들과 그것의 총체라는 뜻으로, 이때 바로 '자연'이라는 단어를 쓴다. 여기서 자연이 세속을 대표하는 개념이라고 말한 이유는, 서구에서는 자연과 똑같은 기능을 담당하는 개념이 또 하나 발견되기 때문이다. 그것이 바로 신이다. 신 역시 서구에서는 생산하고 창조하는 능력을 지닌 궁극적 실재로서 기술되는데, 따라서 혼동을 피하기 위해 서구 철학은 기독교의 구분을 따라가면서, 신이 만들어 내는 사물들과 그것의 총체를 '자연'으로 부르는 것이다.

서구 철학의 역사는 이 두 궁극적 실재가 경쟁하는 역사이다. 신학은 신만을 궁극적 실재로 보면서 자연을 종속시켰다. 반대로 세속은 자연만을 궁극적 실재로 취급하면서 신을 없애려 시도해 왔다. 이 후자의 최종 결과가 소위 '자연주의'다. 자연이 모든 것을 생산하는 원인이며, 그것으로 삼라만상의 모든 현상이 설명된다. 신은 더 이상 필요 없다. 이것이 바로 오늘날까지 신학과 과학이 씨름하고 투쟁해 온 과정을 그대로 보여주는 것이다.

그러나 동아시아판 자연주의 유신론의 발달사와 그 특징을 탐구하면서, 우리는 서구 학문의 골칫거리인 신학과 과학 간의 갈등이 사실 불필요한 논쟁의 결과일 수 있음이 드러난 것이다.

논자가 동아시아의 자연주의 유신론을 길게 설명한 이유를 이제 마무리하자.

동아시아에서 '자연'은 그대로 궁극적 실재이다. 그것을 현대의 서구식 자연주의자의 표현을 빌리자면, 그것에서 모든 것이 스스로 발생하며 생산된다. 즉, 외부의 초월적 개입자 없이 스스로 그렇게 있으면서 작동한다. 그것이 쿼크이든, 식물이든 동물이든, 아니면 인간이든 우주이든 모두는 그렇게 스스로 존재한다. 그런 면에서 오늘날의 방식으로 말하면 세계는 우연, 우발, 비-목적론적인 세계이다. 이렇게 동아시아의 세계는 철저한 자연주의의 세계이다. 그러나 이것이 전부가 아니다. 그렇게 스스로 존재하는 것에는 세계도 있고, 신도 있으며 나아가 궁극적 실재도 있다. 궁극적 실재가 '도'라고 불리는데, 여기서 서구 철학자는 물론 또다시 혼동한다. 궁극적 실재로서의 '도'가 '신'과 겹쳐서 갈등한다고 보기 때문이다.

하지만 동아시아 철학에서는 이런 일이 일어나지 않는다. 그 모두가 자연스럽게 존재하는 것이며, 그렇게 스스로 있는 존재들이다. 그것이 전부이다. 단지 논리적 구분이라는 필요성을 만족시키기 위해 인간도 있고, 세계도 있으며, 신도 있고 궁극적 실재로서의

'도'가 있는 것이다. 한마디로 존재하는 것은 여럿이다. 단, 동아시아 자연주의에서 궁극적 실재는 도라고 지칭되지만, 신도 또 다른 궁극자가 될 수 있다. 물론 자연도 궁극자다. 이를 굳이 서양식으로 정리하자면 궁극자가 셋인데, 자연은 궁극적 실재, 도는 궁극적 원리, 신은 궁극적 현실이라고 할 수도 있다.[19]

이런 관점에서 보면, 서구에서 지속된 '과학 대 신학'의 대립은 동아시아적 틀에서 해소될 수 있는 잠정적 갈등에 불과할 뿐이다. 자연은 자기–생성적이며 비–목적론적인 세계이지만, 그 세계 안에서 신과 도 또한 스스로 그러하게 자리한다.

따라서 논자는 이 동아시아적 자연의 이해를 유신론적이라 부르자고 제안하고 있다. 그 비교 대상은 스피노자, 헤겔, 화이트헤드, 판넨베르크, 몰트만, 과정신학 등 서구의 다양한 자연주의 유신론과 들뢰즈 류의 자연주의까지 확장될 수 있다. 이러한 비교 작업은 후속 논자들의 몫이지만, 최소한 이 관점은 K-신학의 미래를 열어두는 관문이 될 것이다.

덧붙여 강조하자면, 동아시아판 자연주의 유신론은 단순히 철학적 설명 차원에 머물지 않고 삶의 태도와 실천적 지혜와 연결된다. '스스로 그러함'은 인간이 자연을 억압하거나 초월하려는 태도가 아니라 자연과 더불어 살아가는 공존의 윤리로 이어진다. 따라서

---

19 여기서 동아시아의 자연주의는 궁극적 실재로서의 '도'와 또 다른 궁극자로서의 '신'을 구분할 필요를 요청받는다. 하나의 대안은 과정신학이 주장하는 것처럼, '도'를 창조성의 원리로, '신'을 창조성의 원리를 구현하는 '현실적 존재'로 구분하는 것이다. 하지만 이는 긴 철학적 토론을 요구하므로 여기서는 생략한다. 이에 대한 토론을 보려면, 앞에서 거론되었던 그리핀의 저서, 『화이트헤드철학과 자연주의적 종교론』의 7장 3절을 보라. 3절의 제목이 "두 개의 궁극자: 신과 창조적 경험"이다.

동아시아의 전통은 오늘날 인류가 직면한 생태 위기 속에서 K-신학이 공헌할 수 있는 대안적 영성의 원천이 될 수 있다.

VII. 나오는 말

본 논문은 오늘날 신학이 직면한 탈-신학적 조건 속에서, 어떻게 한국적 신학이 K-신학으로 도약할 수 있을지를 탐색하였다. 먼저, 자연주의와 세속 학문이 지배하는 오늘의 세계가 신학과 종교에 적대적인 구조를 형성하고 있음을 분석하였다. 이어서 진화론, AI 기계론, 현대 과학이 인간의 특권적 지위를 해체하면서 전통적 유신론을 더 이상 설득력 있게 유지하기 어렵게 만드는 과정을 살펴보았다. 그러나 동시에 자연주의가 반드시 무신론으로 귀결되지 않으며, 오히려 자연주의적 유신론이라는 새로운 가능성이 열려 있음을 주장하였다. 인간이 살아가는 사회에서 윤리와 도덕 혹은 사회의 질서가 유지되기 위해서는, 자연을 자기-창조성과 개방성의 차원에서 이해하고 존중함이 중요하다. 하지만 동시에 그런 자연 안에서 항상 신적 초월성이 내재적으로 작용할 수 있다는 이해도 존중받아야 한다.

이러한 논의는 동아시아 사상 전통과 만날 때 더욱 풍부해진다. 도가의 자연(自然)이나 선불교 사상 그리고 성리학의 이기이원론(理氣一元論)의 이론은 모두 자연과 신, 물질과 정신의 이분화를 넘어서는 사유의 자원을 제공한다. 따라서 한국적 신학은 서구의 전통적 유신론과 무신론적 자연주의 사이에서 제3의 길을 모색할 수 있으며,

그것이 곧 동아시아적인 자연주의 유신론이라 할 수 있다. 특히 이러한 신학은 서구 신학이 간과해 온 관계적 존재론과 내재적 초월성의 사유를 발전시킴으로써, 한국적 신학만이 공헌할 수 있는 특이성을 발휘할 수 있다.

향후 후속 연구자들에게 한국적 K-신학을 형성하려 할 때, 핵심적 과제가 될 만한 것은 다음과 같다. 첫째, 현대 과학과 철학의 성과를 정직하게 수용하면서도 신학적 언어로 재구성하는 작업, 둘째, 동아시아 사상의 자원을 창조적으로 활용하여 신학적 독창성을 확보하는 작업, 셋째, 윤리, 도덕, 영성, 생태적 책임 같은 현실적 주제와 연결하여 신학의 사회적 설득력을 회복하는 작업 등이다.

사실 한국의 신학자는 이런 과제를 이미 오래전부터 성실하게 수행하려 노력해 왔다. 비록 이 시대가 신학에 불리한 상황이지만, 이럴 때일수록 자신감을 가지고 계속 충실히 수행해 간다면 얼핏 불가능해 보이던 K-신학도 충분히 가능해질 것이다. 그리하여 한국적 신학이 자신의 지역적 한계를 넘어, 인류의 보편적 문제 해결에 공헌할 수 있게 될 것이다.

참고문헌

가브리엘, 마르쿠스/김희상 옮김. 『왜 세계는 존재하지 않는가』. 파주: 열린책들, 2018.

그리핀, 데이빗/장왕식·이경호 옮김. 『화이트헤드 철학과 자연주의적 종교론』. 고양: 동과서, 2004.

김상범. 『들뢰즈의 이념적 놀이』. 서울: 바른북스, 2023.

들뢰즈, 질·가타리, 펠릭스/김재인 옮김. 『천 개의 고원』. 서울: 새물결, 2001.

메슬, 로버트/이경호 옮김. 『과정신학과 자연주의』. 서울: 이문출판사, 2003.

바디우, 알랭/박성훈·박영진 옮김. 『반철학자 비트겐슈타인』. 일산: 사월의 책, 2023.

바버, 이언/이철우 옮김. 『과학이 종교를 만날 때』. 서울: 김영사, 2002.

샤비로, 스티븐/안호성 옮김. 『탈인지』. 서울: 갈무리, 2022.

_____/이문교 옮김. 『기준 없이: 칸트, 화이트헤드 들뢰즈 그리고 미학』. 서울: 갈무리, 2024.

윤철호·김효석 편. 『신학과 과학의 만남』. 서울: 새물결플러스, 2021.

이영준 외 엮음. 『한국학의 현재와 미래』. 서울: 민음사, 2025.

이용주. 『노자 도덕경』. 이학사, 2024.

진고웅/김인태 외 옮김. 『진고웅의 노자』. 서울: 예문서원, 2024.

최종덕. 『생물철학』. 파주: 생각의 힘, 2015.

칸트, 임마누엘/백종현 옮김. 『실천이성 비판』. 서울: 아카넷, 2019.

판넨베르크. "창조신학과 자연과학." 뒤르, 한스 페터 외. 『신 인간 과학』. 서울, 씽크스마트, 2018.

하라리, 유발/김명주 옮김. 『호모데우스』. 파주: 김영사, 2017.

하지슨, 피터/정진우 옮김. 『헤겔의 종교철학』. 서울: 동연, 2022.

호트, 존/장재호 옮김. 『과학시대의 신앙』. 서울: 두리반, 2021.

황수영. 『시몽동, 개체화 이론의 이해』. 서울: 그린비, 2017.

Callicott, Baird.and Ames, Roger T. (ed.) *Nature: In Asian Traditions of Thought*. New York: SUNY Press, 1989.

Hartshorne, Charles and Reese, Wiiliam L. *Philosophers Speak of God.*
Chicago & London: The University of Chicago Press, 1976.

Rorty, Richard. *Philsophy and the Mirror of Nature.* Prinston: Princeton
Univ. Press, 1979.

Shaviro, Steven. *The Universe of Things.* Minneapolis: University off Minnesota
Press, 2014.

K-신학의 조건과 미래
― '불안'과 관련해서

이오갑

(강서대학교, 명예교수)

I. K-신학의 전제와 불안

K-팝이나 K-드라마같이, 'K'가 앞에 붙으면 의미가 달라진다. 단순한 '한국가요' '한국드라마'를 넘어서, 전 세계에 붐을 일으키는 한국가요, 한국드라마다. 잘 알려져 있지 않았던 어떤 분야가 히트작이나 스타 탄생 같은 계기로 세계적인 흥행을 거듭하면서 그 분야에 'K'가 붙고 회자되는 식이다. 'K-신학'이란 말도 그렇다. 한국에서 나온 신학들이 세계인의 주목을 받으며 한국신학 자체가 인정받을 때 'K-신학'이라 할 수 있다. 세계인이 한국신학의 힘과 가치를 높이 평가하면서 계속 기대하는 수준까지 가야 'K-신학'이 되는 것이다.

그래서 K-신학은 집합적 개념이다. 한국신학의 하나나 둘이 아니라 전체에 대한 표현이다. K-신학이 되려면 한국신학 전체가 다 함께 발전해야 한다는 뜻이다. 전체적인 수준이 이뤄져야 그 안에서 이런저런 것들이 앞서거니 뒤서거니 할 수 있다. 그래서 한국의 신학들은 모두 나름대로 개성과 의미를 가지면서 서로 대립하기도 보완하기도 하면서 나란히 발전해야 한다. 한국신학 전체의 실력과 수준을 가지고서야 개별 신학들은 각기 매력을 뽐내면서 세계인의 눈길을 끌고 마음을 살 수 있다.

이제까지 한국신학으로 세계에 알려진 것은 우선, 민중신학이다. 그것은 70년대 말 이후 한동안 구미를 비롯한 세계 신학계의 큰 주목을 받았다. 비슷한 시기에 조용기 목사 등이 주도했던 오순절 성령운동과 은사주의 같은 것도 잘 알려졌었다. 오순절 신학은 특히 남반부 가난한 나라 민중들에게 커다란 호응을 얻고 교회 성장의 기폭제가 되었다. 하지만 그 두 신학으로도 한국신학은 'K-신학'으로 발돋움하지는 못했다. 당시는 'K-신학'이란 말도 없었지만 그 신학들은 성격이 너무 달랐고, 특히 오순절신학은 한국 민족이나 문화, 사회적 특성을 드러내지 못해서 '한국'이란 형용 자체가 어려웠다. 조용기 목사의 성령운동과 은사주의를 한국인의 심성과 문화와 관련해서 성격화했다면 민중신학과도 연결되어 K-신학의 '장막터'를 넓게 잘 펼 수 있었을 것이다. 그런 데다가 두 신학의 뒤를 잇는 신학들도 없었다. 그러한 '문제의 신학들이 몇이라도 더 등장했다면 앞의 두 신학을 포함한 한국신학 자체가 인정받고, 그 안에서 이렇게 저렇게 표현되는 신학들이 주목받는 K-신학의 시대가 가능했을 것이다.

그래서 K-신학은 아직 없다. 여전히 한국신학일 뿐 K-신학이 되지 못했다. K-신학이 되면 한국신학자들이 세계 교회와 신학을 주도할 수 있다. 크게 보면, 신학은 영성과 심성과 지성을 결합하고, 개인과 사회와 전 지구를 공동체로 묶어 궁극적인 평화를 지향하는 학문이다. 신학에서 각광받는다는 건 세속적이고 물질적인 사람들의 욕망과 이익의 각축장이 되어 표류하는 지구호(號)의 방향을 잡고, 그 안에서 사람들의 마음을 돌려 더불어 사는 동력을 끌어내는 데 성공했다는 뜻이다.

세계 현실이나 지구 같은 거창한 얘기만이 아니라 한국교회를 위해서도 K-신학이 절실하다. 한국교회의 존속을 위해서 그렇다. 한국교회 역성장 문제는 어제오늘의 일이 아니고, 이제는 교회가 소수자들의 '게토'가 되지 않느냐는 우려마저 든다. 그만치 한국교회의 쇠퇴가 심각하고, 되돌릴 방안도 마땅치 않다. 20세기에 급성장했던 한국교회가 몇십 년 되지 않아 생존을 염려할 정도가 된 것이다. 위기의 원인은 여러 가지 제시될 수 있고, 그런 것들이 복합적으로 작용해서 현재의 상태를 만들어 냈다. 여러 세미나나 발표 등에서, 문제의 대안이 많이 제시되는 것도 사실이다. 그러나 대안은 대부분 기술적이거나 실천적인 것들에 치중되어 있다. 가령 "근본주의와 기복주의, 반지성주의, 개교회주의를 벗어나야 하고", "양적 성장주의, 목사들의 권위주의와 싸워야 하고", "대외 이미지 제고에 힘써야 한다"는 등, "이렇게 저렇게 해야 한다"거나 "이런저런 걸 하거나 하지 말아야 한다"는 식이다. 그러나 한국교회는 기술이나 방법, 실천이 아니라 근본적으로 존재 자체가 문제이고, 그것은 신앙, 정신 또는 신학의 빈곤과 오류에서 비롯된다는 것이 필자의 지론이다.[1]

한국교회가 바로 서고 사람들에게도 의미를 주려면 우선 올바른 믿음과 정신으로 건전한 신학을 수립해야 한다. 신학은 그리스도인이 누구인지, 무엇을 믿을지, 어떻게 살지를 성찰하고 정리한다. 그러한 믿음의 내용과 체계, 신학을 바탕으로 교회가 정체성을 확립하고 방향을 잡아간다. 신학이 없거나 역할을 하지 못하면, 교회가 아니거나 모자란 교회가 될 수 있다. 한국교회를 회복하고 건강하게 하는 필요조건이 신학이라는 얘기이다. 한국의 신학이 사람들의 삶과 공동체, 한국 사회에 의미 있고 가치 있게 될 때, 한국교회를 되살리고, 더 나가서 전 세계 사람들에게도 감동을 주는 K-신학이 될 수 있을 것이다.

이 글은 K-신학을 향한 기초 작업으로서, 한국의 주요 신학들의 성격과 양상을 인간의 불안 심리 또는 정서와 관련해서 살펴본다. 불안은 인류 공통의 보편적인 정서이다. 한국인도 보편적 인류에 속하기 때문에 다른 나라, 다른 시대 사람들과 불안을 공유한다. 거기에 더해서 한국의 역사와 문화, 사회에서의 독특한 경험이 만들어 낸 불안들도 있다. 그래서 한국인의 불안은 보편적인 것들과 함께 한국적인 것들이 뒤섞여 만들어진 것이다. 그러한 한국인의 불안이 신학에 어떻게 숨어 있거나 표현되는지, 불안이 신학을 어떻

---

1 인용문들은 기독교계 신문 기사들에서 발췌한 것이며, 기본적인 논지는 이오갑, 『한국교회, 신학에서 길을 열다 — 한국교회를 위한 교회론』(시흥: 한동네, 2020), 79-80, 56-57. Cf. 이오갑, "한국교회, 존재의 문제와 변증법적 신앙,"「한국기독교신학논총」vol. 62 (2009): 246-247; 이오갑, "한국교회, 무엇이 문제인가? — 한국교회에 대한 조직신학적 반성과 대안," 「한국조직신학논총」제25집 (2009. 12.): 164-165. 그리고 "한국교회 무엇을 해야 하나? — 종교개혁 신학의 입장에서," 에큐메니칼 정책협의회 자료집「흔들리는 교회, 다시 광야로」 (NCCK, 2015): 41-44.

게 나쁘게 만들거나 좋게 만드는지 그리고 좋게 만들기 위해서는 불안을 어떻게 극복할지 그리고 그 결과물은 또 어떻게 나타날지를 생각해 본다는 것이다.

필자의 전제는 두 가지이다. 하나는 신학이 불안의 산물일 수 있다는 것이다. 신학은 성경에 계시된 하나님의 뜻을 믿고 실천했던 교회의 오랜 경험과 전통의 산물이다. 하지만 신학은 결국 사람들이 하는 것이다. 전 시대 사람들이 했던 것을 현시대 사람들이 물려받아 다시 해나간다. 그 말은 기존 신학에 그것을 하는 사람들 자신의 이해와 감정 등을 투영해서 자기식으로 재생산한다는 뜻이다. 그렇기에 '사람들'을 고려하지 않을 수 없고, 그들의 사유와 행동을 지배하는 요인이 무엇인지를 생각해야 한다. 그 요인은 그들의 고유한 문화나 전통일 수 있으나, 더 근본적으로는 정서이고 심리이며 그 중심에 불안이 있다. 그 사람이 가지고 있는 '불안'이 그의 성격을 좌우하고, 그가 하는 말과 행동, 사상과 학문에 영향을 미친다. 마찬가지로 한국의 신학에는 한국인의 불안들이 작용하고 있다. 한국인, 그들의 개인적이거나 집단적인, 의식적이거나 무의식적인 그리고 보편적이거나 한국적인 불안이 작용한다. 한국신학이 한국적인 것은 한국적인 불안에서 비롯되고, 그래서 그 불안으로써 한국 신학을 설명할 수도 있게 된다.

두 번째 전제는 건강하고 훌륭한 신학을 위해서는 불안을 극복해야 한다는 것이다. 극복한다는 것은 회피하지 않고 받아들여서, 견디고 통과한다는 의미이다. 그렇게 해야 불안의 지배를 받지 않고 거기에 좌우되지 않으며, 오히려 개성 있고 창조적인 자신의 신학을 세워갈 수 있다. 성경 메시지와 복음 해석에서 중심을 잘 짚어가는 균형 잡힌 신학도 불안을 극복할 때 가능하다. 그렇지 않으면, 신학의 흐름에서 벗어나 이쪽이든 저쪽이든 치우치고 극단적이 되어서, 심하면 기독교와 교회를 왜곡하고 망치기까지 한다. 극단의 신학이 어떤 경우에는, 어떤 사람들에게는 필요할 수 있으나, 신학이 해결되지 않은 자기 문제들을 부려놓은 결과여서는 곤란하다. 기독교의 중심을 잡고 전체를 포괄해서 어느 시대든 대부분 사람에게 소구력을 가지고 독창적인 신학의 매력까지도 느끼게 하는 것은 불안을 극복하면서일 뿐이다.

II. 한국의 신학들

한국신학은 하나둘이 아니고 단순하지도 않다. 그것은 여러 이유와 특징들을 가지고 이런저런 양태로, 때로 완전히 반대되는 식으로 공존해 왔다. 그래서 한국신학을 '단수'로 표기하기 어렵고, 대표하는 것이 무엇이라 하기도 힘들다. 그렇기는 해도, 큰 흐름으로 볼 때 한국신학이 보수주의라는 건 분명하다.

한국교회와 신학은 대부분 보수주의이다. 믿음이건 사상이건 생활이건 지키려는 게 많고, 새로운 사조나 변화들에 닫혀있다. 교회를 떠난 평소의 생활과 직업, 학업 영역에서는 현대 과학과 지식, 자본주의 가치들을 따라가도, 교회에서는 예전의 교리와 메시지들을 신봉하고, 교회가 가르치는 도덕과 행위를 준수하는 데서 정체성을 찾는다.

보수주의는 교리적 보수주의와 실천적 보수주의, 정치적 보수주의로 나눌 수 있다. 교리적 보수는 근본주의, 정통주의, 교권주의, 전천년설이나 세대주의, 종말론 등으로 나타난다. 실천적 보수는 생활과 행동, 규범을 중시하는 청교주의, 경건주의 등이고, 이들은 역사적 뿌리와 이유는 달라도 외양은 다르지 않고, 도덕주의, 율법주의 같은 걸로도 표현된다. 여기에 행위나 봉사를 구원과 보상에 연결시키는 공로주의도 덧붙일 수 있다. 정치적 보수는 친자본주의, 친자유민주주의, 특히 친미 반공주의 등이며, 언제부터인가 '아스팔트 보수', '태극기 부대'로 일컫는 극우화의 경향을 보여준다.[2]

보수주의와 함께 한국교회와 신학의 다수를 점하는 것은 성령론적 은사주의와 열광주의, 오순절주의라고 할 수 있다. 교회사 초기부터 한국교회가 급성장하게 된 것도 원산과 평양 그리고 전국 각지에서 불일 듯 일어났던 부흥회, 성령 운동들 덕분이었다. 그 운동은 한국교회의 신앙을 뜨겁고 때로 열광주의로 이끌었다. 그것은 전천년설을 중심으로 한 종말론과 내세주의, 입신이나 영서, 신비적 체험을 구하는 신비주의, 방언과 치병, 치유, 축귀 등의 은사를 갈구하는 은사주의, 가난하고 억눌린 민중에게 축복과 성공의 갈망을 불러일으키는 기복 또는 축복주의 같은 걸로 진화해 왔다. 거기에

---

2 최근 한국 교인들의 정치 성향 조사에 따르면, 중도가 38%로 가장 많고, 보수 22.9%, 매우 보수 13.9%이며, 진보가 21.4%, 매우 진보 4.3%로 나타났다. 이를 보수 대 진보 비율로만 보면 36.8% 대 25.7로서, 10%를 상회하는 비율로 보수가 우세하다. 김동규, "개신교인 정치 성향 중도 38% 최다… '매우 보수' 13.5% 그쳐," 「국민일보」 2025. 5. 20. https://www.msn.com/ko-kr/news/other. 하지만 '태극기 부대'로 불리는 아스팔트 극우파들의, 연일 매스컴을 타는 행보 때문인지, 일반적으로 그리고 피부적으로 느끼는 한국교회의 (극)보수세는 아주 강력하다. 그러한 보수성은 차별금지법과 동성애 같은 사회적이고 문화적인 문제로 가면 더욱 확장되고 강화된다.

다가, 세속적 성공을 하나님의 선택과 은혜의 표징으로 삼는 성공주의, 번영신학 등도 부가할 수 있다.

끝으로, 한국교회의 진보적인 신학을 들어야 한다. 토착화-문화신학, 민중신학 등이다. 토착화신학은 한국의 종교나 문화와 기독교와의 관계를 사유하고, 민중신학은 불의한 정치, 경제, 사회, 문화 구조 속에서 억눌린 민중의 해방과 실천 문제를 성찰한다. 이 신학들은 보수적인 교회 풍토에서, 교권의 박해를 받기도 하고, 외면을 당하기도 했지만, 신학의 장에서는 활발하게 토론되었다. 성과물들도 많고, 특히 한국적 색채를 띤 주체적인 신학이라는 점에서 가치가 높다. 물론 토착화-문화신학과 민중신학은 다르고 각각의 학파를 구성하지만, 각기 한국의 고유한 역사와 문화 속에서 신학을 추구한다는 점에서, 진보적인 신학이면서도 좀 더 성격화하면 '한국적 신학'이라고 할 수 있다.

그래서 필자는 한국신학의 유형을 이런 다섯 가지로 나누어 본다. 1. 교리적 보수주의, 2. 실천적 보수주의, 3. 정치적 보수주의, 4. 성령중심주의, 5. 한국적 신학. 물론, 그러한 신학들이 다 별개로, 분리되어 있지는 않다. 대부분 경계가 불분명하고, 겹치는 부분도 많고, 같은 것이 이렇게 저렇게 나타난다. 또, 하나로 보이지만 다른 근원과 이유를 가진 것들도 있다. 하나의 교회가 한 가지만이 아니라 복수의 신학들을 함께 가지고 있는 것도 그 때문이다.

III. 교리적 보수주의

한국교회의 교리적 보수주의는—더 넓게 보수주의는— 태생적이고 운명적이라고까지 할 수 있다. 세 가지 이유에서이다.

첫째, 기독교를 받아들인 조선 사회가 오랜 농업사회였고, 농민이 대다수였다는 것이다. 농업사회는 어디나 보수적 특성을 보인다. 정착 문화와 농업의 특성 때문이다. 그들에게 정착지를 떠난다는 건 죽음에 버금가는 두려움을 야기한다. 또한 기후의 일정한 반복에 절대적으로 의존하기 때문에 폭우나 가뭄, 이상기후 같은 불규칙한 변화에 민감하다. 농업사회의 보수성은 거의 생래적이라고 할 수 있다.[3]

둘째, 조선 사회는 유교 중심의 사회였다는 것이다. 조선 사회 자체가 보수적이기도 했지만, 국가이념인 유교의 학문과 제례(주자가례) 같은 것들도 정사(正邪), 시비(是非)를 많이 가렸다. 유학이 파벌 정치와 결합하여 치열한 당쟁과 사화(士禍)로 이어지기도 했다. 새로운 학설을 펴는 것은 '사문난적'(斯文亂賊)이나 '이단'(異端)이라는 비난과 배제를 자초할 수 있었다. 그렇게 해서 기득권 세력에 매달리는 학문적 풍토가 굳어지고 편만해진 것이다.

셋째, 한국에 개신교를 전해준 언더우드와 아펜젤러를 비롯한 선교사들도 대부분 보수적이었다. 그들은 미국의 보수적인 신학교들에서 교육받았고, 그러한 기독교를 한국에 이식했다. 그들이 선교하고 목회했던 교회들은 보수성을 띨 수밖에 없었고, 결과적으로

---

3 프리츠 리만/전영애 옮김, 『불안의 심리』(서울: 문예출판사, 2016), 348.

그것이 한국 교인들의 신앙 양태를 결정하다시피 했다.

한국교회의 보수주의는 성경의 절대 권위와 무오설, 축자영감설을 토대로 예수 그리스도의 동정녀 탄생, 대속적 죽음, 육체의 부활, 재림 같은 교리를 철저하게 신봉한다.[4] 그런 점에서 바로 근본주의이기도 하다. 주지하듯이 근본주의는 계몽주의 이후 서구 세계를 풍미한 자유주의와 성서비평학의 발전 그리고 진화론 등에 대한 위기의식으로써 20세기 초 미국에서 발생했다. 근본주의는 얼마 지나지 않아 비주류로 밀려났지만, 한국에서는 강력한 위세를 발휘하며 주류를 형성했다. 한국에서 근본주의는 그 아성이었던 평양신학교를 본산으로 하는 장로교만이 아니라[5] 감리교, 성결교 등 대부분 교단에서 받아들였고, 또 현재까지도 설교와 교회 교육에서 그리고 또 신학의 상당 부분에서 견지하고 있는 사조이다.

한국의 근본주의는 '정통주의'로 불린다는 점이 특이하다. 근본주의 대표자였던 박형룡 박사가 자신의 신학을 그렇게 불렀다고 한다.[6] 그 뒤를 이어서 특히 장로교회에서 교단 전통과 합쳐서 '개혁정통'이라든지 '칼빈주의정통'이라든지 하는 식으로 '정통'을 애용했다. 자신이 상속자이고, 주류이고, 중심이고, 상위의 '판단자'라는 주장이다. 거기에는 자신들이 주변으로 밀려나는 데 대한 불안이 작용하지만 동시에 교회의 권력을 차지하려는 욕망도 작용한다. 불안과 욕망

---

4 김기홍, "한국 교회와 근본주의 ― 세계교회사적 입장," 한국 교회사학 연구원 편, 『한국기독교사상』 (서울: 연세대학교 출판부, 2001) 13. 그리고 이덕주, "한국 교회와 근본주의 ― 한국교회사적 입장," 같은 책, 22-23.

5 평양신학교의 근본주의 성향에 관해서 주재용, 『한국 그리스도교 신학사』 (서울: 대한기독교서회, 1998), 71, 74-78 등.

6 이덕주, "한국 교회와 근본주의 ― 한국교회사적 입장," 33.

은 동전의 양면과 같다. 불안이 크면 욕망도 크고, 그 역도 마찬가지이다. 욕망은 대상이 결여되거나 금지될 때 발생한다. 욕망이 크면 처벌과 대상 상실에 대한 불안도 커진다. 상실에 대한 위험이 클수록 대상에 대한 집착은 강화된다. 정통주의의 경우, 권력으로부터 멀어지는 데 대한 불안이 권력에 더욱 매달리게 한다는 것이다. 과도한 권력욕은 다시 사회의 비난과 반대에 부딪힐 위험이 있다. 그 불안이 주변을 차단한 채 아성을 쌓고 권력에 집착하게 만든다.

'정통'을 주장하는 것은 자신들의 교리와 조금이라도 다르면 이단으로 파문한다는 의도도 지닌다. 박형룡을 비롯한 '정통주의자'들은 철저한 축자영감설에 입각한 신, 인간, 죄, 그리스도, 성령, 구원, 성례, 교회, 내세 등의 교리들을 신봉하고, 그와 다른 주장을 하면 이단으로 정죄하고 배척했다. 물론 그들의 교리는 근본주의 미국 교회와 선교사들을 답습하는 것이었다. 박형룡은 1953년 장로회신학교 교장 취임사에서 "우리 교회가 70년 전 창립되던 당시에 받은 그 신학을 우리의 영구한 소유로 확보"하는 것을 목표로 한다고 했다.[7] 근본주의에서 조금이라도 벗어나서는 안 되고 '영구히' 그래야 한다는 결연한 의지이다. 그 근저에는 선교사들로부터 분리되는 데 대한 불안이 깔려있다. 한국교회와 신학이 성장해 가면서 '분리'해야 하는 게 당연하다. 그런데 분리를 거부하고, 그것도 영구히 분리하지 않겠다는 건 그만큼 불안이 강력하다는 표시이다.

그와 관련해서 프로이트의 불안 이론을 잠시 보면, 그는 불안을

---

7 김양선, 『한국 기독교 해방 10년사』 (서울: 대한예수교장로회 종교교육부, 1956), 189. 주재용, 『한국 그리스도교 신학사』, 179에서 재인용.

아이의 성장에 따라 네 가지로 분류했다. 첫째는 절대 의존 상태인 유아기 불안이다. 자아가 아직 제대로 형성되지 못한 아기는 자신이 절대적으로 의존하는 대상을 잃는 데 대한 불안을 겪는다. 그래서 익숙하고 편한 대상이나 상황이 아니라면, '낯가림' 같은 데서 보듯이 심한 불안을 느낀다. 거기서 아기는 내부와 외부를 명확히 구분하며, 그 둘 사이 관계의 흥분량에 따라 불안이 증감한다. 둘째, 유년기의 불안이다. 아기가 어느 정도 성장하면 양육을 맡았던 부모가 직장으로 복귀하거나 동생이 생기는 등, 아이에게 쏟는 시간과 관심이 줄어든다. 그러한 상황에서 아이는 분리불안 또는 사랑 상실의 불안을 경험한다. 셋째, 남근기의 불안이다. 페니스에 집중된 자기성애 시기에 "고추 떨어진다"는 등의 말을 들은 남자아이가 (가령 여동생과 목욕하면서) 거세된 것을 목격하면서 거세불안을 겪게 된다. 여아의 경우 '이미' 거세되었다는 데 대해 슬픔, 원한을 느끼지만, 그만큼 더 자신을 사랑해 줄 대상에 집착하고 그 대상을 잃는 데 대한 두려움도 크다(사랑 상실의 불안). 그 시기는 거세 불안과 그 상관 요소인 처벌(거세/사랑 상실)의 두려움으로써 불안 역사의 절정을 이룬다. 그 불안은 초자아를 수용하고 내면화해 가는 긴 잠복기로 이어진다. 넷째, 성인기의 불안이다. 남근기를 지나 긴 휴지기와 내면화의 과정을 거치면서 불안이 사회적 형태로 발생한다. 초자아의 불안, 양심 불안, 사회적 불안이다. 그러나 남근기까지의 불안들도 성인기에 다시 발현할 수 있는데, 언제든 유사한 위험 상황과 결정 요인들을 만나게 되는 경우이다. 그때 어린 시절의 불안 몇 가지가 뒤섞여 동시에 작용할 수도 있다.[8] 그런 관점에서 한국교회의 보수주의, 근본주의의 불안은 분리불안, 사랑 상실의 불안 그리고 처벌에 대한 불안이 복합적으로 작용한 것이라고 할 수 있다.

한편 정신분석의 깊이를 보여주지는 않지만, 불안의 심리를 체계적으로 잘 정리한 프리츠 리만의 설명도 주목할 만하다. 그는 인간의 성격을 분열적 인성, 우울증적 인성, 강박적 인성, 히스테리적 인성으로 분류하며, 그것들은 '헌신에 대한 불안', '자기 자신됨에 대한 불안', '변화에 대한 불안', '필연성에 대한 불안' 같은 각각의 독특한 불안을 나타낸다고 보았다.[9] 여기서 '헌신에 대한 불안'과 '변화에 대한 불안'이 한국교회 보수주의에서 작용한다고 할 수 있다. 다른 말로 보수주의는 분열증적이고 동시에 강박적인 성격을 가진다는 뜻이기도 하다.

분열증적이란 건, 자신이 상실되는 데 불안을 느껴서 '자기 지키기', '자아 경계 긋기'에 과도한 힘을 발휘하는 성격이다. 그런 성격은 함께 살아가는 사람들과 거리를 두며, 너무 가까이 다가오지 못하게 하며, 아주 한정적으로만 교류한다. 남들에 대한 관심도 멀리 있을 때는 작동하지만 상대와 가까워지면 마음을 닫고 상대를 밀어낸다. 그런 성격은 남들을 향해 자신을 열거나 내어주는 '헌신에 대한 불안'에 시달린다. 그래서 소수의 *alter ego*를 제외하고는 아무런 관계없이 살아간다.[10] 강박증적이란, 기존에 있던 것을 그대로 유지하려는 성격이다. 늘 똑같은 것, 현재 알고 있는 것, 익숙한 것에서

---

8 폴-로랑 아순/이오갑 옮김, 『불안의 정신분석』(시흥: 한동네, 2022), 88; S. 프로이트/황보석 옮김, 『억압, 증후 그리고 불안』(서울: 열린책들, 1997), 284; 장-다비드 나지오/표원경 옮김, 『오이디푸스』(시흥: 한동네, 2017), 1장 "소년의 오이디푸스" 그리고 2장 "소녀의 오이디푸스" 참조.

9 프리츠 리만, 『불안의 심리』, 특히 11-30의 서문.

10 앞의 책, 33-35.

안정감을 느끼고, 그것들을 지속하고 연장하려 한다. 거기서 지배적인 것은 과도한 안전욕이다. 이른바 '수영을 배워야 물에 들어가는 사람들'이다. 그들은 안전을 위협하는 어떤 것과도 공존할 수 없다. 알고 있는 것과 다른 어떤 것, 이제까지와 다른 어떤 것, 낯선 모든 것에 대해 거슬리고, 불편하며, 불안을 느낀다. 무상에 대한 불안으로서, 모든 변화에 대해 반대하고 거부하며, 통제하려는 행위로 이어진다.[11]

사실 보수주의는 매우 중요하다. 보수주의의 중요성은 연속성을 유지하는 데 있다. 연속성은 두 가지로 나뉠 수 있다. 첫째, 시간적 연속성이다. 보수주의는 기독교의 과거와 현재 그리고 미래를 이어 준다. 기독교는 하늘에서 갑자기 뚝 떨어진 종교가 아니다. 구약성서로부터 신약성서, 그 이후 교회의 오랜 역사를 통해서 형성되어 왔다. 기독교가 기독교일 수 있는 것은 어제의 그것으로부터 이어졌기 때문이고, 또 오늘로부터 내일로 이어질 때 미래가 있다. 그래서 진부하고 답답하기까지 한 과거를 중시하고 이어가려고 한다. 구약성서와 신약에서 종종 긴 계보, 족보들을 나열했던 이유이다.

둘째, 공간적 연속성이다. 신학적 보수는 기독교가 어떤 종교인지, 무엇을 믿고 지향하는지에 대해 가장 기본적이고 일반적인 내용을 견지한다. 그것은 어느 나라, 어떤 종파의 기독교든 기독교라고 말할 수 있는 공통의 믿음과 교리이기도 하다. 그래서 보수주의는 기독교 종파나 신학들의 공통분모이고, 서로를 이어주는 끈이라고 할 수 있다.

---

11 앞의 책, 177-180.

하지만 보수주의가 불안의 무의식적인 선택의 결과일 경우, 보수주의 본연의 가치와 역할을 감당하기 어렵다. 불안의 특징 자체가 과도함으로 나타나고, 신경증적인 증상으로 표현되기도 한다. 가령 불안을 겪을 때 극도의 수동성을 보이거나 반대로 과도한 행동양식을 나타낼 수 있다.[12] 또한 불안을 회피하는 기재로 증상을 선택하기도 한다. 가령 히스테리나 강박증으로 전환되고, 그것들로써 밀려드는 불안의 고뇌를 피한다.[13] 그래서 보수주의 신학이 불안의 지배를 받을 때는, 다른 말로 신학이 불안의 산물이기만 할 경우, 보수주의 본연의 가치와 미(esthetic)는 사라지고, 폐쇄적이거나 배타적이거나 공격적이 될 수 있다. 언제나 해오던 것들을 경직되게 고수하면서 권위주의, 독단주의, 심지어 다양한 형태의 광신주의에 이르기도 한다.[14]

IV. 실천적 보수주의

한국교회의 보수주의는 교리만이 아니라 사람들의 삶에도 나타난다. 한국 개신교인들은 많이 완화된 편이기는 해도 규칙적이고 규범적인 생활을 한다. 음주, 흡연, 도박, 사치를 죄악시하거나 멀리하고, 주일을 거룩하게 지키고, 새벽기도와 수요예배, 금요기도회에

---

12 폴로랑 아순, 『불안의 정신분석』, 22.
13 앞의 책, 40, 125 등.
14 프리츠 리만, 『불안의 심리』, 182.

도 참석한다. 헌금과 교회 봉사도 많이 하고, 가정에서도 예배와 기도를 드린다. 결혼과 출산, 가정, 사회질서 등 전통적인 가치를 중시하며 그런 걸 위협하는 데 대해서 적극 반대한다.

그러한 실천적 보수주의는 한국 개신교사 초기부터 굳어진 전통으로서 역사적 뿌리는 둘로 구분된다. 청교주의와[15] 경건주의이다.[16] 청교주의는 개혁파의 영국과 뉴잉글랜드 버전으로서, 장로교 선교사들을 통해 국내에 들어왔고, 16세기 칼뱅의 제네바 교회에 기원을 둔다. 경건주의는 감리교와 성결교를 통해 들어왔는데 기원은 17세기 독일 루터파 내의 야콥 스페너에 두고 있다. 이후 경건주의는 진젠도르프를 통해 존 웨슬리에게 영향을 미쳤고, 특히 신대륙에서 크게 퍼졌다. 물론 그 두 사조, 청교주의와 경건주의는 미국 대각성운동을 거치면서 그리고 한국에서도 원산-평양 대부흥회 운동을 통해 표면적으로는 구분이 어려울 정도로 융합되었다.

먼저, 청교주의의 실천적 신앙은 16세기 제네바 교회의 독특한 '규율'(또는 권징, discipline)에 기인한다. 청교주의가 꼭 '규율'은 아니지만, 교회가 강조한 규율이 신자들의 개인 삶과 가정생활에 내면화되어, 독특한 규범주의 또는 도덕주의를 만들어 냈다. 칼뱅이 제네바 교회에서 '규율'을 강조한 것은 도시가 개혁된 이후 복음이 설교되기는 하지만 시민들의 삶에 체화되지 못하고 명목상의 그리스도인으로 머무는 데 대한 우려 때문이었다. 또한 당시 제네바는 가장 나중에

---

15 한국교회의 실천적 보수주의의 청교도적 기원에 관해, 주재용,『한국 그리스도교 신학사』, 74 등.

16 한국교회 경건주의의 유래에 관해, 김홍기, "한국교회와 경건주의: 세계교회사적 입장," 243-247.

개혁된 어린 교회로서 재-가톨릭화에 대한 불안도 작용했다. 제네바는 유럽 개신교 최남단으로서 가톨릭 강국들인 프랑스와 특히 숙적이었던 사부아 공국과 대치하고 있었다. 그래서 믿음과 삶이 통합된 강한 시민 양성은 교회와 국가의 존립에 필수적이었다. 규율은 '미신'과 '우상숭배'로 표현되는 종교적인 죄, 절도나 강도, 인색함 같은 사회적인 죄 그리고 간음, 음란 같은 성적인 죄로 구분될 수 있으며, 거리에서의 댄스, 주취, 도박 같은 것도 대상이 되었다. 규율을 어긴 사람들은 교회법원인 종무원(consistoire)에 소환되어 훈계나 경고, 출교 같은 처벌을 받았다. 제네바 시민들은 처음에는 그런 것들을 억압으로 느끼면서 교회에 저항하기도 했지만, 점차 규율을 받아들이고 거기에 맞는 규범적인 생활을 하게 되었다.[17]

규범적이고 도덕주의적 신앙이 유지되는 데는 마음에 어떤 불안이 작용하기 때문이다. 처음에는 교회의 판단을 받는 데에 대한 불안 때문이었을 수 있다. 하지만 단속이 사라진 후에도 불안이 지속된다면, 교회의 지시가 내면화된 결과이다. 따라서 거기에는 프로이트식으로 초자아의 불안, 양심 불안 그리고 사랑 상실의 불안이 작용했다고 할 수 있다. 그래서 말이나 태도, 품행에서 언제나 단정하고, 주의를 기울이며 조심스럽게 살아간다. 리만의 관점에서는 '헌신에 대한 불안'과 '변화에 대한 불안'이다. 앞에서도 보았지만, 헌신에 대한 불안은 분열증적 성격에서 비롯되며, 남들로부터 자기를 구분하고, 그러한 자신을 지키고 보존하는 '자기 지키기'에 힘을

---

17 이에 관해 이오갑, 『칼뱅, 자본주의의 고삐를 잡다 ― 그의 경제사상과 자본주의』(시흥: 한동네, 2019), 119, 130-131 등.

기울인다. 불안한 그는 언제나 자기를 단속하며 다시금 확인한다. 그러기 위해서는 자신의 정체성을 분명히 할 필요가 있고, 그것도 몇 가지 태도와 행동으로 좁혀놓는다. 자신을 지키거나 확인하는 데 용이하기 때문이다. 강박적 성격에서 기인하는 변화에 대한 불안은 고집스러울 정도로 형식과 규범의 틀 안에서 살아가게 한다. 자연스러운 욕구, 욕망을 억압하는 것이라 해도, 좁은 틀 안에서가 안심이 되고 편하다. 그만큼 변화에 대한 불안이 크다는 것이다.

칼뱅주의의 '규율'이 빚어낸 실천적 보수주의는 17~18세기를 거치면서 새로운 전기를 맞는다. '규율'은 신학적으로는 성화론이나 율법의 제3용법 같은 교리의 논리적 귀결이고, 복음과 율법, 칭의와 성화를 균형 있게 강조했던 칼뱅의 목회적 표현이기도 하다. 하지만 복음과 율법을 대립적(antithétique)으로 보았던 루터파의 눈에는 율법주의로 되돌아갈 위험이 있었고, 그것은 17세기 이후 통속적 칼뱅주의에서 흔히 나타나는 현상이었다. 거기에는 예정론과 '실천적 삼단논법'(syllogismus practicus) 같은 교리가 결합되었다. 신이 영원 전에 이미 어떤 이는 구원으로, 어떤 이는 영벌로 선택했다는 예정론이 주는 불안을 벗어나고자 장로교도들은 자신들의 생활과 실천, 성취, 업적 같은 외형적 결과들을 구원받은 그리스도인의 증거로 삼고자 했다.[18] 여기서는 신의 선택에 대한 불안, 구원에 대한 불안이 작용했다. 그래서 예수 그리스도의 은총으로 구원받는

---

18 막스 베버/김덕영 옮김, 『프로테스탄티즘의 윤리와 자본주의 정신』 (서울: 도서출판 길, 2010), 191-199; 이오갑, 『칼뱅, 자본주의의 고삐를 잡다 — 그의 경제사상과 자본주의』, 424.

다는 복음을 전적으로 신뢰하지 못하고, 자신들의 행위와 공로, 성취에서 구원의 증거를 찾고 거기 안주하는 율법주의, 공로주의로 빠져들어 갔다. 거기에는 심리적으로는 사랑 상실의 불안이 들어있다고 할 수 있다. 자신의 행위나 업적으로써 신의 구원과 사랑을 확인한다는 점에서이다. 리만식으로 말하면, 강박증적 성격의 불확실성에 대한 불안, 무상에 대한 불안이다. 불확실하고 유동적인 신의 선택에 대한 불안이 가시적이고 숫자로 찍히는 재산이나 지위에 집착하게 만드는 것이다.

한국교회의 신앙 형태가 실천적이고 규범적인 특징을 가진 데는 웨슬리 전통의 경건주의도 크게 작용했다. 원래 경건주의는 17세기 개신교 스콜라주의, 정통주의의 메마르고 억압적인 교권주의, 주지주의, 형식주의 같은 데 대한 반작용으로 생겨났다. 그것은 거듭난 소수 신자들의 모임인 교회 안의 작은 교회 '소그룹'을 중시하면서, 영적인 거듭남과 구원의 체험을 강조했다. 또한 기도와 선교, 성경 읽기, 성경의 가르침을 실생활에서 실천하는 데 열정적이었다. 하지만 사회정의나 구조적인 문제들에 대해서는 무관심했고, 개인의 구원에만 집중했으며, 자선이나 사회봉사에 열심이었어도 개인의 영혼 구원을 위한 수단을 넘어서지 못했다는 한계를 갖는다.[19]

경건주의에는 상반된 불안이 동시에, 또는 연이어 작용한 것 같다. 먼저 경직된 구조와 형식에 대한 불안이다. 경건주의는 기존 교회의 형식과 설교에서 답답함을 느끼고, 자신들이 작은 공동체를 이루고 거기서 성경을 읽고 신앙과 삶의 방향을 찾았다. 그것은

---

19 김홍기, "한국교회와 경건주의: 세계교회사적 입장," 208-210.

강한 초자아에 의한 자아 상실의 불안이라고 할 수 있다(이것은 뒤에서 다시 보게 될 것이다). 강력한 초자아에 대한 불안은 그것을 벗어나 자신을 추구하게 만들 수 있다. 리만의 관점으로는 '필연성에 대한 불안,' 즉 정해지고 바꿀 수 없는 것에 대한 불안이다. 폴 틸리히가 경건주의를 교회에 대한 순응에서 벗어나 '자기 자신으로 존재하려는 용기'의 사례로 언급한 것도 같은 맥락에서였다.[20]

그와 정반대로, 경건주의에는 사랑 상실의 불안, 또 초자아 불안 도 있다고 할 수 있다. 경건주의자들은 경건하고 규범적인 생활을 하면서 서로 돕고, 가난한 사람들에게 자선을 베풀고, 해외선교에도 열심이었다. 유난히 규범적이고 도덕적인 삶은 초자아, 양심 불안의 전형이다. 선행을 하고 하나님의 마음에 맞아야 하나님의 벌을 받지 않을뿐더러 사랑도 잃지 않는다는 것이다. 리만의 '자기 됨의 불안'으로도 설명된다. 그 불안은 자신이 아니라 대상에 헌신하게 하고, 자신을 돌보기보다 타인들을 돌보고 사랑하게 만든다.

실천적 보수주의는 그것이 청교주의건 경건주의건 혹은 율법주 의나 공로주의라도 선한 행실과 규범적 생활, 삶의 안정성과 일관성 이라는 점에서 중요하다. 하지만 기독교인의 규율이나 경건이 불안 의 '회피 기재'라면, 그런 것들은 하나님의 사랑과 은총에 대한 감사의 표현이 되지 못하고, 기독교와 기독교인의 삶에 대한 이해에서 비롯 되지도 않는다. 오히려 신앙생활이 형식적이고 강박적인 행위를 거듭하는 일에 불과할 수 있다. 하나님의 사랑을 잃지 않기 위해서, 하나님의 판단을 받지 않으려고, 또한 교회나 다른 사람들의 눈을

---

20 폴 틸리히/차성구 옮김, 『존재의 용기』(서울: 예영커뮤니케이션, 2018), 152.

의식해서 하는 행위가 될 수 있다는 것이다. 타인을 쉽게 판단해서 비난하거나 이상화(理想化)하기도 하고, 타인들과 비교해서 열등감을 느끼거나, 우월감으로 자기 의를 자랑하거나, 심하면 자기도취에 빠질 수도 있다.

V. 정치적 보수주의

한국교회는 정치적으로도 보수적이다. 중도보수, 보수 그리고 극우파에 이르기까지 범위도 넓지만, 교회사 초기부터 현재에 이르기까지 보수성은 더 강화되는 것 같다. 박근혜 대통령 탄핵을 계기로 시작된 이른바 '태극기부대'를 주도하는 것이 개신교 목사들과 교인들이다. 그들은 윤석열 대통령 탄핵정국 동안 더 과격화되어 개신교에 대한 시민 대중의 반감을 증폭시켰다. 한국교회의 정치적 보수성은 역사적이고 사회적인 이유를 가지지만, 이미 20세기 초부터 정해진 것이기도 했다.

초기 선교사들 대부분은 종교를 국가의 정치와 역사적 운명과는 분리했다. 그것은 그들의 경건주의 신앙의 결과이기도 했지만, 당시 뿌리내리기 시작한 교회가 독립운동이나 사회문제에 휩쓸리지 않고 전도와 성장에 집중하기 위한 선택이기도 했다. 때로 교회가 개화와 계몽, 독립운동의 거점이 되고, 3.1독립만세운동에도 대거 참여했으나, 이후에는 다시 비정치화하면서, 주요 관심이 개인 영혼의 구원이나 전도 같은 교회 안의 문제로 회귀했다.

교회의 그런 입장은 비정치적인 것 같아도 사실상 정치적이었고,

그것도 기존의 세력과 결탁해서 현실에서 안전을 취하는 '보수적 정치성'이었다. 가령 일제와 친일 세력의 기득권 유지를 묵인함으로써 그들의 보호를 받고, 그들을 지지하기도 하는 친일 성격을 띠기도 했다.

해방 후 군정과 이승만 정권에서는 개신교가 기득권 세력이 되면서 보수화의 길을 가속했다. 5.16 이후 군부독재 시절에도 대부분의 교회는 정교분리에 근거해서 정치적 발언이나 참여를 삼갔다. 반대로, 독재에 항거하며 정치 참여를 주장했던 소수 교회를 '용공'이나 '이단', '자유주의'라는 이름으로 매도했다. 정치적 자유와 민주화, 경제 정의 등을 요구하는 민중의 열망에 등을 돌리며 스스로 기득권층이 되었고, 기존 질서를 수호하는 데 적극적이었다. 그런 식으로 한국교회는 정교분리, 비정치화를 표방하면서도 사실은 매우 정치적인, 그것도 보수 또는 극우적인 행보를 이어왔다.

한국교회의 비정치화에는 권력에 대한 두려움, 권력으로부터 처벌받는 데 대한 불안이 작용했다고 볼 수 있다. 현실적인 힘, 심지어는 그 힘이 전제 권력으로부터 나올 때 보통 각오가 아니고서는 그것을 어길 수 없다. 힘이 불의하고 폭력적이라고 해도 맞서지 못하고 외면한다든지, 순응하고 협조적이 되는 이유이다. 그것은 폭군적 초자아 앞에서 무력한 자아가 느끼는 불안이고, 폭군으로부터 사랑 상실의 불안이다.[21] 자기보존과 더 나가서 스스로 폭군의 위치에 오르려는 욕망의 선택이라고도 할 수 있다. 불안이 크면

---

21 폭군적 초자아에 관하여, 장-다비드 나지오/표원경 옮김, 『정신분석의 근본 개념 7가지』 (시흥: 한동네, 2017), 24-247.

초자아를 더욱 내면화해서, 처벌받거나 사랑 상실을 겪을 불안을 피하고, 심지어 폭군의 *alter ego*가 되어 그것을 대신하기까지 한다. 흔히 '스톡홀름신드롬'이라 부르는 것의 이유이기도 하다. 리만식으로 표현하면, 분열적 성격으로서 헌신에 대한 불안이다. 교회의 비정치화라는 것은 사회나 정치의 영역에 자신을 내어주지 않고, 자기 분야에만 안주한다는 뜻이다. 또한 광범위하고 변화무쌍하며 혼란스럽기까지 한 사회현상 속에서 교회가 현기증을 느끼면서 정해놓은 자기 한계, 단순한 자기 세계를 고집한다고 할 수 있다. 그런 점에서 강박적인 성격의 '무상에 대한 불안'이기도 하다.

한국교회가 친미 반공주의로 기운 것은 역사적 운명이라고 할 수 있다. 한국 개신교의 정착과 부흥에는 더 넓게는 교육과 의료, 사회복지 등 사회 여러 분야의 발전에도 미국과 캐나다, 호주 등 영미권 선교사들의 헌신이 크게 작용했다. 일제 강점기부터 해방 후 현재에 이르기까지, 선교사들이 세운 교회와 학교, 병원 등에서 교육받은 사람들이 사회 각계의 지도자로 활약했다. 그러한 역사가 한국 개신교의 '친미성'을 말해 준다.

'반공주의'에 관해서는 해방 후 38선 이북에 공산정권이 들어선 후 쫓겨났던 월남 성도들로부터 시작해야 할 것이다. 그들은 고향의 교회와 가옥, 전토를 버릴 수밖에 없었고, 부모와 가족이 공산당의 탄압으로 수감되고, 살해당한 사람들도 있었다. 공산주의에 대해 원한을 품었던 그들 중 일부는 남한 내 공산주의 척결 명분의 서북청년단 같은 우익단체를 주도했다. 제주 4.3사건에서 서북청년단은 군경토벌대와 함께 직접 진압에 나서기도 했다. 한국교회 이미지가 진작부터 공산주의의 피해자면서 동시에 박해자가 되고 만 것이다.

1950년 한국전쟁은 교회가 공산주의를 적그리스도, 사탄으로 간주하는 강력한 '반공'과 미국을 구원자로 여기는 친미를 넘어 '숭미'로까지 발전하는 결정적 계기였다. 전쟁 중 공산 치하에서 교회 지도자와 성도들이 인민재판을 받고 처형되거나 납북당하는 일이 많았고, 국가 자체가 적화되어 기독교가 송두리째 뿌리뽑힐 위기까지 경험했다. 그런 위기에서 구해준 나라가 미국이고, 그 미국은 50년대 이후 '매카시즘'으로 표현되는 극단적 반공주의의 메카였다. 친미는 곧 반공이고, 반공이 친미였고, 그래서 한국교회는 당연히 친미 반공주의가 되었다.

한국교회의 친미 반공주의에도 사랑 상실의 불안이 작용할 수 있으나, 특기할 것은 외상성 불안이 크게 작용하고 있다는 점이다. 외상(trauma)으로 인한 불안이다. 프로이트는 혹독한 빙하기를 겪은 인류가 오랜 후에도 집단적으로 느끼는 불안을 언급했고,[22] 1차세계대전이 만들어 낸 '전쟁 트라우마'에 대해서도 말했다.[23] 전쟁이든 빙하기든 트라우마를 겪은 사람들은 공통적으로, 유사한 상황이 재현되거나 예감될 때마다 동일한 불안을 겪는다는 것이다. 한국교회는 공산주의에 대해 그러한 집단적 불안을 가지고 있다. 월남 성도들이 많았고 공산주의를 혹독하게 경험했다. 공산주의 도발이나 위협이 예상되기만 해도 고통이 재현되고 불안이 엄습하는 걸 피할 수 없었다. 그들에게 공산주의는 불안을 넘어 공포로, 공포를

---

22 S. Freud, *Vue d'ensemble sur les névroses de transfert, 1915* (Gallimard, 1986), 34. Cf. 폴-로랑 아순, 『불안의 정신분석』, 82.

23 S. 프로이트, 『억압, 증후 그리고 불안』, 268-269.

| K-신학 한마당

넘어 거의 공황으로까지 폭발하게 하는 트라우마였다. 그 결과가 친미 반공주의로서, 나라와 교회를 공산주의로부터 구출해 주었고, 자유 민주주의의 수호자인 미국을 은인의 나라로 여기고 따르게 된 것이다.

한국교회는 충분히 친미적일 수 있고, 또 반공적일 수 있다. 한국교회는 미국교회로부터 많은 빚을 졌다는 것은 사실이다. 한국 사회 역시 미국으로부터 많은 도움을 받았고, 정치, 사회, 경제, 군사, 교육, 보건의료 등 거의 모든 분야에서 미국 시스템을 따랐고, 급격한 발전을 이루어 현재는 선진국의 가도를 달리고 있다. 우리 민족의 우수성과 근면성 덕분이지만 미국의 직간접적인 지원도 부인할 수는 없다. 반공주의도 마찬가지이다. 한국은 서방 민주주의와 자본주의를 선택했기에, 거기에 위협이 되는 공산주의를 경계하는 것이 당연하다. 더구나 공산주의 침략을 겪었고, 남북 간의 군사적 긴장과 대립도 계속되는 현실이다.

하지만 한국교회 친미 반공주의가 오로지 외상성 불안 때문이라면 문제가 심각하다. 미국에 대한 태도도, 공산주의에 대한 대응도 무비판적이고 감정적, 반사적이 될 수 있다. 미국에 대해서는 무조건적인 호감과 순응, 심지어 맹종이 될 수 있고, 공산주의에 대해서는 미움을 넘어 증오와 적개심까지 품을 수 있다. 한국교회는 불안이나 공포심에서가 아니라 합리적인 이유로써 친미 반공주의를 선택해야 한다. 그것이 우리 교회와 사회가 미국과 성숙한 관계 속에서 친선과 우의를 다지며 공존공영하는 길이다. 또한 냉전 종식으로 변화된 국제질서를 보면서 '반공주의'를 재고하고, 남북 협력과 호혜, 민족 통일까지도 바랄 수 있는 길이다.

VI. 성령중심주의

한국교회가 짧은 역사에도 불구하고 역사상 유례를 찾기 어려울 정도로 급성장을 이룬 데는 성령 중심의 뜨거운 신앙과 열정이 자리 잡고 있다. 초기 선교사들도 미국 대각성운동의 후예들이었지만, 한국교회 성령운동에서는 한국인의 역할을 아무리 강조해도 지나치지 않는다. 가령, 20세기 초반 수많은 부흥대성회들에서 길선주, 김익두, 이용도, 김성봉 목사 등이 눈부신 활약을 했고, 그들이 가는 곳마다 몰려드는 대중들의 열렬한 호응도 잊을 수 없다. 해방 전후 시작된 기도원 운동도 그렇다. 용문산기도원, 대한수도원, 한얼산기도원 그리고 나중에는 오산리 금식기도원 같은 대규모 기도원을 비롯한 전국 각지의 기도원들, 산중 기도처들도 열정을 넘어 열광에 이르기까지 뜨거운 성령 중심 신앙의 요람이었다. 기도원에서는 교회와 교파를 막론한 교인들이 모여 기도하며 부르짖고, 뒹굴고, 춤도 추며 은혜를 받을 수 있었다. 조용하고 경건하게 기도하는 서양의 수도원과는 아주 다른, 독특한 양태의 기도원들이었다.

한국교회의 성령중심적 신앙은 "성령의 체험적인 역사를 강조하는 오순절-모성적 신앙 형태"로서, 선교사들을 통해 들어온 오순절 성령운동과 한국인의 종교 심성, 무속 종교가 만나 이루어진 결과라는 분석이 있다.[24] 한국인의 종교적 심성에는 노래와 춤, 치병, 축귀로 이뤄지는 무속이 자리 잡고 있어서 그와 유사한 오순절 성령운동이 가장 받아들이기 좋은 신앙 형태였다는 것이다.[25]

---

24 박명수, "한국 교회와 오순절운동: 한국교회사적 입장," 76-77.

사회적으로 볼 때, 한국의 초기 성령운동은 조선의 국운이 다해서 동학농민혁명과 청일전쟁, 러일전쟁, 을사보호조약, 의병운동들이 연이어 일어났던 때와 시기를 같이한다. 그러한 운명 앞에서 부패하고 무력하기만 한 조정은 속수무책이었고, 개화운동이라든지 의병운동, 반일 투쟁들은 실패를 거듭했다. 민중들을 휩싼 건 오로지 흉흉한 인심과 장래에 대한 불안이었다. 기존 어디에도, 누구에게도 의지할 곳이 없었던 민중들은 마침 불어닥친 성령운동을 통해 교회로 몰려들었다. 그들은 교회에서 무력하고 불의하기만 했던 '조선'을 대체하는 하나님 나라와 천년왕국의 비전을 찾았다. 그래서 예수 그리스도의 재림을 갈구하며 전천년설에 빠져들었고, 현실에서의 궁핍과 가난을 해결하기 위해서 샤머니즘을 대체하는 기복주의, 아주 현실주의적인 신앙 형태를 보였다. 병이 나면 오갈 데 없는 민중들이 치병의 기적, 신유에 매달렸던 것도, 가난한 삶에서 물질적인 축복을 갈구했던 것도 마찬가지이다.[26] 민경배 교수는 한국교회의 '체험적이고 구체적인' '현실적 기질'을 초기 찬송가 가사들을 통해 잘 보여주었는데, 가령 "떡을 슬토록(실컷) 먹여주오!" "옷과 밥을 주시니…" 같은 것들로서, "헤아릴 수 없는 빈곤과 궁핍" 시대에 "무엇인가 손에 잡히는 것이 있어야 했다"는 것이다.[27]

　　한국교회 초기부터 이어지는 오순절 성령중심의 신앙과 신학에는 가장 원초적인 생존 불안이 자리 잡고 있다. 절대빈곤의 상태,

---

25 앞의 책, 81-83.

26 "초기 한국교회 재림신앙과 신유에 관해서," 앞의 책, 92-97.

27 민경배, "한국 교회와 경건주의 — 한국교회사적 입장," 앞의 책, 277-278.

생사의 갈림길에 서 있는 민중의 불안이다. 거기에는 과거 임진왜란 같은 전란들이 빚어낸 집단적 아사라는 트라우마도 작용했다. 죽음의 위기에서 현실 어느 곳에도 구원의 가망이 없는 민중이 기댈 곳은 오직 현실 저편의 하나님 나라와 재림주 예수밖에는 없었다. 그런 불안이 극도로 '저세상적'이면서 동시에 현실주의적인 민중 신앙을 말해 준다. 또 한 가지, 억눌린 현실에서 옴짝달싹 못 하는 데 대한 불안이다. 민중은 신분과 가난을 벗어나지 못하고, 평생 그렇게밖에는 살 수 없는 운명이었다. 그것도 설명이 필요 없는 생존 불안이지만, 리만식으로는 '필연성에 대한 불안'이다. 그런 불안에서의 탈출구가 일시적으로나마 전통적으로는 굿, 탈춤, 판소리 같은 종교-민속 문화였다. 부흥회나 기도원 집회에서 열광주의적인 기도와 노래, 춤 같은 데 쉽게 빠져들었던 것도 그것이 민중의 억눌린 감정과 불안을 표출하는 통로였기 때문이다. 오순절 성령중심적 교회들이 엄격하고 형식적인 교회 형식을 벗어나서 자유롭고 역동적인 예배를 추구했던 데도 같은 불안이 작용했다. 거기서 교인들은 뜨거운 예배와 설교, 통성-방언 기도 등으로써 현실에서 쌓인 불만과 분노, 불안, 억울함과 한 같은 것들을 분출할 카타르시스, 해방의 통로를 얻었다.

성령중심의 신앙과 신학은 60년대 이후 70년대를 거쳐 커다란 전기를 맞는다. 순복음교회 오순절운동으로부터 빌리 그레이엄 여의도전도대회, CCC 등의 대학생 선교운동, 적극적 사고방식의 대형 교회들, 온누리교회 열린예배로 이어지는 시기이다. 우선 주목할 것은 이전의 현실적인 기복주의가 부와 성공에 대한 욕망 쪽으로 옮겨져서 성공주의와 번영신학으로 발전했다는 점이다. 가난과 가난한 운명에 대한 불안이 그것을 일거에 떨쳐버릴 성공에 대한 욕망으로 전환된 것이다. 근대화와 경제발전이 이뤄지면서 사람들에게 기회가 많아졌기 때문에 가능했다. 또 하나 달라진 점은, 특히 순복음교회 오순절운동에서 보듯이 은사주의가 대중화되었다는 것이다. 순복음교회가 강조했던 '방언' 은사는 당시만 해도 여전히 헐벗었던 민중에게 하나님의 특별한 사랑과 구원을 받은 표징이었다. 그래서 많은 사람들이 방언을 구하는 데 매달렸고, 방언을 받고 행복해했으며, 통성기도도 방언으로 하는 모습을 흔히 볼 수 있었다. 방언은 민중들에게 하나님의 선택을 받은 특별한 존재라는 정체성과 자존감을 갖게 했다. 성공주의에서의 '성공'도 마찬가지였다. 성공이나 방언이 모두 하나님의 선택과 구원의 표징으로 간주되었던 것이다. 그러한 은사주의나 성공주의에는 모두 사랑 상실의 불안이 작용한다고 할 수 있다. 성공이나 은사에서 하나님의 사랑을 확인하고 거기서 삶의 만족과 기쁨을 누린다는 점에서이다.

그러나 한국교회의 성령중심적 신앙과 신학이 불안에 좌우돼서는 안 된다. 성령 운동이든 신학이든 불안의 지배를 벗어나지 못하면, 자기도 모르게 열광주의나 신비주의, 저세상적 종말론에 과도하게 빠져들 수 있다. 그동안 사이비, 이단 시비와 정죄가 많았던 것도 대개는 성령 운동의 열광주의와 광신주의 때문이다. 그래서 한국교회 성령중심주의는 내면의 불안 때문이 아니라 말 그대로, 말씀과 함께 교회와 세상에서 역사하는 성령의 결과여야 하는 것이다.

VII. 한국적 신학

한국적 신학은 전통적인 서구 중심의 교회와 신학을 넘어서, 성서와 전통을 주체적으로 읽고 해석해서 한국 고유의 신학을 세워나간다. 그를 위해 한국 사회와 역사, 문화와 종교를 사유의 대상으로 삼고, 기독교적 관점에서 대화하고 재해석한다. 그래서 한국 사회와 문화의 발전에도 기여하고, 교회와 신학도 한국적인 바탕에서 새롭게 만들어 간다. 그러한 신학은 한국 교회사 초기부터 기원을 찾아볼 수 있으나[28] 1960년대 이후, 토착화-문화신학과 민중신학으로써 본격적으로 논의되고 발전했다.

먼저, 토착화신학은 1960년대 들어서서 유동식, 윤성범 교수 등이 획기적인 논문들을 발표하면서 시작되었다. "환인, 환웅, 환검은 곧 하나님이다(윤성범)" 등으로서, 당시 진보 보수를 망라한 수많은 신학자가 가담한 뜨거운 논쟁의 도화선이었다. 60년대 내내 지속된 '논쟁'을 통해 정리된 토착화신학은 주재용 교수에 따르면, "한국 전통문화와 그리스도교 신앙이 결코 모순, 갈등 속에 있는 것이 아니며, 그리스도교 복음은 한국의 전통문화와 만남으로써 복음이 될 수 있다는 것이다."[29] 토착화신학은 60년대 이후에도 다양한 논의가 지속되어 현재도 많은 신학자들이 한국의 문화와 사상, 종교들과 대화하면서 기독교 신학의 폭을 넓혀가고 있다.

---

28 가령, 기독교를 한국 종교 전통과 교리로써 해석하고 타종교와 대화하려고 했던 감리교 최병헌 목사 등, 이에 관해, 주재용, 『한국 그리스도교 신학사』, 29-32.
29 앞의 책, 230-234.

민중신학은 1960년대 이후, 특히 70년대 한국의 정치, 경제, 사회라는 상황에서 비롯되었다. 당시는 급격한 산업화와 경제성장의 폐해로써 고통받던 농민, 노동자, 도시빈민들의 분노가 고조되었다. 동시에 권위주의 정권의 억압도 극에 달해서 독재 타도와 민주화를 외치는 학생들과 대학교수, 종교인 등 지식인들의 반독재 투쟁도 강화되었다. 민중신학은 당시 반체제 학자들이었던 서남동, 김용복, 안병무, 현영학 교수 등에 의해 시작되었다. 그들은 민중을 신학적 성찰의 주제로 삼고, 민중이 주체이며 더 나가서 예수이기까지 한, 민중 중심의 신학을 형성했다. 특기할 것은 민중신학은 정치 경제적 차원의 저항과 해방만이 아니라 한민족의 역사와 문화, 전통을 함께 성찰하고 수렴했다는 것이다. 즉, 오랜 역사에서 봉건왕조의 수탈과 외세 침략에 이중으로 시달렸던 민중의 한과 이야기, 춤과 노래, 극을 신학화함으로써 "한국의 민중 전통과 성서 및 교회사의 민중 전통의 합류"를 시도했다.[30]

한국적 신학의 공헌은 두 가지로 볼 수 있다. 하나는 한국교회의 보수 일변도에서 벗어나 아주 새로운 신학의 길을 열었다는 점이다. 즉, 지배적인 주류 신학으로부터 자유롭게 자신의 신념과 의지에 따라 주체적인 신학을 했다. 또 하나는, 역시 주체적이지만, 서양 기독교 중심의 사대성을 벗어나 한 민족의 역사와 문화, 종교, 사상을 바탕으로 신학을 했다는 점이다. 즉, 서양인이거나 국적 없는 기독교인으로서가 아니라 한국인으로서, 한국 기독교인으로서 신학을 했다. 그 두 가지 공헌은 모두, 앞에서 경건주의를 다루면서 언급했던

---

30 앞의 책. 인용문은 서남동, "두 이야기의 합류," 『民衆과 韓國神學』, 240 이하.

'자아 상실의 불안'에서 비롯되었다고 할 수 있다. 강력한 초자아 혹은 대상에 자아가 흡수되어 소멸되는 데에 대한 불안이다.

프로이트는 자아가 초자아로부터 처벌받고 사랑을 상실하는 데에 대한 불안을 주로 다루었지만, 반대의 경우도 가능하다. 대상상실에 대한 불안이 아니라 대상에 의한 자아 상실의 불안이다. 프로이트를 설명하는 폴-로랑 아순은 말한다. "불안은 자아와 초자아 둘 사이, 그것들이 맞대결하는 곳에서 활동한다."[31] 자아와 초자아는 같은 편만은 아니고, 밀고 당기는 관계이다. 자아는 거세나 사랑 상실의 위협 아래서 초자아에 순응하고 초자아를 대신하기도 하지만, 반대로, 지나치게 강한 초자아에 흡수되는 데 대한 불안으로 자기를 구하고 강화하려 한다. 그 불안으로써 자아는 초자아의 지배를 벗어나 나르시스적 자기보존의 선택을 한다. 리만이 말하는 분열증적 인성의 '자기 지키기'라고도 할 수 있다. '헌신에 대한 불안,' 즉 자신이 대상에 흡수되어 소멸하는 데 대한 불안이다. 보수 신학의 지배를 벗어나서 자기 고유한 신학을 추구하는 한국적 신학에는 그러한 자기 상실, 자기 소멸의 불안이 작용한다는 것이다. 또한 강력한 서양 종교의 쇄도에 동양 특히 한국 문화와 종교가 사라지는 데 대한 불안도 같은 종류이다.

또 다른 관점에서, 한국적 신학은 리만의 '필연성 불안'과도 관계된다. 지배적이고 굳어져 '필연' 같이 된 데 불안을 느껴 새로운 신학을 찾아나가는 것이다. 민중신학의 체제 저항성에서도 필연성의 불안을 읽을 수 있다. 경직되고 억압적인 정권을 거부하고 자유롭

---

31 폴-로랑 아순, 『불안의 정신분석』, 73.

고 개방적인 민주주의를 추구하기 때문이다. 민중신학에는 또 하나의 불안이 가능하다. 민중신학의 민중 지향성, 가난하고 어려운 사람들에 대한 사랑과 연대에서 드러나는 분리불안, '자기 됨의 불안'이다. 개별적인 자아가 되는 불안으로서, 사람들을 사랑하고 공감하고 돌보며 그들과 '하나'가 됨으로써 자기 자신을 잊는 것이다.[32]

민중신학이든 토착화-문화신학이든 한국적 신학은 한국 기독교사에서 변화와 발전을 가져온 대표적인 창조적 신학이다. 토착화-문화신학은 한국 전통의 종교와 문화, 철학들의 의미와 기치를 재발견하고, 그것들과 적극적인 대화를 통해 기독교의 시야를 넓히며 신학을 풍요롭게 해주었다. 민중신학은 민중의 시각에서 성서를 읽고 신학을 민중 해방을 위한 성찰과 실천으로서 재정립했고, 오랫동안 민족의 고난을 한 몸에 받아 그 한을 탈춤과 판소리 같은 웃음과 해학, 노래로 승화시킨 민중의 전통을 신학화하기도 했다. 그뿐 아니라, 민중교회들과 함께 1970~80년대 군부독재에 항거하는 민주화 운동에 참여해서 나라의 민주주의 발전과 경제민주화에도 기여했다.

한국적 신학도 불안의 산물이기만 해서는 안 될 것이다. 신학이 자기 상실 불안에 지배받으면, 나르시시즘적 자기 선택의 결과가 될 수 있다. 그 경우, 우월감을 가지거나 작은 성공에도 만족하는 자기도취의 길을 갈 위험이 있다. 정체된다든지, 빈틈없는 체계의 완결을 도모한다든지, 다른 이론이나 해석에 닫히는 등 경직되고, 교조화할 수 있다. 토착화-문화신학에서 한국적이거나 동양적인

---

32 프리츠 리만, 『불안의 심리』, 99.

것을 이상화하는 반면 서양 기독교 전통을 소홀히 볼 수 있고, 민중신학 경우도 민중을 이상화해서 무비판적이 될 수 있다. 또는 기존 신학에 대한 지나친 두려움과 불신으로 과속해서 너무 멀리 갈 수 있다. 즉, 기존 교회와 신학과의 연결성이 약해서 교회의 용인 범위를 벗어날 수 있다. 가령 토착화·문화신학이 혼합주의나 상대주의가 될 수 있고, 민중신학은 사회 과학이나 실천 이론이 될 수 있을 것이다.

민중신학의 '자기 됨에 대한 불안에 관해서는, 그것 덕분에 자신을 버리고 사람들을 사랑하고 공감하며 그들과 '하나' 되는, 헌신의 삶을 추구하는 좋은 점이 있다.[33] 하지만 오로지 '자기 됨의 불안' 때문이라면 철저한 민중 지향성은 사람을 이중적이거나 위선적으로 만들 수 있다. 교회와 민중, 지식인과 민중이 '하나'가 되는 것은 소중하고 이상적이지만, 불안은 이상과 실제 사이에 언제나 존재하는 간격을 인정하기 어렵게 할 수 있는 것이다.

VIII. 실재의 불안과 한국신학의 불안 극복

멜라니 클라인은 불안이 인간 발달을 방해하지 않고 오히려 가능하게 한다고 했다. 물론 과도하고 병적인 불안은 다르지만, 불안을 '감내'하고 '훈습'하면서 '관리'하면, 인간의 발달을 돕고 삶을 향상시킬 수 있다는 것이다. "불안이 단지 추방되기만 하면, 영혼

---

33 앞의 책, 99 참조

내에서 변화를 위한 필요조건을 만드는 데 이용되지 못한다. 중요한 것은 불안이 다루어지는 방식이고, 이는 관련된 불안의 질과 그것을 감당할 수 있는 능력이다."[34] 여기서 의미하는 것은 두 가지이다. 하나는 불안이 인간 발달을 돕는다는 것이다. 또 하나는 불안을 떠날 수가 없다는 것이다. 단지 감내하고 훈습할 수 있을 뿐이다. 불안은 사라지지 않는다. 사라진다면 그것은 다른 증상으로 전환되거나,[35] 환상 혹은 정도가 심하면 망상에 빠지는 경우이다.[36] 그래도 불안은 부정적이지만은 않고, 잘 관리함으로써 자기 성장에 도움이 된다는 것이다. 그러한 동기에서 불안을 신학적으로 잘 다루었던 신학자는 한스 우르스 폰 발타자르와 앞에서 언급한 폴 틸리히 등이 있는데, 여기서는 틸리히를 본다.[37]

틸리히도 불안이 실존적 문제로서 제거될 수 없다고 보았다. 문제는 "비존재의 불안을 존재 자체 속으로 이끌어오는 용기"에 있다는 것이다. "용기는 비존재의 위험을 무릅쓰는 자기 긍정이다."[38] 용기는 그의 존재론적 원리 중 하나인 '자아'와 '세계'라는 양극 속에서 인간 실존의 상태에 따라 '일부로 존재하려는 용기'와 '자기

---

34 Julia Segal/김정욱 옮김, 『멜라니 클라인』(서울: 학지사, 2009), 126-127; 클라인, "자아 발달에서 상징 형성의 중요성"(1930). 원 출처: *The Writing of Melanie Klein* Vol. I. (Lomdon: Hogarth Press and The Institute of Psychoanalysis, 1975).

35 폴-로랑 아순, 『불안의 정신분석』, 40-41.

36 앞의 책, 122-123; 174-175.

37 Hans Urs von Balthasar, *The Christian and Anxiety*, tr. by D. D. Martin, M. J. Miller, (San Francisco: Ignatius Press, 2000), 초판은 1951년 간행되었다. P. Tillich, *The Courage to Be* (New Haven: Yale University Press, 2014, 초판: 1952). 국역: 폴 틸리히/차성구 옮김, 『존재의 용기』(서울: 예영커뮤니케이션, 2018).

38 폴 틸리히, 『존재의 용기』, 100-101.

자신으로 존재하려는 용기'로 구분된다. 전자는 세계에 참여함으로써 자신의 존재를 긍정하며, 세계를 기꺼이 받아들이고 그 일부가 되는 용기이다. 후자는 세계로부터 자신을 분리하고 자기를 개별화함으로써 자기 존재를 긍정하는 용기이다.[39]

하지만 용기는 항상 실패할 위험을 지닌다. 인간 실존은 언제나 비존재의 위협을 받기 때문이다. 그 위협은 '운명과 죽음의 불안', '공허함과 무의미함의 불안' 그리고 특히 '죄의식과 정죄의 불안'이라는 세 가지로 나타난다. 그러한 불안을 극복하지 못하면, 자기 자신을 상실하고 전체 속의 부분이 되어 버리거나 혹은 세계를 잃어버리고 공허한 자기 자신만으로 위축될 수 있다. 세계의 일부가 됨으로써 자기 자신을 상실할 위험과 자기만을 추구함으로써 세계를 상실할 위험이다. 그래서 용기는 비존재를 초월하는 존재의 힘이 필요하다. 비존재의 세 가지 불안을 받아들일 용기는 자기 자신이나 자기 자신이 속한 세계보다 더 강한 존재의 힘으로부터 온다. 그 존재 자체의 힘에 뿌리내려야 하는데, 이를 위해서는 비존재의 불안을 넘어서, 자기 자신이나 세계를 초월해야 한다.

그래서 존재의 용기는 드러나거나 숨겨진 '종교적 근원'을 지닌다.[40] 그에 따르면, 불안을 자기 자신 속으로 끌어들여 비존재의 위협을 넘어서는 용기는 무엇보다 "(자신이) 용납됨을 용납하는 용기"이다. "존재의 용기는 용납될 수 없는데도 용납된 자로서의 자기 자신을 용납하는 용기"이다. 그것이 죄의식과 정죄의 불안에도 불구

---

39 앞의 책, 123-127.
40 앞의 책, 193.

하고 자신을 긍정하는 용기이다. "그것은 신의 용서에 대한 개인적이고 전체적이며 직접적인 확신에 뿌리내리고 있다."[41] 그렇게 볼 때, "존재의 용기는 죄의 용서를 인정하는 용기"이다. 그것은 추상적이 아니라 구체적으로 "하나님과의 만남에서 얻는 근본적 경험으로서의 용기"이다.[42]

여기서 '용납됨을 받아들이는 용기'라든지, '죄의 용서'라든지 하는 표현은 기독교적인, 다른 말로 집단주의적인 것들이라고 생각할 수 있다. 틸리히는 그것을 훨씬 넘어선다. 그에게서 "존재의 용기의 궁극적 원천은" 유신론적 집단주의를 넘어서는 "(유신론적) 하나님 위에 계신 하나님"이다. 거기까지 가지 않으면 기독교라는 울타리에 머물고 따라서 집단주의 속에서 자아를 상실할 위험이 있다. '하나님 위에 계신 하나님'을 만날 때만 기독교를 그러한 위험으로부터 구출할 수 있다.[43] 다행히 기독교 신학은 이러한 하나님과의 '만남의 역설적 성격'을 잘 알고 있다. "그들은 하나님과 관련된 인격주의가 하나님의 초인격적인 현존으로 보충되고 있다는 사실을 알고 있다."[44] 인격적이면서 초인격적인, 계시되어 알려지면서 여전히 신비하고 알 수 없는 역설적인 신이고, 초월적인 존재라는 의미이다. 그러한 신과의 만남이 비존재의 위협에 굴복할 위험으로부터 구원한다. 세계와 구별된 자아로서 세계의 일부가 되고, 세계의 일부로서 개별적인 자아가 얼마든지 될 수 있다. 그것이 초월적인

---

41 앞의 책, 200-201.
42 앞의 책, 202.
43 앞의 책, 222.
44 앞의 책, 223.

신과의 만남에서 가능하다는 것이다.

하지만 초월적 실재, 신과의 만남이 일으키는 또 다른 불안을 고려해야 할 것이다. 보이지만 보이지 않고, 확실하지만 불확실하고, 언제나 자기를 벗어나는 실재(Réel)에 대한 불안이다. 그러한 불안을 죄렌 키르케고르가 잘 설명해 주었다.

키르케고르에게서 불안은 '인간 실존에 본질적인 것'이다. 그는 이를 아담의 원죄로써 설명한다. 아담은 인류에 참여하는 개인과 개인에게 참여하는 인류를 모두 대표한다. 그의 원죄는 모든 개인이 공유하는 인류의 죄성과 다름 아니다.[45] 아담의 순진함(Unschuld)은 꿈꾸는 정신의 상태이다. 깨어 있을 때는 나와 타자 사이의 차이가 정립되나, 자는 동안에 그 차이는 보류되고 일종의 무(Nichts, 無)로 존재한다. 순진함에는 평화와 안식이 있으나, 또한 '무'인 무엇이 있는데, 그 무가 불안을 낳는다. 즉, 불안의 대상이 바로 '무'이다. 무는 '없음', '아무것도 아님'이다. 그렇다고 무가 없거나 아무것도 아닌 것은 아니다. 현실화되지 않아서 아직 아니고 아직 없을 뿐이다. 인간은 그 개방성, 그 가능성 앞에서 불안하다. 그 점에서 키르케고르는 불안을 "가능성의 가능성으로서 자유의 현실"이라고 했다.[46] 자유는 기대와 함께 두려움을 일으킨다. 그래서 불안은 "공감적 반감이며 반감적 공감이다."[47]

여기서 봐야 하는 것은 '무'가 내포하는 '타자와의 차이'로서,

---

45 죄렌 키르케고르/임규정 옮김, 『불안의 개념』 (파주: 한길사, 2021), 129-132
46 앞의 책, 156, 154-155.
47 앞의 책, 156. 참조: 폴-로랑 아순, 『불안의 정신분석』, 166.

곧 언제나 차이로서 다가오는 신이다. 신은 '금령'으로써 인간에게 자유를 일깨우고 또한 욕망을 불러일으킴으로써 가능성을 열었던 존재이다. 인간이 불안을 통해 알 수 있는 것은 자신이 언제나 신의 현전에 있다는 것이다. 어둠으로 때로 빛으로, 침묵으로 때로 울림으로, 공허로 때로 충만으로 그는 인간을 매혹하면서 두렵게 한다. 인간의 불안은 바로 그와의 관계, 만남에서 발생한다. 그 불안은 자유를 발동하며 동시에 미래와의 관계도 열어준다.[48] 인간이 불안을 회피하고 가능성이 지양되면, 정립되는 건 죄이고 부당한 현실일 뿐이다. 그것 또한 부정되어야 하는데, 불안이 다시 그 일을 떠맡는다. 불안에 대면하는 주체는 죄의 현실, 부당성을 지양하고 거기서 벗어날 수 있게 된다. 그 결과 불안은 '미래의 모습' 즉 '어떤 새로운 상태의 가능성', 미래 개방성을 제공한다.[49] 하지만 그 가능성, 개방성이 다시 불안의 대상이 되어 인간을 떠나지 않는다. 정확히 말하면, 인간은 결코 불안을 떠나지 못하고, 언제나 자신을 벗어나는 타자로서 다가오는 신 앞에 직면하는 존재이다.

여기서 키르케고르는 '교육'과 '신앙'을 제안한다. '불안은 자유의 가능성'이기에, 불안으로 교육된 또는 불안을 훈련한 개인은 자유의 가능성을 이해하고, 그것을 이해하는 사람만이 또한 무한성의 교육을 받을 수 있다.[50] 그러나 사람이 그런 교육을 받으려면 "가능성에 대해서 성실해야 하며 또 신앙을 가져야 한다." 키르케고르는 '신앙'

---

48 죄렌 키르케고르, 『불안의 개념』, 303.
49 앞의 책, 307.
50 앞의 책, 389.

을, 헤겔을 따라서 "무한성을 선취하는 내적 확신"이라고 불렀다. 그 신앙은 매번의 가능성으로 무한히 다가오는 신을 성실하게 대면하는 것이다. 신앙으로써 개인은 불안에 압도되지 않고, 즉 평정심을 잃지 않고 "독배를 든 소크라테스처럼" "자기가 원하는 곳"으로 나아갈 수 있게 된다.[51]

그러한 무, 신적 타자가 야기하는 불안을 자크 라캉은 '큰타자'(Autre)와의 관계에서 설명한다. 그에게서 불안은 단순한 심리 현상으로서의 정동을 넘어선다. 불안은 주체 속의 큰타자에 의해 생겨난 정동이다. 왜냐하면 주체는 큰타자에 의해 정면으로 사로잡히기 때문이다.[52]

라캉에게 큰타자는 "주체 자신의 외적 요소에 의해 또는 욕망과 관계 안에서 내주관적(內主觀的, intrasubjective) 방식으로 주체를 결정짓는 상징계(시니피앙, 법, 언어/랑가주, 무의식 혹은 신)의 장소"로 정의된다. 그것은 "상상적 타자 또는 거울에 있는 이타성의 장소로 정의되는 작은 타자/autre와 대립"되어 대문자 A로 표기된다. 즉, 이미지로 상상되는 상상계(l'imaginaire)의 이타성과 달리, 큰타자는 언어의 상징성이 빚어내는 이타성이다. 언제나 주체를 벗어나는 언어나 법('아버지의 이름/nom du père'으로 상징된 법), 프로이트식으로는 무의식 같은 철저한 이타성(altérité)이라고 할 수 있다. 아이에게 최초의 큰타자는 엄마로서, 정확히 말하면 최초로 큰타자의 자리에 오는 것은 엄마로서, 이 큰타자가 불완전하고 결여가 있다는 것을

---

51 앞의 책, 391-394.
52 폴-로랑 아순, 『불안의 정신분석』, 164.

깨달으면서 거세불안이 발생한다. 하지만 큰타자는 아버지나 교사, 목사, 분석가 등이 될 수 있고, 또한 신도 가능하다.

큰타자는 말의 기능과 관계되며, "큰타자가 형성하는 시니피앙의 보고에 시니피앙이 없다"는 표현이 의미하듯 언제나 벗어나는 그 이타성으로써 주체는 거울적 또는 상상적 자아를 넘어 상징계(le symbolique), 상징의 질서로 편입한다.[53] 거기서 주체는 큰타자에 직면하면서 동시에 큰타자의 욕망에 대면한다. 큰타자는 욕망(주체의 결여)을 가지고 다가오지만 주체는 큰타자가 자신에게 무엇을 욕망하는지 모른다. "내가 큰타자를 위해 존재하는 어떤 타자('a)인지, 내가 큰타자를 위해 존재하는 어떤 대상인지 더 이상 알지 못할 때, 큰타자의 욕망의 감각 대신에 불안이 만들어진다." 그 불안으로써 주체는 "나는 큰타자에게 무엇인가?" "나의 주체에 있을 수 있는 큰타자의 주이상스에는 무엇이 있을 수 있는가?"를 끊임없이 묻는다. 큰타자가 내게 무엇을 원하는지, 큰타자에게 나는 누구인지를 물으면서, 주체는 자신의 존재의 이유와 정당성을 가늠하며 자기 정체성을 찾아가는 것이다.[54]

한국의 신학들이 가지는 불안은 대체로 세 가지로 구분된다. 곧 한국신학이 극복해야 하는 불안들인 셈이다. 하나는 초자아 불안, 분리 불안, 사랑 상실의 불안(이상 프로이트), 또는 '헌신에 대한 불안'과 '변화에 대한 불안'(리만)이라는 일련의 것들이다. 틸리히가 '자기

---

53 이상 큰타자에 관하여, 엘리자베트 루디네스코·미셸 플롱/강응섭 외 공역,『정신분석대사전』 (서울: 백의, 2005), 1151-1153; 맬컴 보위/이종인 옮김,『라캉』(서울: 시공사, 2003), 362.
54 엘리자베트 루디네스코·미셸 플롱,『정신분석대사전』, 1151-1153; 폴·로랑 아순,『불안의 정신분석』, 160, 182.

개별화의 위협(불안)'이라고 했던 것이기도 하다. 여기 속하는 신학들은 보수주의로서 교리적, 실천적 그리고 정치적 보수 모두를 포함한다. 이 신학들은 이제까지 자기를 유기하고 변화를 거부하며 기존 신학에 안주했지만, 독자적이고 다양하게 발전하는 데 대한 불안을 이겨내야 한다. 즉, 집단에서 벗어나 개별화되고 자신을 세워가는 용기를 지녀야 하는 것이다.

또 하나는 자아 상실의 불안, 헌신에 대한 불안 같은 것들이다. 틸리히식으로는 "집단의 일부가 될 위협(불안)"이다. 이것은 실천적 보수주의에서 경건주의, 오순절 성령중심주의 그리고 한국적 신학에서 드러나는 불안이다. 이 신학들은 기존의 교회와 신학에 매몰되어 자신을 상실하는 데 대한 불안을 지니고 있다. 그래서 기존의 체제에서 벗어나 자신만의 고유한 것을 찾아 나선다. 집단의 일부에서 벗어나 자기 자신으로 존재하려는 용기를 감행하는 것이다. 하지만 거기에도 위험은 있다. 자기가 속한 세계의 일부인 자기가 세계로부터 단절될 위험이다. 그래서 자기 자신으로서 존재하면서도, 세계를 대표하는 초자아와 타협하면서 세계의 일부로 존재할 수 있어야 하는 것이다.

세 번째는 한국신학 모두에 해당되는, 키르케고르의 무, 라캉의 큰타자로 표현되는―표현되며 표현되지 못하는 역설이 있다― 실재의 불안이다. 틸리히식으로 말하면, 자기도 초월하고 집단도 초월하는 '하나님 위에 계신 하나님', 전적 타자를 만나는 불안이다. 전적 타자, 이타성이 자신의 기반을 흔들어 놓는다는 점에서 두렵지만, 불안을 넘어서 자신을 열고 그것을 받아들이는 데서 궁지를 벗어날 수 있다. 이타성은 현실 속에서는 다양한 방식의, 다양한 형태의 타자들로서 나타난다. 내가 아닌 것, 나와 다른 것으로서 나를 두드리고, 내게 질문하고, 나를 재고하게 하는 것들이다. 타자들과 그들을 통한 전적 타자와의 만남이 주는 충격(choc du Réel)을 감내함으로써 나는 나를 넘어서 타자와 관계하며 새로운 세계로 들어갈 수 있다. 한국신학들에서 타자는 보수 신학에는 한국적 신학, 한국적 신학에는 보수 신학, 교리적 신학에는 성령중심의 신학, 성령중심의 신학에는 교리적 신학일 것이다. 한국신학들이 성서를 통한 계시와 전통을 만나는 경험에서도 같은 것이 적용될 수 있다. 실재를 만나는 불안을 견디지 못하면, 성서든 전통이든 자신을 발견하고 보충하고 강화하는 방식으로만 읽고, 대하게 된다. 그렇게 되면 다른 신학들, 다른 이해들과는 담을 쌓고, 자기 신학과만 관계 맺는 자기도취 신학이 될 수 있다. 말씀 속에서 언제나 새롭게 계시되는 하나님을 발견하고, 그 빛에서 자신을 바라보며 응답하는 신학이 될 때, 자신의 정체성(identity)과 함께, 새로운 계시와 현실에 열려 있고 다른 것들과 대화하며 접점도 찾아가는 상관성(relatedness)을 지니게 된다. 각각의 신학들이 방향이나 특성은 달라도 다들 함께, 계속 좋아지고 발전하는 길이 그리고 개신교의 숙원이라 할 일치도 이루어 가는 길이 바로 거기에 있다.

IX. 한국신학을 넘어서 K-신학으로

끝으로, 불안을 잘 극복한 한국신학들은 어떤 모습을 지니게 될지 생각해 본다. 불안을 극복하면 신학이 이상하거나 편협해지지 않고, 자신이 추구하는 방향에서 건전하고 충실하며, 더욱이 미래에 열려 있는 무궁한 가능성을 지니게 된다. 자신의 특성을 잘 살리면서도 한계를 넘고 외연을 넓혀서, 다른 신학들과도 공통분모를 가지고 대화하는 신학이다. 한국신학들이 그렇게 될 때 각각은 어떠한 성격과 가능성을 가지는지를 본다는 것이다.

먼저, 교리적 보수주의이다. 이것은 이제까지 권위주의나 독단주의를 버리고, 신구약 성서를 관통하는 중심적인 메시지와 기독교의 고백, 전통들을 따르면서도, 변화된 상황과 문제들을 고려하는 개방성도 지니게 된다. 그러면서 어제의 보수주의가 그랬듯이, 오늘의 보수주의는 오늘의 기독교의 토대와 골격을 제공해 준다. 전혀 다르게 펼쳐지는 사회 문화적 상황과 새로운 세대들의 출현 앞에서 복음이 무엇인지, 기독교가 무엇인지, 교회가 무엇을 믿고 말하고 지향하는지를 고민한다. 동시대에 여러 문제의식을 가지고 여러 가지 형태로 전개되는 다양한 신학들에 공통적인 토대가 되는 것도 그렇게 해서이다. 즉, 현재 그리고 앞으로도 한국에서만이 아니라 전 세계의 신학들이 일치를 유지하면서도 현실의 요구에도 맞는 독특하고도 창조적인 신학으로 발전할 발판이 되는 것이다.

실천적 보수주의는 강박적인 규범에서 벗어나, 복음과 기독교에 대한 성숙한 이해와 자발적인 선택으로서의 경건과 규범, 선행을 실천할 수 있을 것이다. 법이나 의무나 두려움으로써가 아니라 예수 그리스도 안에서 자신을 구원하신 하나님의 사랑을 이해하고 감사해서, 자기 차례가 되어 하나님을 사랑하고 이웃을 사랑하는 감사와 기쁨의 행위이다. 거기에는 보상을 기대한다든지, 자기 의를 내세운다든지, 못하는 사람들을 비난한다든지 하는 바리새적 율법주의나 공로주의가 들어설 여지가 없다. 오히려 기독교 신앙과 가르침을 깊이 내면화해서 참된 기독교인이 되고, 또한 그 성품대로 실생활에서 살아가게 된다. 흔히 겉과 속이 다르지 않고, 말과 실천이 일치하는 것만으로도 훌륭하게 생각한다. 사람들의 겉만 보고도 내면을 알 수 있기 때문이다. 그것이 상호 이해와 신뢰, 관계의 기초이고, 출발점이다. 그런데 그 실천이 선하고 모범적이어서 감동을 줄 정도라면 더 바랄 나위가 없다. 서로를 믿으며 편안하게 이웃하는, 자유롭고 평화로운 공동체도 그런 사람들 덕분이다.

정치적 보수주의는 국가에 대한 두려움으로써가 아니라 정당한 선택으로써 보수주의가 될 수 있다. 한국교회가 내세우는 정교분리 원칙은 원래 국가가 교회를 지배하는 에라스투스주의(erastianism)와 교회가 국가를 지배하는 신정정치(theocracy)를 함께 방지하는 목적을 갖는다. 그렇다고 해서 국가가 교회를 외적으로 보호하고 지원한다든지, 교회가 정당한 발언과 참여로써 국가를 견제한다든지 하는 역할이 부인되는 것은 아니다. 그런데 한국교회는 국가와 정치 문제에 관심 갖는 것을 금하고 정치를 외면했던 결과, 권력층을 돕고 권력의 일부가 되었던 흑역사를 가지고 있다. 친미 반공주의의 경우, 6.25 전후 공산주의와 관련된 지독한 경험이 트라우마로 작용한 결과이다. 그 트라우마를 극복해야 한다. 자본주의의 우위성은 분명해졌고, 북한이 아무리 호전적이라고 해도 대한민국의 힘과는 비교할 수 없다. 그러한 불안을 극복하면, 한국교회는 정치적 보수주의를, 헌법이 말하는 '자유 민주적 기본질서'가 인간 본성에 더 잘 맞고, 개인에게 정치적이고 경제적인 자유는 물론 종교적인 자유도 보장하는 우수한 체제라는 신념으로써 선택할 수 있다. 물론 자본주의 경제가 많은 모순과 폐해를 가지고 있지만, 그것마저도 국민의 정치적 참여로써 개선할 수 있는 게 자유민주체제이다. 그러한 선택으로써 한국교회의 정치적 보수주의는 훨씬 더 성숙한 정치의식을 가질 수 있다. 개인의 자유를 중시하면서도 기회균등과 공정경쟁이 보장되는 사회, 자본주의의 여러 불평등, 양극화를 줄여가는, 보다 인간적인 민주주의를 위한 신학이다.

성령중심주의는 말씀과 함께 교회와 세상에서 역사하는 성령의 작품이 될 수 있다. 기독교 신앙과 교회는 성령의 지위와 사역, 은사들 없이는 성립하지 않는다. 불안을 극복한 성령중심주의는 한국교회의 건강성을 되살릴 아주 중요한 요인이다. 성령의 역사 속에서 신앙과 회심, 중생의 사건이 일어난다. 성령 사건으로써 교인들은 하나님을 만나고, 그분과의 관계를 기뻐하며 누리게 된다. 관습적이거나 명목적인 신앙에서 주체적인 신앙, 자발적인 신앙으로 거듭나는 것이다. 성령으로 거듭난 사람의 믿음은 삶이 되고 열매가 되어서 자기 존재 자체로써 살아계신 하나님을 증거한다. 돈이나 세속적 욕망을 넘어서는 것도, 이웃을 사랑하고 인류를 품는 것도, 자기중심의 '옛사람'을 버리는 것도, 관계와 공동체 안에서 자신을 찾는 것도 모두 성령중심주의가 목표하는 것들이다. 거룩하고 전능한 성부 중심의 신학, 빈민, 소외층 지향의 성자 중심의 신학 그리고 거기에, 주체적인 의지와 자발성으로 신의 섭리에 참여하는 신자의 역동성(dynamism)을 더해주는 성령중심주의가 삼위일체 하나님의 기독교를 완성하는 화룡점정이다.

한국적 신학이 불안을 잘 극복하면 어떤 신학이 될까? 먼저 토착화-문화신학은 기독교 신앙과 신학에 한국적 색채를 입히거나, 그

반대로 한국 문화와 사상에 기독교 세례를 주는 방식으로, 한국인만이 할 수 있는 민족 고유의 신학이 될 수 있다. 민족 고유라고 해서 세계적이 되지 못하는 것은 아니다. 세계인들은 '당신의 것'이 무엇인지를 묻고 요구한다. 그런 점에서 K-신학의 가장 큰 가능성이 민중신학도 그렇지만 토착화–문화신학에 있다. 민중신학은 복음 안에서 자신을 발견하며 사회구조적으로 복잡한 삶의 현실들도 개혁해 가는 민중을 위한 그리고 민중의 신학이 될 수 있다. 또한 급변하는 시대에서 민중을 늘 새롭게, 새로운 방식으로 찾아나가고 ―민중이 소유나 지위로써만 규정되지는 않을 것이다― 그 민중의 기독교가 되는, 열린 민중신학이 될 것이다. 한국 민중의 고유한 심성과 역사적 경험, 문화를 결합한 신학으로서, 문화신학과도 만나게 되고, K-신학의 가장 큰 가능성을 공유하게 될 것이다. 그렇게 해서 1970~1980년대 세계인의 주목을 받았던 민중신학이 21세기에도 과거의 영광(?)을 훌륭하게 재현하고 이어갈 수 있다. 한 가지 더 말하면, 불안을 극복한 한국적 신학은 민중신학이든 문화신학이든, 기존 교회와 전통과의 연속성을 유지하면서, 주장의 속도와 파급력도 고려하면서 교회의 품에서 동의와 지지를 얻으며 저변을 넓혀갈 수 있을 것이다.

참고문헌

김동규. "개신교인 정치 성향 중도 38% 최다… '매우 보수' 13.5% 그쳐."「국민일보」. 2025. 5. 20.
　　　https://www.msn.com/ko-kr/news/other/

김홍기/한국 교회사학 연구원 편. "한국 교회와 경건주의: 세계교회사적 입장."『한국기독교사상』.
　　　서울: 연세대학교 출판부, 2001.

나지오, 장-다비드/표원경 옮김.『정신분석의 근본 개념 7가지』. 시흥: 한동네, 2017.

＿＿＿＿＿.『오이디푸스』. 시흥: 한동네, 2017.

루디네스코, 엘리자베트 · 플롱, 미셸/강응섭 외 옮김.『정신분석대사전』. 서울: 백의, 2005.

리만, 프리츠/전영애 옮김.『불안의 심리』. 서울: 문예출판사, 2016.

박명수. "한국 교회와 오순절운동: 한국교회사적 입장." 한국 교회사학 연구원 편.『한국기독교사상』.
　　　서울: 연세대학교 출판부, 2001.

베버, 막스/김덕영 옮김.『프로테스탄티즘의 윤리와 자본주의 정신』. 서울: 도서출판 길, 2010.

보위, 맬컴/이종인 옮김.『라캉』. 서울: 시공사, 2003.

민경배/한국 교회사학 연구원 편. "한국 교회와 경건주의 ― 한국교회사적 입장."『한국기독교사상』.
　　　서울: 연세대학교 출판부, 2001.

시갈, 줄리아/김정욱 옮김.『멜라니 클라인』. 서울: 학지사, 2009.

아순, 폴-로랑/이오갑 옮김.『환상의 정신분석』. 시흥: 한동네, 2022.

＿＿＿＿＿.『불안의 정신분석』. 시흥: 한동네, 2022.

이덕주. "한국 교회와 근본주의 ― 한국교회사적 입장." 한국 교회사학 연구원 편.『한국기독교사상』.
　　　서울: 연세대학교 출판부, 2001.

이오갑.『한국교회, 신학에서 길을 열다 ― 한국교회를 위한 교회론』. 시흥: 한동네, 2020.

＿＿＿＿＿.『칼뱅, 자본주의의 고삐를 잡다 ― 그의 경제사상과 자본주의』. 시흥: 한동네, 2019.

＿＿＿＿＿. "한국교회 무엇을 해야 하나? ― 종교개혁 신학의 입장에서." 에큐메니칼 정책협의회 자료
　　　집「흔들리는 교회, 다시 광야로」. NCCK, 2015.

＿＿＿＿＿. "한국교회, 무엇이 문제인가? ― 한국교회에 대한 조직신학적 반성과 대안."「한국조직신학
　　　논총」제25집 (2009. 12.).

＿＿＿＿＿. "한국교회, 존재의 문제와 변증법적 신앙."「한국기독교신학논총」. vol. 62 (2009).

주재용.『한국 그리스도교 신학사』. 서울: 대한기독교서회, 1998.

키르케고르, 죄렌/임규정 옮김.『불안의 개념』. 파주: 한길사, 2021.

틸리히, 폴/차성구 옮김.『존재의 용기』. 서울: 예영커뮤니케이션, 2018.

프로이트, S./황보석 옮김.『억압, 증후 그리고 불안』. 서울: 열린책들, 1997.

Balthasar, Hans Urs von. *The Christian and Anxiety.* trans. by Martin, D. D., Miller, M. J. San Francisco: Ignatius Press, 2000.

지은이 알림

김흡영

세계과학종교학술원(ISSR) 펠로우, 예일대 종교와생태포럼 자문위원

강남대학교 조직신학 교수, Graduate Theological Union 아시아 저명 신학자, 아시아 신학자협의회(CATS) 공동의장, 한국조직신학회 회장 등 역임. 과학, 기술, 생태와의 대화를 포함한 종교 간 신학 분야에서 폭넓게 저술 활동.

주요 저술: 『왕양명과 칼바르트: 유교-기독교 대화』, 『도의 신학 1, 2』, *A Theology of Dao, Theodao II: Advancing K-Theology in the Anthropocene* 등 다수.

이오갑

강서대학교 명예교수

프랑스 몽펠리에 개신교신학대학 신학박사.

주요 저술: 『한국교회, 신학에서 길을 열다』, 『한국 기독교 개혁의 테마 20』, 『칼뱅, 자본주의의 고삐를 잡다』(한국연구재단 우수성과 교육부총리상), 『칼뱅의 신과 세계』(한국기독교학회 소망학술상), 『칼뱅의 인간』, 『종말론, 무엇이며 어떻게 볼까』 외 저, 역서, 논문 등 다수.

이정배

감리교 신학대학교 명예교수

스위스 바젤대학교 신학부 졸업(Dr.Theol). 顯藏아카데미 원장.

주요 저술: 『역사유비로서의 개벽신학 ― 空·公·共』, 『가득소리, 가온소리, 바닥소리 ― 신학 주제로 풀어 쓴 다석 한글 시』, 『한국 개신교 전위 토착신학 연구』 외 다수.

윤철호

장로회신학대학교 명예교수

장로회신학대학교(Th.B., M.Div.), 프린스턴신학교(Th.M.), 노스웨스턴대학교 (Ph.D.)에서 수학. 30년간 장로회신학대학교 조직신학 교수로 봉직, 현재 미래신학연구소 대표. 대한민국학술원 등의 기관으로부터 일곱 번의 저술 수상.

주요 저술: *A Compendium of Christian Theology* 등 16권의 저서와 7권의 편역서 그리고 7권의 책임편집 및 공저를 저술, 국내외 전문 학술지에 100여 편의 논문 발표.

장왕식

감리교신학대학교 명예교수

감리교신학대학교와 미국의 Garrett-Evangelcal Theological Seminary에서 수학, Claremont Graduate School에서 화이트헤드의 철학과 과정신학을 연구하여 Ph.D. 취득. 감리교신학대학교에서 종교철학 교수로 봉직한 후 은퇴. 현재 '인문사회연구소 백두' 운영 중.

주요 저술: 『동양과 서양 종교철학에서 만나다』, 『화이트헤드 철학 읽기』, 『종교적 상대주의를 넘어서』 등.

최인식

서울신학대학교 명예교수

서울신학대학교, 독일 베를린신학대학원 수학(Dr.theol.)

주요 저술: 『예수와 신학』, 『예수와 대화』 외 다수.